A REVELAÇÃO

Christoph Theobald

Tradução
Maria Stela Gonçalves

Edições Loyola

Título original:
La Révélation
© Les Éditions de l'Atelier, Paris, 2002
12 avenue Soeur Rosalie
75013 – Paris
ISBN 2-7082-3587-7

PREPARAÇÃO: Marcelo Perine
DIAGRAMAÇÃO: Flávio Santana
REVISÃO: Maurício Balthazar Leal

Edições Loyola
Rua 1822 nº 347 – Ipiranga
04216-000 São Paulo, SP
Caixa Postal 42.335 – 04218-970 – São Paulo, SP
✆ (11) 6914-1922
📠 (11) 6163-4275
Home page e vendas: www.loyola.com.br
Editorial: loyola@loyola.com.br
Vendas: vendas@loyola.com.br

Todos os direitos reservados. Nenhuma parte desta obra pode ser reproduzida ou transmitida por qualquer forma e/ou quaisquer meios (eletrônico ou mecânico, incluindo fotocópia e gravação) ou arquivada em qualquer sistema ou banco de dados sem permissão escrita da Editora.

ISBN: 85-15-03434-4

Novo: 978-85-15-03434-5

© EDIÇÕES LOYOLA, São Paulo, Brasil, 2006

A REVELAÇÃO

A Monique Rosaz (†), Edouard Pousset (†) e Marie-Jo Deniau, assim como aos amigos de Roche Colombe, ambiente vivo que tornou possível a escritura deste livro.

Sumário

Introdução	13
capítulo 1 – É uma revelação!	17
Ouvir falar nossos contemporâneos	17
"Uma revelação!"	*17*
"Uma descoberta sensacional!"	*18*
"É isso! Entendi…"	*21*
"É revelador!"	*23*
Abrir um dicionário	23
O que diz disso o Houaiss	*24*
Divulgar um segredo	*26*
Revelar alguém a si mesmo e revelar-se	*26*
Indício, sintoma, traço, sinal	*27*
O que aparece bruscamente como novo	*28*
Reconhecer uma experiência humana de revelação	29
Como se um véu estivesse estendido sobre o real	*29*
O ideal da transparência	*30*
O engodo da transparência ou a revelação como despojamento	*33*
capítulo 2 – Quando se quer dizer o essencial	37
Encontrar as palavras que dizem o essencial	38
O Evangelho	*38*

Mistério e revelação 39
Do acontecimento do anúncio à doutrina cristã 41

A "revelação" entre instrução e comunicação 44
Do Vaticano I (1869-70) ao Vaticano II (1962-1965) 44
Um exercício de comparação 45
A revelação nos Concílios Vaticano I e II 46
Instrução ou comunicação 48

Como a questão do essencial se radicalizou na época moderna 49
Uma modernidade emancipadora e triunfante 50
Uma radicalização singular 51

Um resultado ambíguo 52
Salvaguardar a verdade sem apegar-se a ela "pura e simplesmente" 52
E as sociedades européias? 54

capítulo 3 – Crer num mundo plural 57

Uma fé que move montanhas 58
O "véu" posto sobre o real e a fé 58
Uma "objetividade" transformada 60
A fé pela qual advém a revelação 61

Quando vem a dúvida 62
A crítica da religião 62
Uma pluralidade de revelações? 65

Crer ou não crer 66
Acreditar no mistério da vida 68
O outro atento 71
Encontrar o "barqueiro" de Nazaré 73

O que a fé deve à Igreja 74
Uma crítica não-sistemática da religião 75
Crer e discernir 77

Fé e experiência de Revelação 78

capítulo 4 – Ler as Escrituras 81

"Quando julgou bom revelar em mim seu filho..." 82

Tradição e Revelação	82
O caminho de São Paulo	83
Revelação e aparição do Ressuscitado	86
Deixar converter nossa imagem de Deus	87

Itinerários evangélicos — 88
Tornar-se discípulo de Jesus de Nazaré — 89
Os Doze — 91
Rumo a Jerusalém — 93

O mal-entendido — 95
Corações endurecidos — 95
"Se não compreendeis esta parábola…" (Mc 4,13) — 97
"Se não virdes sinais e prodígios… (Jo 4,48) — 99
Superar pacientemente nossos mal-entendidos — 101
Um caminho de transformação — 102

"Revelação de Jesus Cristo…" (Ap 1,1) — 103
Uma literatura de crise — 104
O livro dos sete selos — 107
"A consumação do mistério de Deus" (Ap 10,7) — 109
"Quem será digno de abrir o livro?" (Ap 5,2) — 111
"Está feito… entrarei em sua casa" (Ap 21,6) — 112
"Está feito… a grande cidade se despedaça" (Ap 16,17) — 115

O cumprimento das "Escrituras" — 117
"A lei de Moisés, os profetas e os salmos…" (Lc 24,44) — 119
"… Desde a fundação do mundo" (Mt 13,35) — 121

capítulo 5 – Encontrar o outro — 127

O mistério de nossos vínculos — 128
Solidão e relação — 129
A lei do respeito — 131

Acontecimentos "reveladores" — 133
"… Todo homem é uma história sagrada…" — 133
Despojamento — 136

"Só tenho uma vida" — 138
O enigma da morte — 139
Os santos — 141
A pesagem — 143

Bem-aventurado! 145
   "Ressurreição" *147*
   Engendrado pelo Pai *149*
A Igreja na Galiléia 152
   Gestos significativos *154*
   O vir-a-ser da Igreja *156*
   Ação, oração, perdão *158*

c a p í t u l o   6 – O "fim" da história 161
Revelação e história 162
   O modelo de cristandade *162*
   O sabbat *na história* *167*
   As três idades do mundo *171*
   A recepção histórica da Revelação *174*
Os "fins" da história 177
   O fim da "religião" *178*
   Uma fraternidade não subvertida pelo mal radical *180*
   O fechamento de um espaço sem céu *181*
   "Deus" na pós-modernidade *184*
A Igreja na cena pública 187
   A forma política da Igreja *187*
   O incógnito de Cristo *189*
   A visibilidade da Igreja *191*

c a p í t u l o   7 – O acesso à fonte 195
A imensidão do universo 196
   A autonomia das ciências *199*
   Ciência e mito *202*
   Perceber a dificuldade do conceito de "universo" *203*
   O discurso científico entre mito e questão de sentido *205*
"... Desejos maiores que o universo" 206
   Ciência e fé *206*
   Interpretar resultados científicos e ler as Escrituras *209*
   O ato de fé e suas representações *210*
   O desejo em ação *212*

O mundo revelado como criação 215
   Uma fonte de vida insuspeitada *215*
   A criação, uma casa a habitar *217*
   Uma casa "aberta" *219*
   Uma casa a ser habitada por todos *221*

A beleza do mundo 225
   A autonomia das belas-artes *226*
   A beleza dos santos *228*
   A beleza das obras *230*

Louvar 231
   A oração de Jesus *231*
   Eucaristia *233*

Conclusão 235
   Como chegar a uma compreensão interior da Revelação? ... *236*
   Ontem e hoje, caminhos de experiência *237*
   Vivenciar a distância histórica entre as primeiras
   testemunhas e nós mesmos *238*
   Uma bifurcação *239*
   Vivenciar a experiência de Revelação *241*

Glossário 243

Bibliografia 251

Introdução

Os cristãos sempre tentaram dizer por meio de fórmulas breves, até numa única palavra, o essencial daquilo que os ani-ma. "Caminho", "mistério", "doutrina", "tradição" são alguns dos termos utilizados para essa finalidade, sem esquecer aquele que nunca foi suplantado por nenhum outro: o "Evangelho", palavra preferida de Jesus de Nazaré e dos primeiros cristãos.

Na época moderna, o termo bíblico "revelação" assumirá importância com relação a todas as outras palavras suscetíveis de expressar o centro da fé cristã. A questão da identidade do cristianismo se apresenta, a partir de então, com uma urgência inteiramente nova. No passado, foi freqüente que a Igreja tenha tido de responder a perguntas sobre este ou aquele ponto de sua doutrina — sobre a identidade de Cristo, por exemplo. Mas, desde o século XVIII, o questionamento sobre a identidade cristã deixa de referir-se tão-somente a esse elemento particular do dogma e passa a englobar a totalidade da fé. Pouco a pouco, a contestação mais radical do cristianismo pela sociedade circundante conduz a formular-se a questão última de sua origem em Deus. A idéia de "revelação" é usada então para exprimir a relação entre Deus e o homem, sem deixar o menor espaço a uma concorrência possível entre eles: Deus não revela nada do que podemos ou poderemos um dia saber por nós mesmos: há uma única "coisa" a dizer-nos, um único "mistério" a revelar-nos: é *Ele mesmo e Ele mesmo como destino da humanidade.*

Bastante cômoda no nível catequético, essa concentração da tradição cristã numa única palavra pode contudo permanecer abstrata, até mesmo subjugar os fiéis a um saber que permanece exterior a eles. Gostaríamos portanto de, neste livro, traçar um *caminho de experiência* que inscreva o termo "revelação" na humanidade de nossas existências individuais, sociais e... cósmicas. O itinerário proposto abrange três etapas.

Os três primeiros capítulos explicitam a própria noção de "revelação" traçando alguns caminhos de acesso ao mistério cristão. Começaremos (*capítulo 1*) por ouvir nossos contemporâneos utilizar a palavra "revelação" em sentidos bastante diversos, sobretudo profanos, para expressar esse aspecto de sua vida cotidiana. Suas expressões nos remetem a experiências humanas de revelação, que circulam em nossas sociedades antes mesmo que o Evangelho seja aí anunciado para suscitar a fé.

Será necessário narrar em seguida e explicar (*capítulo 2*) como e por que o termo "revelação" se tornou palavra-chave para exprimir o essencial da tradição cristã. Leremos aqui as passagens mais importantes dos dois textos dos Concílios Vaticano I e II que abordam diretamente a Revelação cristã.

Chegará então o momento (*capítulo 3*) de refletir, no contexto atual da mundialização e da pluralidade das propostas de sentido, no vínculo entre Revelação e fé. Tentaremos delimitar a alternativa decisiva entre crer e não crer, mostrando como o acesso à fé conjuga o caráter absolutamente singular de toda "conversão" e a necessária presença de "guias".

O *capítulo central* do percurso proporá então uma pausa bíblica. Leremos as *Escrituras*, deixando-nos conduzir pelo vocabulário da "revelação" e pelo embasamento experimental dos gêneros literários. Partindo da experiência da Revelação do Ressuscitado (registrada por Paulo em suas *cartas*), seguiremos o itinerário de Jesus (os *relatos* evangélicos) antes de passar ao Apocalipse, livro de Revelação por excelência, que nos permitirá aprofundar a amplitude do Antigo Testamento (*a lei, os profetas e os outros escritos*). Descobriremos dessa maneira o alvo da idéia de "revelação" na concretude das existências: o próprio Jesus de Nazaré, confessado como Cristo, seus discípulos e seus apóstolos, os profetas, sem esquecer, é claro, cada pessoa individualmente.

Nessa linha de leitura, gostaríamos de levar o leitor a sentir a força de inspiração dos textos bíblicos para convidá-lo, na última parte do percurso, a vivenciar isso de um modo totalmente diverso: ele o redescobrirá, a título de acréscimo, a partir da "fonte" que brota em inumeráveis locais no interior de nossas experiências humanas mais elementares. Os *capítulos 5 a 7* percorrerão, pois, três "lugares de experiência", ampliando progressivamente seu foco de busca: a relação humana sob suas diferentes formas, a história com suas dimensões políticas, culturais, religiosas e comunitárias, e, por fim, o universo sob seus aspectos científicos, ecológicos e estéticos.

O estilo experimental ou iniciático desse percurso de compreensão espiritual da Revelação cristã exorta a uma leitura progressiva e contínua. Ao longo do itinerário, propomos ao leitor alguns exercícios simples que o ajudarão a traçar seu caminho. Que ele não hesite em abrir sua Bíblia (as traduções e as abreviações são as da TEB)! Oferecemos com freqüência várias citações, beneficiando-nos das diferenças teológicas entre as versões de um mesmo episódio ou de um mesmo tema, nos evangelhos sinóticos, por exemplo. O sinal // é portanto o convite a conferir as versões paralelas numa sinopse. Quanto aos textos oficiais da Igreja, nós os encontraremos em Denzinger-Hünermann, *Symboles et définitions de la foi catholique* (Le Cerf, 1996). Que se atente também para a distinção de escrita da palavra "revelação": com inicial minúscula, remete a experiências humanas; escrita com maiúscula, designa a Revelação cristã no sentido bíblico e teologal do termo.

É impossível evitar, num livro como este, todo termo técnico. Que o leitor não se atemorize! Normalmente, o contexto esclarece sua significação. Alguns deles, acompanhados com um sinal (*), são explicados no Glossário que pode ser encontrado no fim do livro.

Uma última observação técnica. A obra propõe um itinerário em que o leitor voltará a passar às vezes por etapas ou encruzilhadas já percorridas: ele as descobrirá então de outro ponto de vista. Isso diz respeito sobretudo à última parte do livro, que retorna, por outro caminho, aos "lugares visitados" e às decisões tomadas nos três primeiros capítulos. Algumas notas que remetem a passagens já vistas permitirão ao leitor localizar essas "repetições", ajudando-o com isso a adquirir progressivamente uma visão unificada do assunto. Para ter uma visão de conjunto do caminho que será convidado a percorrer, o leitor pode além disso começar por ler a conclusão, à qual ele terá, entretanto, interesse em voltar no fim de seu percurso.

capítulo 1

É uma revelação!

Para expressar o âmago de sua fé, os cristãos revalorizaram, na época moderna, um termo já antigo, "Revelação". Antes de nos questionar hoje sobre sua significação religiosa, tributária dos dois Concílios do Vaticano (1869-70 e 1962-65), interessamo-nos por ouvir nossos contemporâneos utilizá-lo em sentidos bem diversos, sobretudo profanos, para exprimir determinado aspecto de sua vida cotidiana. Suas expressões podem nos tornar atentos a ênfases inabituais ou não ainda percebidas em nosso falar cristão tão ameaçado pelo desgaste. De todo modo, elas nos remetem a experiências humanas de "revelação", que circulam em nossas sociedades antes mesmo que o Evangelho seja aí anunciado para suscitar a fé.

OUVIR FALAR NOSSOS CONTEMPORÂNEOS

"Uma revelação!"

Sensíveis às façanhas de seus heróis — modelos escolhidos por nós, simples pretextos de distração ou fantoches —, nossas sociedades competitivas estão à espreita de recém-chegados à cena pública. Certo esportista ainda não conhecido, determinado músico jovem até então despercebido, uma atriz que não fora observada... revela subitamente, por ocasião de um retorno a seu país, de um concerto ou de um festival, seu talento, suas capacidades. É o inédito que conta para um público ávido por sensações nunca vivenciadas: "Uma revelação", lê-se no dia seguinte nos jornais, que a partir desse momento dirigem seus projetores para todos os feitos e gestos da nova estrela. O menor de seus movimentos e a mais insignificante palavra são registrados, seus avanços e seus recuos, seus sucessos e suas falhas espreitadas... até que seu lugar seja preenchido por alguém semelhante.

A necessidade de sensações da sociedade pode também nutrir-se de refulgências que envolvem periodicamente seus personagens públicos, políticos e outros governantes. "Fazer revelações" — isso alimenta o perpétuo movimento de ascensão e de queda das "divindades" de nossas sociedades; ao mesmo tempo, isso manifesta a habilidade — ou, às vezes, a vigilância moral — do informante cuja pesquisa permitiu que o inqualificável ou o ridículo estourasse à luz do dia.

Os exemplos podem ser facilmente multiplicados. Eles mostrarão que nossas sociedades precisam de todo tipo de modelos e de outros que dirijam os refletores para eles: a impressão de "revelação" advém então do contraste entre o cenário da opinião pública e a penumbra em que se desenrola nossa existência comum, o recurso mais poderoso desse jogo social, dada a imperiosa necessidade de novidade do público que formamos.

"Uma descoberta sensacional!"

Em princípio, as ciências parecem escapar às agitações da opinião pública. Acaso não representam elas aquilo que é mais seguro e fora de toda contestação? Adquiridas essas conquistas pelo duro labor de pesquisadores submetidos a rigorosos procedimentos de verificação (ou sobretudo de refutação), seus resultados não parecem ser tributários do tipo de "revelações" abordado há pouco.

No entanto, essas conquistas entram, por sua vez, no domínio da opinião pública: a opinião esclarecida da comunidade científica antes de tudo, que as transmite aos jovens pesquisadores por meio de manuais, para poder servir como exemplos ou pontos de partida de pesquisas ulteriores. Elas também são difundidas pelos veículos de comunicação de massa ao grande público, no âmbito do qual contribuem para formar uma visão do mundo cuja estabilidade nada tem a invejar à das grandes crenças da humanidade. Que se leve em conta o sucesso do "modelo *standard*"[1] da cosmologia contemporânea, o modelo do *big bang* vulgarizado em novos relatos da criação![2] É compreensível a partir daí que algumas *descobertas* que revolucionam essas conquistas suscitem resistência, até estratégias de imunização, ou então que sejam recebidas, pela opinião pública, e até primeiramente pela comunidade científica, como... "revelações".

A história das ciências está repleta de exemplos — em todos os domínios, até o mais rigoroso, o da matemática. Em 1877, o grande matemático Georg Cantor (1845-1918) envia a seu amigo e colega Richard Dedekind (1831-1916) um novo teorema. "O que eu lhe comuniquei bastante recentemente" — acrescenta ele alguns dias depois — "é para mim tão inesperado, tão novo, que eu não poderia, por assim dizer, chegar a certa tranqüilidade de espírito antes de ter recebido, honradíssimo amigo, seu julgamento sobre sua exatidão. Enquanto você não o aprovou, *não pude senão dizer: Eu o vejo, mas não o creio.*"[3]

A demonstração desse novo teorema é da ordem do "ver" enquanto não é *recebido* por seu interlocutor e pela comunidade científica. Cantor denomina essa adesão "crer". O que ele percebeu provoca vertigens em Dedekind porque, de acordo com suas palavras, questiona "os artigos de fé admitidos até o presente". É com relação a convenções da comunidade científica ou a uma visão do mundo comumente recebida que o novo teorema se apresenta como "revelação": ela pode ser recebida ou não.

---

1. Para mais explicações, cf. capítulo 7, pp. 199-203.
2. Cf., por exemplo, REEVES, Hubert; ROSNAY, Joël de; COPPENS, Yves; SIMONNET, Dominique, *La plus belle histoire du monde*. Les secrets de nos origines, Paris, Le Seuil, 1996.
3. Texto citado e analisado por CERTEAU, Michel de, L'institution du croire. Note de travail, *Recherches de Science Religieuse* 71 (1983), 64-65.

A inteligência que se desvela no mundo

"Afirmo veementemente que a religião cósmica é o móvel mais poderoso e o mais generoso da pesquisa científica. Só aquele que pode avaliar os gigantescos esforços e, antes de tudo, a paixão sem os quais as criações intelectuais científicas inovadoras não existiriam pode avaliar a força do sentimento que por si só criou um trabalho absolutamente destacado da vida prática. Que confiança profunda na inteligibilidade da arquitetura do mundo e que vontade de compreender — mesmo que não fossem senão uma minúscula parcela da inteligência que se *desvela* no mundo — devem ter animado Kepler e Newton para que tenham podido esclarecer as engrenagens da mecânica celeste no trabalho solitário de numerosos anos. [...]

Convencido da lei da causalidade de todo evento, o sábio decifra o futuro e o passado submetidos às mesmas regras de necessidade e de determinismo. A moral não suscita nele nenhum problema com os deuses, mas tão-somente com os homens. Sua religiosidade consiste em surpreender-se, em extasiar-se diante da harmonia de leis da natureza que *desvelam* uma inteligência de tal modo superior que todos os pensamentos humanos e toda a sua engenhosidade só podem revelar, diante dela, seu derrisório nada. Esse sentimento desenvolve a regra dominante de sua vida, de sua coragem, na medida em que ele ultrapassa a servidão dos desejos egoístas. Sem dúvida alguma, esse sentimento se compara ao que animou os espíritos religiosos em todos os tempos."

EINSTEIN, Albert, *Comment je vois le monde*, col. "Champs", Paris, Flammarion, 1979, p. 19ss.

Múltiplos exemplos poderiam ainda ser evocados: da reviravolta copernicana à revolução einsteiniana, do nascimento do evolucionismo darwiniano à invenção da bioquímica (com a decodificação do DNA), desembocando nos recentes êxitos em termos de manipulação genética. A passagem do que é admitido há muito tempo à descoberta do novo, notabilizando-se como "revelação", não advém diretamente do discurso científico. Cercada pelo silêncio que caracteriza todo começo, a descoberta aparece quase sempre num gênero literário específico que respeita essa confidencialidade inicial, assim como na troca de cartas que acabamos de mencionar.

Mas quando os domínios da pesquisa atingem mais os interesses vitais de uma sociedade, como a genética ou a medicina, encontram-se sintomas análogos aos já observados a respeito das "revelações" artísticas, esportivas etc. no cenário público: o jogo de competição entre equipes de pesquisa, a avaliação do caráter sensacional de uma descoberta, o sistema de recompensas (o Prêmio Nobel, por exemplo) etc. Enquanto no primeiro caso o caráter "revelador" estava ligado às pessoas notáveis de que a sociedade tem necessidade, no domínio das descobertas ele se mostra mais vinculado com os saberes ou as capacidades transmissíveis, a despeito de sua origem misteriosa, a muitos outros atores sociais.

"É isso! Entendi..."

A experiência feita por Cantor no momento da descoberta de seu teorema pode com efeito ser refeita — em miniatura — por qualquer um que se encontre diante de um problema a ser compreendido ou resolvido. Embora a fórmula "tive uma revelação" inspire algumas inquietudes numa sociedade em que gurus e seitas se multiplicam, ela expressa bem a espécie de iluminação vivenciada por aquele que compreende subitamente uma palavra que permanecera enigmática, uma explicação já várias vezes repetida, um texto lido e relido, ou ainda um procedimento técnico de difícil apreensão... em suma, quando a complexidade de um problema acaba por se revelar mais simples do que se tinha à primeira vista percebido.

A experiência de iluminação, por outro lado, nem sempre é de ordem intelectual; ela pode ocorrer também em outros domínios, por exemplo diante do que se experienciou como belo. Quem não encontrou e recebeu determinada obra de arte como "revelação"? Pensemos em *São Mateus*, de Caravaggio, que representa uma estalagem onde dois homens — Jesus e Pedro — irrompem, deixando exatamente passar uma luz que vem de outra parte. O coletor de impostos, sentado com outros em torno de uma mesma mesa, designa-se a si mesmo, como se se perguntasse: "serei eu?". O espectador é convidado a participar do que acontece na cena, a ver

A Revelação

nesse gesto *a escuta* de uma palavra que *lhe* é dirigida, *como se a ouvisse, ele também*. A obra de arte não envolve tão-somente seu espectador; ela lhe "revela" ainda um mundo diferente — ou aspectos de seu mundo que ele não percebera —, convidando-o a entrar nele efetivamente.

Vivenciar as profundezas de onde brota a vida

Carta de 17 de fevereiro de 1903

"Uma obra de arte é boa se provém da necessidade. Nessa forma de originar-se reside o que a julga: não há outro julgamento. Eis por que, caro senhor, eu não soube dar-lhe outro conselho senão este: entre em si mesmo, vivencie as profundezas de onde brota sua vida; é em sua fonte que encontrará a resposta à pergunta: *devo crer?* Tome-a como ela soa sem tentar interpretá-la. É possível que ela revele que o senhor tem vocação para artista. Então, aceite o destino, pegue-o, seu peso, sua grandeza, sem nunca reivindicar uma recompensa que pudesse vir de fora. Pois o criador deve ser ele próprio um mundo, deve encontrar todas as coisas em si e na natureza à qual está ligado."

RILKE, Rainer Maria, *Lettres à un jeune poète* (trad. Cl. Mouchard e H. Hartje), Paris, Le livre de poche, Librairie générale française, 1989, p. 38.

Às vezes, a experiência de compreensão abrange o conjunto de uma existência e revela, ao menos de modo furtivo, seu sentido; ela assume então a envergadura de um desfecho que lança uma vívida luz a todo um itinerário que até então se desenrolara sem "história": um jovem sabe de súbito que foi adotado por aqueles que tinha por pais, "revelação" que o mergulha numa obscuridade a ser assumida a partir de então... o órfão encontra depois de muitos anos de buscas seu pai desconhecido, encontro que lhe "revela" uma identidade imensamente desejada e, não obstante, totalmente inesperada. Outros exemplos do mesmo tipo mostrariam que se fala de "revelação" sempre que um acontecimento decisivo desencadeia uma compreensão que transcende esse instante e beira a totalidade de uma existência.

"É revelador!"

Deixamos portanto o cenário da opinião pública como lugar de "revelação" e, depois de passar por esse laboratório em que se fazem descobertas científicas, mergulhamos na penumbra de nossas existências comuns, também elas lugares de "revelações". Trata-se sobretudo de situações tidas por "reveladoras", em particular as que esclarecem outras etapas, e até todos os outros episódios de nossos itinerários.

Quer se trate de um encontro feliz ou de um luto, de um fracasso escolar, profissional, ou de um êxito, de um presente recebido ou de uma perda, de uma esterilidade ou de um nascimento... sempre se faz a experiência de uma alteridade graças a um acontecimento que transforma aquele que o vive. Trata-se de momentos que emergem do fluxo repetitivo do tempo e nos confrontam de súbito com nossos limites — inacessíveis —, em forma descendente com a morte e ascendente com o nascimento; com o cortejo das questões do "como" e do "porquê" a eles ligadas.

O que aí ocorre, então, é "revelador", não apenas porque uma palavra pode trair alguém, seus sentimentos do momento, suas apreensões ou seu contentamento, mas porque se descobre então o caráter necessariamente inacabado de sua existência, numa solidariedade elementar com todo ser humano. A impressão de "revelação" vem, uma vez mais, do contraste entre o caráter fugidio da situação e a significação que ela envolve.

ABRIR UM DICIONÁRIO

Nada sistemático há nas expressões, pinçadas aqui e ali, que nos permitiram fazer este primeiro passeio em nossa sociedade! Podemos situá-las agora numa rede mais completa de palavras, fornecida por um de nossos dicionários. Desejamos que o leitor se interesse de fato em fazer este pequeno exercício que promete ser rico em resultados. Observar a prática de uma língua lhe permitirá com efeito percorrer o conjunto das significações de uma palavra e localizar a "forma de vida*" que elas veiculam: aquilo que, no caso da "revelação", o ajudará

A Revelação

a tomar consciência de que esse termo e seus derivados designam uma experiência humana completamente elementar.

O que diz disso o *Houaiss*

Revelação
substantivo feminino
1   ato ou efeito de revelar(-se)
2   divulgação de um segredo, uma confidência
Ex.: fez-lhe uma r. amorosa
3   informação que se presta com o intuito de fazer outrem conhecer alguma coisa ainda desconhecida, ignorada
3.1 declaração, ger. incriminatória, a respeito de alguém ou algo; denúncia
Ex.: sua r. causou rebuliço entre os presentes
4   descoberta que revela um atributo ou vocação em alguém
Ex.: o programa se ocupava da r. de novos talentos
5   pessoa que se destaca por algum atributo, qualidade etc. tornado conhecido pelos demais
Ex.: foi eleita a r. do ano
6   indício, informação significativa, que revela fato ou aspecto, ger. de grande impressão social, antes desconhecido do grande público
Ex.: o dossiê contínua revelações sobre o escândalo que envolveu o governo
7   Rubrica: fotografia.
    conjunto das operações que têm por objetivo transformar uma imagem fotográfica latente em imagem visível estável
8   Rubrica: teologia.
    ato pelo qual Deus fez saber aos homens os seus mistérios, sua vontade
9   Derivação: por metonímia. Rubrica: teologia.
    a doutrina religiosa revelada
10 Derivação: por extensão de sentido (*da acp. 9*).
    conhecimento súbito e espontâneo, ger. brilhante e/ou oportuno, inspiração como que divina; lampejo, iluminação
Ex.: inspirado pelo amor, teve uma r. e escreveu seu mais sentido poema

Revelado
adjetivo
que se revelou
1   que se tornou manifesto; evidente
2   que se externou; exteriorizado, conhecido
2.1 que foi objeto de divulgação; propalado
2.2 que foi objeto de denúncia; delatado, denunciado
Ex.: esconderijo r.
3   Rubrica: fotografia.
    submetido à revelação fotográfica
Ex.: filme r.

4 Rubrica: teologia.
conhecido através de inspiração divina
Ex.: verdades r.

Revelador
adjetivo e substantivo masculino
1 que ou o que revela
2 Rubrica: fotografia.
que ou o que é us. na revelação de um negativo ou cópia fotográfica (diz-se de solução química)
3 Rubrica: fotografia.
diz-se de ou o banho do negativo ou cópia nessa solução, para a revelação fotográfica

Reveladora
substantivo feminino
Rubrica: fotografia.
máquina us. na revelação, por contatos, de provas tipográficas

Revelar
verbo
transitivo direto, bitransitivo e pronominal
1 tirar o véu a; deixar ver; tornar(-se) patente; mostrar(-se), manifestar(-se), desvelar(-se)
Ex.: <as pesquisas eleitorais revelaram (ao povo carioca) quem seria o vencedor> <sua força de caráter revelou-se naquela situação difícil>pronominal

1.1 dar-se a conhecer verdadeiramente; mostrar-se
Ex.: o jovem revelou-se na verdade um marginal transitivo direto
2 fazer conhecer (o que era ignorado ou secreto); divulgar, propagar
Ex.: revelou, em primeira mão, o seu invento
transitivo direto
3 fazer revelação, ger. incriminatória; denunciar, delatar
Ex.: r. um levante político
transitivo direto
4 ser o índice, a marca de; denotar, indicar
Ex.: seus olhos revelam angústia
transitivo direto
5 Rubrica: fotografia.
fazer aparecer (a imagem de) pelo banho, na matriz fotográfica
Ex.: r. um negativo
transitivo direto e bitransitivo
6 Rubrica: teologia.
fazer conhecer por uma inspiração sobrenatural (falando esp. de Deus)
Ex.: <Deus revelou sua doutrina> <verdade que Deus revelou aos homens>

Revelável
adjetivo de dois gêneros
passível de se revelar; que pode ou deve ser revelado

A Revelação

Um primeiro sobrevôo por esse verbete mostra que a significação religiosa da palavra se acha bem presente. Trata-se mesmo das mais antigas: diz-se revelação a "divulgação de um segredo, uma confidência"; e no aspecto religioso o "ato pelo qual Deus fez saber aos homens os seus mistérios, sua vontade" e "a doutrina religiosa revelada". Mas é preciso sobretudo observar que essa significação religiosa se situa num conjunto de sentido mais amplo.

Divulgar um segredo

A etimologia da palavra — o termo latino *velum* que significa "véu" — nos ensina com efeito que seu sentido elementar, "desvelar", se opõe a uma transparência total dos seres e pressupõe uma fronteira entre o que é oculto ou secreto e o que é público ou descoberto, uma "revelação" que faz passar "algo" ou "alguém" de um estado ao outro. O "véu" faz pensar sem dúvida no corpo humano e no rosto protegidos pelas vestes em sua intimidade que só se descobre em certas condições. "Divulgar um segredo", que tem de início um sentido neutro — "fazer conhecer", "publicar", "informar sobre o que era desconhecido ou obscuro" —, pode então receber uma significação negativa: ser indiscreto e trair um segredo... e trair assim a confiança daquele que o confiara a mim de modo confidencial.

Revelar alguém a si mesmo e revelar-se

Essas duas significações da palavra "revelar", que pressupõem a ausência de transparência que ora abordamos, situam-se num contexto relacional. Embora podendo ser utilizado a propósito de uma situação ou estado de coisas, o reflexivo "revelar-se" atinge seu sentido mais forte quando um ser humano exprime, por meio de sinais ou fazendo uso da língua, "aquilo" que, em última instância, lhe é inacessível a si mesmo, seu "eu". Ele sabe com efeito que "um ser que não se revela por nenhum ato é para a ciência um ser que não existe"; não apenas para a ciência distante, mas também, e em primeiro lugar, para outrem e até para "si-mesmo".

A expressão simetricamente inversa, "revelar *alguém a si mesmo*", sugere que o acesso a *si mesmo* e o que está ligado a isso, o ato de revelar-se, são de uma maneira ou de outra tributários da existência de outrem. Talvez seja necessário perguntar-se como. É de todo modo outrem ou outra coisa que me revelam a mim mesmo: "a admiração eleva aquele que a vivencia, e... então o revela a si mesmo", diz Alain. É precisamente nesse vaivém entre o um e o outro, entre "o exterior" e "o interior", que se situa enfim toda "experiência pessoal que revela impressões, sensações novas" nunca experimentadas antes.

Indício, sintoma, traço, sinal

A terminologia da "revelação" pode designar o conjunto do processo experimental que faz alguém ou alguma coisa passar do estado oculto ao estado descoberto; ela pode também vincular-se ao que "vela" e "revela" *ao mesmo tempo*, isto é, "o indício fornecido ao detetive ou ao pesquisador, "o sintoma" localizado pelo médico, "o traço" de caráter que intriga o psicólogo, em resumo, "o sinal" que requer sempre interpretação.

Não abandonamos o contexto relacional; mas agora se mostra mais o inextricável vínculo entre o que, em nossa existência na sociedade e no mundo, desvela e vela simultaneamente o real. Com efeito, vivemos num mundo de sinais e nada escapa a ele, nem sequer nós mesmos; o que faz que a dissimulação seja possível, como de resto a possibilidade de "fazer conhecer" ou de "deixar adivinhar algo por meio de um sinal manifesto", pouco importa que uma ou a outra via seja livremente escolhida ou que se imponha independentemente de toda vontade: a despeito de nós, nossa maneira de ser no mundo revela ou trai sempre alguma coisa e a dissimula ao mesmo tempo... pondo o intérprete, que é o outro, diante de uma tarefa indefinida de interpretação.

E, entretanto, desde que nos contentemos com fragmentos de vida ou com processos parciais, torna-se possível uma comparação entre o que fora previsto e o que de fato aconteceu: determinado trabalho *revelou-se* mais fácil do que se pensava; certa hipótese *mostrou-se* acertada etc. A mais elementar trajetória de conhecimento consiste com efeito em introduzir o que ainda não é conhecido (e, nesse sentido, velado) neste tipo de comparação: comparam-se os efeitos *esperados* de uma ação com que o ocorre *realmente* e remonta-se a partir dessa diferença às causas desconhecidas dessa ação. O que se produz de fato assume então, para o observador, ares de "revelação" com uma conotação de "verdade" ou de "verificação", no domínio parcial que ele pretendeu explorar.

A idéia de uma passagem necessária entre o desconhecido e o conhecido, entre o que está latente e o que se tornou visível, prevalece ainda numa técnica inteiramente particular como a fotografia, que adotou desde o princípio o vocabulário da "revelação". O adjetivo "revelador" ("indício revelador" ou "sinal revelador") torna-se em certo momento substantivo que designa uma "causa" ou uma substância química (um "revelador"), neste caso a "solução empregada para o desenvolvimento fotográfico, e que, por redução a prata metálica dos sais de prata expostos à luz, torna visível a imagem latente". A menos que a expressão técnica imite, nesse caso, a linguagem religiosa que havia muito dera a Cristo o título de "revelador". De todo modo, a exploração pela fotografia enriquece também a constelação das palavras "revelação", "revelador" etc., e acrescenta o aspecto novo da imagem com suas duas facetas, o avesso e o direito.

O que aparece bruscamente como novo

Em todas essas significações examinadas, encontra-se a idéia de uma passagem ou de um processo que se desenrola num período de tempo mais ou menos longo. Qual é em suma o vínculo entre o que está oculto e velado e o que está descoberto ou revelado? Aquém de uma distinção demasiadamente cômoda e finalmente bastante recente entre uma abordagem religiosa e um conhecimento racional do real, o termo "revelação" talvez designe sobretudo o que aparece *bruscamente* e que se manifesta então como *novo*, inédito ou nunca experimentado. Efetivamente, o aparecimento *súbito* de um efeito ou de um acontecimento nada diz ainda de seus antecedentes e de nossa capacidade de reconstruí-lo ou compreendê-lo de maneira racional. E o fato de ter obtido "um conhecimento novo ou um princípio de explicação" não prejulga em nada a *novidade* real, até absoluta, do que foi recebido. Há verdadeiramente algo de novo sob o sol? Eis provavelmente a questão última formulada pela linguagem da "revelação" àquele que examina sua utilização mais comum.

RECONHECER UMA EXPERIÊNCIA HUMANA DE REVELAÇÃO

As expressões que nos serviram de meditação no início deste capítulo e a constelação de palavras que acabamos de analisar nos conduziram pouco a pouco às questões elementares que cercam a existência humana no mundo e na história. É possível destacar do que acaba de ser observado uma *experiência humana* de revelação, anterior a toda interpretação religiosa ou a toda abordagem científica, uma experiência que se acharia pressuposta na linguagem cristã da Revelação?

Como se um véu estivesse estendido sobre o real

Se refletirmos nisso por alguns instantes, perceberemos que a palavra "revelação" se assemelha a uma janela aberta — não há muitas outras desse tipo — sobre tudo o que se apresenta a nós como "real"*. Justamente, não temos um acesso direto a ele; esse real aparece numa diferença com relação a nós, como o que sempre nos escapará, ao menos de modo parcial, e que, por essa razão, permanece envolvido em certa obscuridade.

Essa ausência última de transparência, pressuposta pela linguagem da "revelação", advém simplesmente do fato de que aquilo que experimentamos como "real" se encontra sempre já situado numa tensão fundamental *entre* "nós" e "o que nos aparece". Nós mesmos existimos graças a essa diferença; com efeito, tudo se passa como se um véu tivesse sido posto sobre o que nos rodeia — véu permanentemente a ser levantado se desejamos atingir as coisas, o outro e a nós mesmos. Nossas existências são portanto misteriosas, tanto mais misteriosas na medida em que, relacionadas umas com as outras, não podemos encontrar o segredo próprio de cada uma sem enfrentar ao mesmo tempo o enigma* de tudo o que existe.

Nossas questões nascem no lugar dessa não-transparência, os "o que é isso?", os "como?", os "por quê?" e todas as outras perguntas que costumam ocultar a surpresa mais profunda ainda diante do simples fato de que as coisas e nós *são* simplesmente antes de ser *isto* ou *aquilo*. Os mitos* e as crenças religiosas da humanidade, assim como os progressos do conhecimento se inscrevem nessa diferença. Eles desejam, cada um à sua maneira, resolver o enigma da existência.

O leitor deve tentar realizar a *experiência* que acabamos de evocar:... assombrar-se com o fato de que nós e as coisas existamos e de que um véu esteja colocado sobre elas e entre nós, sinal de que tudo constitui uma questão para aquele que quer realmente ver com clareza e entender...! Voltaremos a essa experiência no decorrer de nosso percurso, simplesmente porque é impossível falar de uma "revelação" qualquer sem experimentar a obscuridade que cerca o "real".

O ideal da transparência

A razão ocidental nasceu nessa não-transparência, de imediato magnetizada pelo ideal de transparência. É o que se denomina o milagre grego que se produziu dos dois lados do mar Egeu, entre os séculos VI e IV a.C. Com efeito, nossa cultura européia se formou a partir de ao menos duas grandes tradições, a tradição bíblica à qual voltaremos adiante e a tradição grega, a que impulsionou o prodigioso desenvolvimento da racionalidade humana. E se o véu posto sobre o real desaparecesse um dia, deixando aparecer o real tal como é sob uma luz sem sombra e uma abertura destituída do menor questionamento? Compreende-se que os primeiros princípios da razão, os princípios de identidade e de não-contradição[4], assim como a matemática, se ocupem, *no*

---

4. Os princípios de identidade e de não-contradição, com freqüência discutidos pela filosofia e pela lógica, estão entre os primeiros princípios do pensamento. O princípio de identidade pode ser enunciado da seguinte maneira: "O que é é; o que não é não é"; o princípio de não-contradição é enunciado pela seguinte fórmula: "De duas proposições contraditórias, uma é verdadeira e a outra falsa". Fala-se de dois *"princípios da razão"* porque parece impossível pensar sem eles.

momento em que vêm ao espírito, desse saber totalmente transparente a si mesmo, deixando a opinião vacilante dos mortais, os mitos e as crenças bem atrás de si (cf. o texto de Parmênides[5] no quadro).

O acesso à transparência do saber

"As éguas[6] que me impulsionam me conduziam até onde possa chegar meu desejo, quando vieram e me conduziram pela via, rica em palavras, da divindade, via que conduz... *o homem que sabe*:

Foi por ali que fui levado; pois é por aí que as éguas em sua sabedoria me impulsionavam, puxando o carro, enquanto jovens moças mostravam o caminho. O eixo, abrasando-se nos cubos de rodas, fazendo jorrar dos parafusos um som flautado, pois era impelido pelas duas rodas turbilhonando de cada lado. As jovens, filhas do Sol, apressavam-se então em seu séquito, tendo abandonado as moradas da noite para voltar-se para a luz — tendo, com as mãos, afastado os véus que cobriam sua cabeça. Aí se erguem as portas que se abrem para os caminhos da noite e do dia; um lintel e nu umbral de pedra fechando-as de alto abaixo; e as próprias portas, inteiramente etéreas, são preenchidas por enormes batentes. Desses dois batentes, a Justiça, pródiga em muitas penas, detém as chaves que as abrem.

Suplicando-lhe com doces palavras, as jovens moças a persuadiram com habilidade a retirar das portas, de imediato, diante delas, a tranca munida de sua cavilha. *Revelando o abismo escancarado* pelos batentes abertos, as portas se abalaram, levando a girar uma após a outra em seus parafusos as fechaduras guarnecidas de bronze, munidas de cravos e de grampos. Foi por ali, através das portas, que as jovens guiavam, inteiramente retos sobre a grande estrada, o carro e as éguas. E a deusa me acolheu, com benevolência, tomou na sua minha mão direita, pediu assim a palavra e se dirigiu a mim da seguinte maneira:

'Jovem homem, companheiro de condutoras imortais, tu que chegas à nossa morada graças às éguas que te arrebatam, sê bem-vindo; com efeito, não foi

---

5. Parmênides (~540 a.C.-470) e Heráclito (~544-~484) são os dois grandes filósofos gregos do período que precede Sócrates (~544-~484). Eles marcaram definitivamente o pensamento ocidental, um por seu poema que retrata o acesso do homem ao saber, o outro por sua maneira de estabelecer relações familiares com um *Logos* (Sabedoria, Palavra) encontrado em todas as ocasiões da vida.

6. *"Cavale"* [*égua*]: expressão poética para designar um jumento de raça.

em absoluto um destino funesto que te enviou a caminhar por esta senda — pois com certeza este caminho é distante dos homens, afastado do caminho por eles freqüentado —, constituindo o direito e a justiça. É preciso que sejas instruído sobre todas as coisas, ao mesmo tempo do coração da *verdade* persuasiva, coração sem frêmitos, e das *opiniões dos mortais*, onde nunca mais se encontra uma verdadeira convicção. Mas tu aprenderás também isto: como seria necessário que as aparências fossem realmente, permeando todas as coisas em sua totalidade.'"

AUBENQUE, Pierre, *Études sur Parménide*, fragmento 1, Tomo 1: *Le poème de Parménide* (por D. O'Brien e J. Frère), Paris, Vrin, 1987, p. 3-8.

Nunca será demais enfatizar a estabilidade histórica dessa diferença entre as opiniões nas quais mergulham nossas sociedades ocidentais, por um lado, e o saber que se governa a si mesmo, sempre mais crítico com relação ao que é simplesmente recebido do meio, por outro. Esse saber se tornará, na aurora dos tempos modernos, o domínio das ciências. Recordemos que as expressões meditadas no começo deste capítulo — "Uma revelação!", "Uma descoberta sensacional!" — pertencem a esses dois domínios. É a essa cisão entre a opinião pública e o saber que é necessário atribuir a incerteza sobre o sentido da palavra "revelação". Com efeito, ela oscila entre significações opostas que são a orientação religiosa e a aplicação a um conhecimento novo ou a uma descoberta inédita.

Se nos situarmos na perspectiva do *saber*, a referência a uma revelação religiosa aparecerá em primeiro lugar como "mítica"* ou imprópria porque se apóia numa resposta ao enigma do real vindo do exterior, ao passo que deveríamos estabelecer o confronto independentemente, com todas as nossas faculdades humanas. Ora, em seguida, esse juízo um pouco severo é quase sempre matizado: acaso não tem a opinião pública necessidade de mitos, de "divindades" ou de figuras de identificação capazes de tornar suportáveis as questões apresentadas pela existência? É possível até imaginar que os cenógrafos de nossas sociedades põem toda sua inteligência e toda sua experiência a serviço da criação de novos mitos, bem como de tornar possíveis "revelações" sempre úteis à vida em comum.

Podemos também — outra possibilidade — retirar o termo "revelação" do domínio da opinião e aplicá-lo à experiência inaudita que é a emergência da razão humana, retraçada por Parmênides na linguagem do mito. Não é a "revelação" a única que merece verdadeiramente esse nome? Ela abre seu caminho nas grandes descobertas da humanidade e é revivida pela criança na escola quando, penetrando nos segredos da matemática e da ciência, começa de súbito a experimentar o poder de sua razão e da razão simplesmente.

O engodo da transparência ou a revelação como despojamento

É necessário de fato reconhecer que o ideal de uma transparência absoluta ou da ausência de obscuridade e de enigma foi um poderoso motor de nossa história ocidental e da evolução das ciências modernas. Com muita freqüência, ele também invadiu o domínio da "revelação", religiosa ou não. Os gregos estavam contudo bastante persuadidos de que nenhum saber pode um dia abandonar o elemento do mito, da crença e dos sinais que oscilam indefinidamente entre a obscuridade e a luz, mostrando seu poder de desvelamento sempre no próprio interior do velamento que operam. Ora, para a maioria de nossos contemporâneos uma "revelação" produz simplesmente a dissolução do enigma com o qual se relaciona.

Com efeito, talvez fosse necessária a intervenção de uma tradição diferente para libertar-nos do engodo representado pelo ideal de transparência e para nos tornar sensíveis a outra vertente da experiência humana de revelação. Se não podemos encontrar o segredo próprio de cada uma de nossas existências, ligadas umas às outras, sem enfrentar ao mesmo tempo o enigma de tudo o que existe, tudo depende da maneira pela qual entramos nessa experiência: podemos abordá-la por meio da globalidade, o "tudo", como os gregos, ou pela prova que é o encontro com o outro, como os homens da Bíblia.

Na tradição bíblica, o "véu" posto sobre o rosto (Ex 34,32-35) e sobre os povos (Is 25,7) indica de fato que a experiência de "revelação" se situa primeiramente no interior da relação humana e na história. O enigma a desvelar é então o da morte, intimamente ligada à transgressão da lei de fraternidade, bem como o da violência histórica entre os povos. O caráter inexorável da violência e da morte faz que o desvelamento esperado deva fazer intervir uma dimensão de novidade absoluta que pressupõe a experiência de uma transformação radical das condições de existência. É portanto a partir das situações humanas mais obscuras — lugares que visitaremos ulteriormente — que a Bíblia aborda o enigma que é a "totalidade" do real: esta assume então uma significação totalmente distinta se comparada com o mundo grego.

> *O véu de Moisés*
>
> "Em seguida, aproximaram-se todos os filhos de Israel e ele lhes comunicou todas as ordens que Senhor lhe havia dado no Monte Sinai. Acabando de falar com eles, Moisés estendeu o véu sobre o rosto. Quando entrava diante o Senhor para falar com ele, retirava o véu até a hora da saída. Ao sair, comunicava aos filhos de Israel as ordens recebidas. Os filhos de Israel viam que a pele do rosto de Moisés irradiava. Então Moisés voltava a pôr o véu sobre o rosto, até que voltasse a falar com o Senhor."
>
> Êxodo 34,32-35

Nessas condições, pode ainda a experiência do desvelamento recorrer ao conhecimento humano e à razão? Ela assume em primeiro lugar a figura do desfecho de uma crise que interveio no âmbito de um itinerário individual ou coletivo. O acontecimento "revelador" que desata os fios emaranhados de uma história pode perfeitamente ocorrer no quadro de um universo cujos limites não são conhecidos. Mas, levando em conta que ele se situa sempre numa relação com o outro, entre o homem e a mulher, entre os pais e seus filhos ou entre irmãos e irmãs, entre povos e nações... ele "passa" necessariamente por uma palavra que rompe um silêncio... ou muda sua qualidade. Essa palavra dita e eventualmente ouvida no segredo da consciência — nada o garante — constitui então o ponto de partida de um outro tipo de "conhecimento" que tem por ideal não a transparência mas o respeito do mistério inalienável do outro.

A experiência elementar de "revelação", tal como se destaca das expressões e da constelação de palavras meditadas neste primeiro capítulo, apóia-se por conseguinte, em última instância, na prova de uma ausência de transparência, *que faz de nós seres humanos:* a metáfora do "véu" posto sobre toda realidade, sobre o rosto do outro e sobre a história da humanidade o indica à perfeição. Essa prova fundamental nos reúne hoje por meio de uma herança cultural formada de diferentes tradições que se exprimem em termos de enigma, de mistério ou ainda de segredo. À cesura "grega" entre a enigmática opinião pública na qual mergulham nossas sociedades e a transparência de um saber "acrescenta-se" a distinção, mais bíblica, entre o que ocorre no segredo das consciências em relação e a vitória histórica sobre a violência.

No primeiro caso, a experiência de "revelação" assume sobretudo a aparência seja de uma espetacular cenografia das personagens de identificação de que a sociedade tem necessidade, seja de uma "iluminação" individual, devida a uma descoberta ou a uma compreensão das coisas até então inacessíveis. No outro caso, ela se situa mais nos bastidores da sociedade, na penumbra em que se desenrolam nossas existências corriqueiras, comprometidas com o respeito ao outro e com uma fecundidade histórica mais forte do que nossos mortos e nossas violências.

Deveremos esperar o fim de nosso percurso para compreender como, em regime cristão, esses dois registros de nossa experiência elementar de "revelação" — conhecimento e rompimento — se articulam. Na expectativa, é preciso agora voltar-se para o vocabulário cristão de "revelação" e perguntar-se por que ele exerceu, a partir de certo momento, a função de exprimir o âmago da fé.

CAPÍTULO 2

Quando se quer dizer o essencial

A tradição cristã sempre tentou dizer por meio de fórmulas breves, até numa única palavra, o essencial do que a anima. Nos Atos dos Apóstolos, por exemplo, os cristãos são chamados de "os adeptos do Caminho" (At 9,2; 16,17; 18,25 ss.). O apóstolo Paulo e o Evangelho segundo São Marcos resumem esse aspecto essencial pelo termo "mistério" (ICor 2,1; Mc 4,11). Mais tarde, Santo Agostinho e a tradição medieval insistirão mais no conteúdo de uma fé já expressa por meio de símbolos e de fórmulas; eles falarão então de "doutrina cristã" para dizer o essencial.

Todos esses termos e muitos outros — como, por exemplo, a palavra "tradição" — nunca suplantaram por inteiro aquele que, na seqüência do segundo Isaías, foi utilizado pelo próprio Jesus: Evangelho-Boa Nova. Desde o século II, esse termo designa os quatro relatos canônicos que retraçam o itinerário daquele que o anunciou em primeiro lugar. No século XVI, pela primeira vez, o Concílio de Trento põe-no encabeçando seus documentos; o Vaticano II o homenageará no segundo capítulo de sua grande "Constituição sobre a Revelação e sua Transmissão".

Foi a palavra "Revelação" que desde o século XVIII passou a prevalecer sobre todos os outros termos suscetíveis de expressar o centro da fé cristã. Por que essa concentração na época moderna? No segundo capítulo, tentamos responder a essa questão e colher alguns frutos, na verdade ambíguos, desse deslocamento.

ENCONTRAR AS PALAVRAS QUE DIZEM O ESSENCIAL

"Foi em Antioquia que pela primeira vez os discípulos foram designados com o nome de 'cristãos'" (At 11,26). Até então, eram eles chamados de adeptos do *Caminho* (At 9,2; 16,17; 18,25 ss.), o que permitira jogar com os múltiplos sentidos dessa palavra elementar da comunicação humana: caminhar juntos, rota que parte daqui onde estou e que cruza com a de outrem, caminho do Senhor e caminho que é ele mesmo (Jo 14,6), rota que conduz à vida na qual Deus nos inicia: "por ele [Nosso Senhor Jesus Cristo] temos *acesso*, pela fé, a esta graça na qual estamos estabelecidos" (Rm 5,2; cf. também Ef 2,18; 3,12 e Hb 9,8; 10,19 ss.; 12,18; 12,24).

O Evangelho

Encontrar palavras precisas para expressar a identidade dos discípulos de Jesus não foi tarefa fácil. As pessoas exteriores a esse grupo os denominavam pura e simplesmente "os messiânicos", segundo o título "Cristo" dado a seu fundador; eles preferiam referir-se ao que ele dissera e fizera por si mesmo e que eles continuavam a dizer e a fazer em seu seguimento, vivo Ele no meio deles: como os tempos se cumpriram, Jesus proclamara *o Evangelho de Deus* mediante gestos e palavras; por conseguinte, os discípulos se apegavam à expressão central "Boa Nova" como resumo de sua própria existência. O apóstolo Paulo e o evangelista Marcos são disso testemunhas privilegiadas.

Paulo apresenta-se, no início da Epístola aos Romanos, como "servo de Jesus Cristo, chamado a ser apóstolo, posto à parte para *anunciar o Evangelho de Deus*. Este Evangelho" — esclarece ele — "que ele já prometera por seus profetas nas santas Escrituras, *concerne* ao seu *Filho...*" (Rm 1,1). E, um pouco mais adiante, ele confessa ainda não ter vergonha do Evangelho: "ele é poder de Deus para a salvação de todo aquele que crê, do judeu primeiro, e depois do grego" (Rm 1,16). Mas se Paulo afirma "somente" que o Evangelho de Deus, anunciado pelos profetas e proclamado por si mesmo, *concerne* ao Filho de Deus, Marcos, por sua vez, *identifica* o Evangelho e o próprio Jesus. Isso lhe permite inventar o gênero literário "evangelho": "Início do Evangelho de *Jesus*, Cristo e Filho de Deus..."; assim começa seu relato que narra como aquele que anunciou o Evangelho de Deus se tornou ele mesmo esse Evangelho (cf. Mc 1, 14.15; 8, 35; 10,29; 13,10; 14,9; 15,15).

O anúncio do Evangelho

"Se, com a tua boca, confessas que Jesus é Senhor e se, em teu coração, crês que Deus o ressuscitou dos mortos, serás salvo. Com efeito, crer no próprio coração conduz à justiça, confessar com a própria boca conduz à salvação. Pois a Escritura diz: *Todo aquele que nele crê não será confundido* [Is 28,16]. Assim, não há diferença entre judeu e grego: todos têm o mesmo Senhor, rico para com todos os que o invocam. Com efeito, *todo aquele que invocar o nome do Senhor será salvo* [Jl 3,5].

Ora, como o invocariam sem terem crido nele? E como creriam nele, sem o terem ouvido? E como o ouviriam, se ninguém o proclama? E como proclamá-lo, sem ser enviado? Por isso está escrito: *Como são belos os pés daqueles que anunciam boas novas!* [Is 52,7] Mas nem todos obedeceram ao Evangelho. Isaías diz com efeito: *Senhor, quem acreditou em nossa pregação?* [Is 53,1]. Assim a fé vem da pregação, e a pregação é o anúncio da palavra de Cristo."

Romanos 10,9-17

Mistério e revelação

Ora, se o anúncio do Evangelho pelo próprio Jesus se situa já numa história "profética" que com ele chega à sua realização, e se o Evangelho — aquele proclamado por ele e que se tornou ele mesmo — vem verdadeiramente *de* Deus, como exprimir da maneira mais simples possível esse *acontecimento* que se refere ao mesmo tempo à história humana e a Deus? Duas outras palavras intervêm aqui, também elas tomadas de empréstimo à linguagem da época (a que retornaremos): a palavra "mistério" e a palavra "revelação".

A Revelação

Marcos é o único evangelista a utilizar "mistério" no singular; Mateus e Lucas empregam o plural que já é encontrado na literatura da época: "A vós *é dado* o *mistério* do Reinado de Deus", diz o Jesus de Marcos aos que permaneceram junto a ele, depois de ter ouvido a parábola do semeador; e ele acrescenta: "para os de fora tudo se torna enigma" (Mc 4,11). Paulo usa o mesmo termo, no singular e mais raramente no plural, para recapitular o objetivo último do anúncio do Evangelho: "Eu mesmo, quando fui ter convosco, irmãos" — diz ele aos coríntios —, "não foi com o prestígio da palavra ou da sabedoria que vim *anunciar-vos o mistério*. [...] No entanto, é realmente uma sabedoria que nós ensinamos [...] ensinamos a sabedoria de Deus, *misteriosa e escondida,* e que Deus antes dos séculos destinara de antemão para a nossa glória" (1Cor 2,1 e 6.7). Mais tarde (por volta de 200), a *Carta a Diogneto*[1] resumirá ainda o essencial da fé por esse mesmo termo "mistério", porém para enfatizar que ele não é acessível a nossos esforços, que não pode senão ser acolhido: "Não espere poder um dia aprender esse mistério de um homem...", diz o anônimo a Diogneto que lhe pergunta sobre a tradição cristã.

Não tardaremos a descobrir ainda outras conotações da palavra "mistério", ligada à palavra "revelação". Os dois termos designam com efeito o avesso e o direito de uma mesma realidade, ou sobretudo de um mesmo acontecimento. É também o apóstolo Paulo que pela primeira vez as utiliza juntas; basta ler a seqüência da passagem de sua primeira carta aos Coríntios, acima citada: "Nenhum dos príncipes deste mundo a conheceu" — a sabedoria de Deus, no mistério e que permaneceu oculta; "se a tivessem conhecido, não teriam crucificado o Senhor da glória. Mas, como está escrito, é *o que o olho não viu, o ouvido não ouviu, nem subiu ao coração do homem, tudo o que Deus preparou para os que o amam*" (1Cor 2,8-9; cf. Is 64,3; 52,15; Jr 3,16; Eclo 2,8-10).

O anúncio do Evangelho de Deus — aquilo que o próprio Jesus anunciou e que se destina àqueles e àquelas que vêm em seguida — produz pois uma última cesura na história (habitada pelos judeus e pelos gregos) e como um desenlace[2]: o que esteve oculto em Deus

---

1. À Diognète, *Sources chrétiennes* nº 33, Paris, Le Cerf, 1951, IV, p. 6.
2. Cf. o que foi dito no primeiro capítulo sob a forma de despojamento assumida pela experiência de revelação no contexto da tradição bíblica.

desde sempre é doravante acessível a todos os fiéis e inaugura um novo futuro para toda a humanidade. No momento de concluir sua carta aos Romanos, o apóstolo consegue com efeito religar os três termos — Evangelho, mistério e revelação —, não para designar os discípulos mas para dizer-lhes, do modo mais simples possível e sem trair seu objetivo, o acontecimento no qual estão envolvidos. Dirigindo-se a Deus, ele conclui: "Àquele que tem o poder de vos confirmar, *segundo o Evangelho* que eu anuncio, pregando Jesus Cristo, *segundo a revelação de um mistério* guardado no silêncio durante tempos eternos, mas *agora* manifestado e levado ao conhecimento de todos os povos pagãos por escritos proféticos, segundo a ordem do Deus eterno, para conduzir à obediência da fé, a Deus, único sábio, glória, por Jesus Cristo, pelos séculos dos séculos! Amém" (Rm 16,25-27).

Do acontecimento do anúncio à doutrina cristã

O anúncio e a escuta do Evangelho de Deus constituem portanto, em primeiro lugar e antes de tudo, um acontecimento. Acabamos de ver que este não diz respeito apenas a alguns indivíduos, mas abrange a história do povo de Israel e a de toda a humanidade, ligada a partir de então de uma maneira completamente nova a Deus. Compreende-se que essa complexidade interna do acontecimento, que só aparece mais tarde e progressivamente, se torne então objeto de um ensinamento.

Já nos textos do Novo Testamento, é possível observar certa oscilação entre *o anúncio* e *o ensinamento*. A primeira de nossas duas testemunhas, Marcos, mostra Jesus, na sinagoga de Cafarnaum (Mc 1,21.22 e 27) e à beira do mar, a ensinar "muitas coisas em parábolas" (Mc 4,1 e 2); mas logo se compreende que esse ensinamento novo, pleno de autoridade é de fato "o anúncio da Palavra" (Mc 4,33) que produz o que ela diz naquele que a escuta. Paulo, igualmente, fala de "ensinamento" ou dos "princípios de vida em Cristo, tais como eu os ensino por toda parte, em todas as Igrejas" (1Cor 4,17)[3].

---

3. Serão encontrados mais tarde Cl 2,2 e Ef 3,3, que ligam mistério, revelação e conhecimento.

Tendo recebido o conhecimento perfeito, os apóstolos anunciam o Evangelho de Deus

"O Senhor de todas as coisas deu com efeito a seus apóstolos o poder de *anunciar o Evangelho*, e é por meio deles que conhecemos *a verdade*, isto é, *o ensinamento do Filho de Deus*. Foi também a eles que o Senhor disse: 'Quem vos escuta me escuta, e quem vos despreza a mim despreza e despreza Aquele que me enviou'. Pois não foi por outros que conhecemos 'a economia'° de nossa salvação, mas realmente por aqueles por meio dos quais o Evangelho chegou a nós. Quanto ao Evangelho, eles o pregaram em primeiro lugar e, em seguida, pela vontade de Deus, no-lo transmitiram em Escrituras, para que ele seja o fundamento e o sustentáculo de nossa fé.

Pois tampouco nos é permitido dizer que eles pregaram antes de ter recebido o *conhecimento perfeito*, como ousam pretendê-lo alguns, que se gabam de ser os corretores dos apóstolos. Com efeito, depois que Nosso Senhor foi ressuscitado dentre os mortos e que os apóstolos foram, pela vinda do Espírito Santo, revestidos da força do alto, foram eles cumulados de *certeza a respeito de tudo* e possuíram o conhecimento perfeito; foi então que eles se dirigiram às próprias extremidades da terra, proclamando a *boa nova dos bens* que nos vêm de Deus e anunciando aos homens a paz celeste: eles tinham, todos em conjunto e cada um em particular, o 'Evangelho de Deus'. [...]

E todos esses nos transmitiram o seguinte ensinamento: um único Deus, Criador do céu e da terra, que foi pregado pela Lei e pelos profetas, e um único Cristo, Filho de Deus. Se portanto alguém lhe recusa seu assentimento, ele despreza aqueles que fizeram parte do Senhor, despreza também o próprio Senhor, despreza enfim o Pai; ele se condena a si mesmo, porque resiste e se opõe à sua salvação — o que é feito por todos os hereticos."

IRENEU, Santo, *Contre les Hérésies*, Livro III, 1, 1, em SC n° 211, Paris, Le Cerf, p. 21-25.

Pouco a pouco, a expressão "doutrina cristã" se imporá na Igreja para designar o *conteúdo* desse ensinamento. Esse deslizamento é já observado num célebre texto de Ireneu de Lião (~140-200) que leva o anúncio do Evangelho por meio dos apóstolos a ser precedido de sua "certeza a respeito de tudo" e do "conhecimento perfeito" recebidos em Pentecostes, e que enumera os pontos essenciais desse ensinamento do Filho de Deus (cf. o texto no quadro). Mais tarde, Santo Agostinho (354-430) e, depois dele, a tradição medieval insistirão mais ainda no conteúdo de uma fé expressa por meio de símbolos*, em particular o símbolo de Nicéia (321). É em Santo Tomás (1225-1274) que por fim se encontra o vínculo, decisivo para o cristianismo ocidental do segundo milênio, entre "doutrina sagrada" e "revelação". O grande doutor da Igreja Católica — às vezes denominado doutor angélico — pressupõe a *forma doutrinal* tomada pela tradição: segundo ele, a doutrina sagrada se situa num conjunto mais amplo de doutrinas ou disciplinas intelectuais. Como trata de Deus e do fim do homem nele — objeto que ultrapassa toda compreensão do espírito humano —, ela deve também distinguir-se por seu *modo de aquisição*: procede de uma *Revelação*, e não da obra da razão como as outras doutrinas. Reencontramos aqui a relação entre "Revelação" e "razão", já abordada no primeiro capítulo.

Que é a doutrina sagrada? A que se estende?

"Artigo 1: É necessária outra doutrina, além das disciplinas filosóficas?

Quanto ao primeiro artigo assim se procede: parece que **não** é necessária outra doutrina, além das disciplinas filosóficas.

1. Na verdade, o homem não deve esforçar-se por alcançar aquilo que está acima da razão humana. 'Não te afadigues com obras que te ultrapassam', diz o Eclesiástico. Ora, o que se encontra à altura da razão é ensinado suficientemente nas disciplinas filosóficas. Portanto, parece supérfluo haver outra doutrina, além das disciplinas filosóficas.

2. […]

Em sentido contrário, diz-se na segunda Carta a Timóteo: 'Toda Escritura inspirada por Deus é útil para ensinar, refutar, corrigir e educar na justiça'. Ora, uma Escritura inspirada por Deus não faz parte das disciplinas filosóficas, obras da razão humana. Portanto, é útil que além das disciplinas filosóficas haja outra ciência inspirada por Deus.

Respondo. Era necessário existir para a salvação do homem, além das disciplinas filosóficas, que são pesquisadas pela razão humana, *uma doutrina*

> *fundada na revelação divina.* Primeiro, porque o homem está ordenado para Deus, como para um fim que ultrapassa a compreensão da razão, como diz Isaías: 'O olho não viu, ó Deus, fora de ti, o que preparaste para aqueles que te amam'. Ora, é preciso que o homem, que dirige suas intenções e suas ações para um fim, antes conheça este fim. Era, pois, necessário para a salvação do homem que estas coisas que ultrapassam sua razão lhe fossem comunicadas por revelação divina.
>
> [...]
>
> Portanto, além das disciplinas filosóficas, que são pesquisadas pela razão, era necessária *uma doutrina sagrada, tida por revelação.*"
>
> Tomás de Aquino, Suma Teológica, Volume 1, São Paulo, Loyola, 2001 (2ª ed. 2003), p. 138 s.

É o resultado de uma longa evolução que explica, por um lado, por que, entre todas as palavras encontradas pelas primeiras gerações de cristãos para dizer o essencial de sua fé — "o caminho", "o acesso" ou "os caminhos", "o Evangelho", "o mistério" e "a revelação", "o ensinamento" e "a doutrina" —, o conceito de Revelação pôde por fim prevalecer. Sem dúvida, o luteranismo e o Concílio de Trento (1545-1563) tentaram reabilitar a precedência do Evangelho; mas, a partir do século XVIII, a Revelação se tornará o princípio a partir do qual todos os outros termos serão compreendidos e articulados entre si.

A "REVELAÇÃO" ENTRE INSTRUÇÃO E COMUNICAÇÃO

Do Vaticano I (1869-70) ao Vaticano II (1962-65)

Duas grandes assembléias da Igreja Católica dos tempos modernos trataram da Revelação. Procurando estabelecer, em sua primeira Constituição dogmática (1870), os fundamentos da fé católica, o Vaticano I a erige em conceito* central de todo o seu ensinamento; o Vaticano II chega a pô-la no âmbito de um de seus documentos mais importantes: "Constituição Dogmática sobre a Revelação Divina *Dei Verbum*"[4] (1965).

Observemos antes de tudo o ponto comum entre esses dois textos, insistência que representa ao mesmo tempo um avanço espetacular com relação a tudo o que o precede. A característica principal da Revelação é que ela incide no *próprio interior de Deus*, sendo portanto *auto-revelação*. Na Constituição *Dei Filius*, do Vaticano I, o caráter absolutamente singular desse acontecimento de auto-revelação divina mal aflora; no Vaticano II, ele se torna o ponto de partida de um longo desenvolvimento: "Ele clamou a Deus que, em sua sabedoria e sua bondade, *se revelasse em pessoa* e mostrasse o mistério de sua vontade (cf. Ef 1,9) graças ao qual os homens, por Cristo, o Verbo feito carne, chegam ao Espírito Santo, junto ao Pai, e se transformam em participantes da natureza divina" (cf. Ef 2,18; 2Pd 1,4).

Como pode ocorrer esse avanço? Voltaremos a essa questão central depois de ter comparado as abordagens dos dois concílios.

Um exercício de comparação

Façamos este novo exercício. O quadro que põe os dois textos lado a lado nos facilitará a tarefa (ver quadro, p. 46-47).

Um primeiro olhar que abarque a organização global dos dois textos permite constatar de imediato a diferença de perspectiva. A definição do Vaticano I se baseia na distinção entre "a luz natural da razão" (§ 1) e a "Revelação *sobre*natural" (§ 2), distinção por conseguinte entre dois "caminhos" — aquele, ascendente, e o descendente, que o próprio Deus escolheu livremente para dar acesso ao que é em si mesmo.

Trata-se claramente do *conhecimento* de Deus que é visado pela noção de "Revelação"; isso explica que o concílio reproduza a distinção de Santo Tomás (ver o texto no quadro, p. 43-44) entre, por um lado, o que diz respeito estritamente à Revelação, ou seja, o fim *sobre*natural do homem em Deus (§ 4), e, por outro, o que por si não é

---

4. A Igreja tem o hábito de citar seus documentos redigidos em latim pelas duas primeiras palavras do texto.

inacessível à razão e que deve porém ser revelado para que a humanidade "ganhe tempo", a fim de que todos estejam unidos, e não apenas alguns homens ponderados, e para que alguns erros sejam evitados (§ 3). O interesse dominante para o conhecimento de Deus e seu modo de aquisição — pela razão ou por meio da Revelação — explica ainda que o texto insista mais no *plural* dos "decretos eternos da vontade de Deus", das "coisas divinas" ou dos "bens divinos" — plural que antecipa a determinação do *conteúdo* da Revelação, no quarto capítulo da Constituição, em termos de "mistérios" ou de "dogmas"*.

A revelação nos Concílios Vaticano I e II

Vaticano I, Dei Filius, *cap. 2:*

§ 1: A própria santa Igreja, nossa mãe, mantém e ensina que Deus, princípio e fim de todas as coisas, pode ser conhecido com certeza *pela luz natural da razão humana* a partir das coisas criadas: "Desde a criação do mundo, suas perfeições invisíveis se mostram à inteligência, por meio de suas obras" (Rm 1,20).

§ 2: No entanto, desejou ele, em sua sabedoria e sua bondade, *revelar-se a si mesmo* ao gênero humano e revelar *os decretos eternos de sua vontade* por um outro *caminho, sobrenatural:* "Deus falou outrora a nossos pais por várias vezes e de várias maneiras por meio dos profetas; nesses dias, os últimos, ele falou por seu Filho" (Hb 1,1).

§ 3: É de fato graças a essa Revelação divina que todos os homens devem poder, na atual condição do gênero humano, conhecer facilmente, com uma firme certeza e sem presença de erro, o que *nas coisas divinas* não é por si inacessível à razão.

§ 4: Não é entretanto por essa razão que a revelação deve ser dita absolutamente necessária, mas porque Deus, em sua infinita bondade, destinou o homem a um fim sobrenatural, a fim de que participe dos bens divinos que transcendem de modo absoluto o que o espírito humano pode apreender. Pois "o olho não viu, o ouvido não escutou, nem o coração do homem concebeu o que Deus preparou para aqueles que o amam" (1Cor 2,9).

DENZINGER-HÜNERMANN, *Symboles et définitions de la foi catholique*, Paris, Le Cerf, 1996, p. 678.

Vaticano II, Dei Verbum, *cap. 1:*

2. Aprouve a Deus, em sua bondade e sabedoria, *revelar-se a si mesmo e tornar conhecido o mistério* de sua vontade (cf. Ef 1,9), pelo qual os homens, por intermédio do Cristo, o Verbo feito carne, e no Espírito Santo, têm acesso ao Pai e se tornam participantes da natureza divina (cf. Ef 2,18; 2Pd 1,4). Mediante esta Revelação, portanto, o Deus invisível (cf. Cl 1,15; 1Tm 1,17), levado por seu grande amor, fala aos homens como a amigos (cf. Ex 33,11; Jo 15,14-15), e com eles se entretém (cf. Br 3,38) para os convidar à comunhão consigo e nela os receber. Esse plano de Revelação se concretiza através de acontecimentos e palavras intimamente conexos entre si, de forma que as obras realizadas por Deus na história da salvação manifestam e corroboram os *ensinamentos* e as realidades significadas pelas palavras. Estas, por sua vez, proclamam as obras e elucidam o *mistério* nelas contido. No entanto, o conteúdo profundo da verdade, seja a respeito de Deus, seja da salvação do homem, se nos manifesta por meio dessa Revelação em Cristo que é ao mesmo tempo mediador e plenitude de toda a Revelação.

3. Preparação da Revelação evangélica

4. O Cristo plenitude da Revelação

5. A Revelação deve ser recebida com fé

6. Pela Revelação divina quis Deus manifestar-se e comunicar-se a si mesmo e *os decretos eternos de sua vontade* acerca da salvação dos homens, "a saber, para fazer participar os bens divinos, que superam inteiramente a capacidade da mente humana".

Professa o Sagrado Sínodo que "Deus, princípio e fim de todas as coisas, pode ser conhecido com certeza pela luz natural da razão humana partindo das coisas criadas (cf. Rm 1,20)"; mas ensina que se deve atribuir à sua Revelação o fato de "mesmo na presente condição do gênero humano poderem ser conhecidas por todos facilmente com sólida certeza e sem mistura de nenhum erro aquelas coisas que em matéria divina não são de per si inacessíveis à razão humana".

Compêndio do Vaticano II, Petrópolis, Vozes, 1991, p. 122-124.

É certo que o Vaticano II reproduz, no fim do percurso (no nº 6), essas distinções do Vaticano I, mudando além disso a ordem das frases (ao reagrupar os §§ 2 e 4 e os §§ 1 e 3); mas sua orientação global é totalmente diversa, de todo modo mais próxima da perspectiva neotestamentária. A primeira frase não restabelece tão-só o par paulino mistério/revelação (sendo o termo "mistério" utilizado de novo no singular); ela vincula também — ainda seguindo o apóstolo — Revelação do mistério e acesso a Deus. Na seqüência do texto, essa Revelação é descrita como um acontecimento de *comunicação*: o Deus invisível se dirige aos homens tal como a amigos. Esse *acontecimento* se situa numa história que comporta uma série de acontecimentos intimamente ligados a palavras. Os números 3 e 4 do texto explicitarão essa história profética e evangélica, mas sem empregar o vocabulário do "Evangelho", reservado ao capítulo II de *Dei Verbum*. Quando porém o fim do nº 2, citado no quadro, afirma que "Cristo é ao mesmo tempo o mediador da plenitude de toda a Revelação", podemos ouvir aí o eco do Evangelho de Deus que ele *anuncia* enquanto mediador e que *é* ele mesmo *em plenitude*.

Instrução ou comunicação

A diferença das duas perspectivas é por conseguinte notável e, ao menos em parte, ligada aos contextos aos quais voltaremos. O texto de 1870 concebe a Revelação e a relação entre Deus e a humanidade segundo o modelo de uma "instrução". Deus (e analogicamente a Igreja) se comporta diante da sociedade humana como um grande instrutor que a informa de verdades que ela não pode, ou só o pode parcialmente, descobrir por si mesma. Logo, a submissão é a virtude principal do receptor, totalmente dependente do emissor da doutrina. O texto de 1965, por seu turno, se organiza a partir de um modelo de "comunicação": a relação entre Deus e os homens, tanto quanto a relação entre a Igreja e a sociedade são concebidas sob forma de "diálogo", sendo a obediência compreendida como capacidade de escuta (nº 5).

O Vaticano II oculta então o aspecto doutrinal da Revelação? Claro que não! Um pouco à maneira do apóstolo Paulo, o texto tenta sobretudo situar o ensinamento e a doutrina com relação ao que permanece principal, a saber, o próprio acontecimento da Revelação. É isso o que se destaca do n° 2 do texto quando este precisa "as obras realizadas por Deus na história da salvação manifestam e corroboram os *ensinamentos* e as realidades significadas pelas palavras".

Mas a própria relação com a doutrina se encontra já no magnífico Preâmbulo da Constituição que situa "a doutrina sobre a Revelação divina e sobre sua transmissão" no acontecimento de escuta e de proclamação da Palavra de Deus, vivido pelo próprio Concílio: "Ouvindo religiosamente a Palavra de Deus e proclamando-a com segurança, este santo Sínodo adere às palavras de São João: 'Anunciamo-vos a vida eterna, que estava junto ao Pai e se nos manifestou: o que vimos e ouvimos, vo-lo anunciamos, para que também vós tenhais comunhão conosco e nossa comunhão seja com o Pai e com seu Filho Jesus Cristo' (1Jo 1,2-3). Por isto, seguindo as pegadas dos Concílios Tridentino e Vaticano I, [este Santo Concílio] se propõe expor a genuína *doutrina* acerca da Revelação divina e de sua transmissão a fim de que pelo anúncio da salvação, o mundo inteiro ouvindo creia, que, crendo espere, esperando ame".

A diferença dos dois modelos de instrução e de comunicação é portanto significativa e deve ser levada em conta; mas ela não deve ocultar de nós seu ponto comum, tênue é verdade: a idéia de *auto-revelação* de Deus, que representa um real avanço com relação às maneiras anteriores de dizer o essencial da fé cristã. Por que esse deslocamento na época moderna? É a essa pergunta que devemos agora responder.

COMO A QUESTÃO DO ESSENCIAL SE RADICALIZOU NA ÉPOCA MODERNA

A Constituição *Dei Filius* do Concílio Vaticano I é precedida por certo número de debates no âmbito da teologia da época moderna. Os redatores romanos do texto conciliar tomaram de empréstimo o conceito de Revelação a seus colegas de Tübingen, na Alemanha, eles mesmos influenciados pelos grandes pensadores da modernidade, que, tal como G. W. F. Hegel (1770-1831), desejaram compreender como cristãos sua época a partir da ruptura representada pela Revolução Francesa de 1789.

A Revelação

Uma modernidade emancipadora e triunfante

Com efeito, é no século das Luzes[5] que as sociedades européias começam a emancipar-se da tutela religiosa. Em seguida às guerras de religiões que assistiram a confrontos sangrentos entre confissões cristãs, percebe-se que se tornou impossível fundar a vida em comum numa fé dividida em seu próprio âmbito. As sociedades constroem então um novo consenso mínimo baseado numa concepção ao mesmo tempo racional e moral de Deus, fundadora de seu laço político e dos direitos individuais. Em meados do século XIX, elas abandonam também essa hipótese religiosa. A mentalidade científica ou positivista que passa a reinar quase em bloco na Europa elimina toda referência ao absoluto ou transfere este para o Estado-nação concebido em rude oposição ao cristianismo, até mesmo a toda religião.

O destino da religião na modernidade

"Se há uma verdade que a história confirmou é que a religião abarca uma porção cada vez menor da vida social. Na origem, estende-se a tudo: tudo o que é social é religioso; as duas palavras são sinônimas. Depois, pouco a pouco, as funções políticas, econômicas, científicas se libertam da função religiosa, constituem-se à parte e assumem um caráter temporal cada vez mais preponderante. Deus, se é possível exprimir-se assim, que estava em primeiro lugar presente a todas as relações humanas, delas se retira progressivamente; ele abandona o mundo aos homens e a suas disputas. Ao menos, se ele continua a dominá-los, é de cima e de longe [...]."

DURKHEIM, Émile, *De la division du travail social*, Paris, Alcan, 1922, p. 143 ss.

No pano de fundo dessa evolução global das sociedades européias, observa-se a gênese das ciências físico-matemáticas, afirmando a partir do século XVII sua radical autonomia no que diz respeito a

---

5. Designação formada a partir do movimento filosófico que aborda a realidade a partir tão-somente da *"luz natural da razão"*. Essa corrente se estende na Europa desde o século XVII e domina o pensamento europeu do século XVIII.

toda referência meta-física. Nota-se também a *diferenciação* progressiva da racionalidade humana nos séculos XVIII e XIX. As ciências tornam possíveis uma evolução das técnicas, uma primeira industrialização e uma organização racional do mundo econômico. O mundo do trabalho se organiza, também ele, racionalmente (por exemplo, no marxismo). Ele se opõe ao fato de que o mercado se reduza a mercadorias intercambiadas e a mecanismos de troca, fazendo entrar na negociação o valor dos homens que produzem. O mundo político e jurídico, enfim, se acha aprisionado entre essas duas esferas, a economia e o sindicalismo, que se opõem uma à outra, e ambas ao Estado-nação que se arroga atributos divinos, em parte para defender-se dos que desejavam limitar seu poder, de seus vizinhos e do cristianismo, igualmente vivenciado como ameaça.

Compreende-se então por que o século XIX não pode mais contentar-se em opor a autonomia atemporal e abstrata das ciências da "natureza" a uma "Revelação sobrenatural"; era isso o que estava em jogo no combate religioso do século das Luzes. A partir da Revolução Francesa, as mentalidades começam a ser impregnadas de uma consciência histórica. O cristianismo torna-se por sua vez objeto da história; não apenas sua Bíblia, mas também suas crenças, seus dogmas e suas estruturas institucionais. O esquema das três idades da humanidade, construído por Auguste Comte (1798-1857), é representativo de um estado de espírito cada vez mais difundido: sua distinção entre a idade mítica*, a idade metafísica e a idade positivista reduz a tradição cristã a uma sobrevivência mítica e metafísica das sociedades antigas e medievais.

Uma radicalização singular

A questão da identidade do cristianismo é formulada portanto no século XIX com uma urgência inteiramente nova. Sem dúvida, no passado a Igreja teve com freqüência de responder a perguntas sobre este ou aquele ponto de sua doutrina, por exemplo sobre a identidade de Cristo, objeto dos debates nas primeiras assembléias conciliares. Mas a partir da ruptura representada pela Reforma luterana e protestante do século XVI, o questionamento sobre a identidade cristã não mais concerne primordialmente a esse elemento particular do dogma, englobando a totalidade da fé. Progressivamente, a contestação cada vez mais radical do cristianismo pela sociedade circundante leva a formular a *questão última de sua origem em Deus*.

No momento da Reforma, luteranos, reformados e católicos ainda se enfrentam acerca do *acesso eclesial* à identidade cristã, a partir da Escritura isoladamente ou com base na Escritura e na Tradição. Depois das guerras de religiões, a Igreja tenta valorizar *o acesso cristão* ao "sobre-natural" em oposição a uma vaga crença "natural" em Deus. Mas, às vésperas do Concílio Vaticano I, a interrogação volta-se diretamente para *a origem divina* da identidade cristã diante das sociedades modernas, zelosas de sua total autonomia. Uma utilização distraída da expressão "Revelação cristã" poderia ocultar esse pano de fundo. Ora, a história nos ensina que esse conceito prevalece sobre toda outra designação possível (Evangelho, caminho etc.) no próprio momento em que a crítica referente ao cristianismo se torna mais virulenta e provoca, em sentido contrário, uma resposta que, como nunca antes, deve concentrar-se no essencial. Quais são então os frutos desse deslocamento?

UM RESULTADO AMBÍGUO

Salvaguardar a verdade sem apegar-se a ela "pura e simplesmente"

A grandeza do conceito de *auto*-revelação — forjado pela filosofia religiosa pós-revolucionária a partir do dado bíblico e recebido pelo Concílio Vaticano I — reside sem dúvida no fato de ter tornado obsoleta toda concorrência entre Deus e o homem. Deus não revela nada acerca do que podemos ou poderemos um dia saber por nós mesmos. Por certo, nossas mentalidades permanecem profundamente marcadas por uma pobre concepção do mistério, identificado espontaneamente com o que parece ultrapassar os limites de nossa inteligência e de nossa engenhosidade: como se o homem moderno só tivesse de reduzir progressivamente o obscuro espaço do não-saber para destronar o

Deus que o ocupara outrora e para obrigar seu lugar-tenente, a Igreja, a render-se. Ora, Deus não tem senão uma única "coisa" a dizer-nos, um único "mistério" a revelar ao fiel, ou seja, *Ele mesmo*, e *Ele mesmo como nosso destino*. Que poderia dizer ele ainda depois de revelar-se a si mesmo por inteiro em sua misteriosa identidade? Sua auto-revelação significa portanto um verdadeiro fim no âmbito de nossa história — em linguagem bíblica, uma "realização" —, que só pode ser seguida por seu silêncio... e pelo desenvolvimento da autonomia humana.

Nenhuma religião — nem mesmo a religião cristã — aceita facilmente um acontecimento desse tipo. Como é claro, ele está presente nos documentos do Concílio Vaticano I, mas ao mesmo tempo como ocultado por uma concepção *doutrinal* da identidade cristã, que reduz a Revelação a uma instrução de verdades reveladas em que acreditar. A ambigüidade dessa abordagem é ainda reforçada pela situação de concorrência e de autodefesa na qual se encontra a Igreja na última metade do século XIX. Com efeito, não se pode deixar de observar certo mimetismo entre esses dois inimigos que são a cultura católica e as forças de uma sociedade em vias de emancipação; assim, a Igreja utiliza espontaneamente o modelo de cientificidade atestado pelo "positivismo" para mostrar a coerência interna do mundo de suas verdades reveladas. Estas não se distinguem da ordem natural dos conhecimentos científicos senão pela fonte sobrenatural com a qual o fiel comunga ao submeter-se ao magistério católico e a Deus.

Observado de certa distância, o trabalho conceitual do Concílio Vaticano I se mostra, por conseguinte, passavelmente ambíguo. Apesar da recepção da idéia de auto-revelação, a conceptualização progressiva do dado bíblico desemboca por fim numa visão abstrata e a-histórica da identidade cristã, vício do qual termo "Revelação" terá dificuldade de libertar-se. Mas há algo mais grave: em princípio, toda concorrência entre Deus e o homem está excluída; mas ela volta sub-repticiamente quando o ensinamento de verdades reveladas pela Igreja entra em conflito com o saber humano. O caso de Galileu não passa do primeiro de toda uma série de incidentes. Seria preciso então reconhecer que o litígio não pode advir apenas de um saber humano muito pouco consciente de seus limites, mas também de uma identificação ingênua entre a Revelação de Deus e a doutrina proposta pela

Igreja — o que o Vaticano I teve problemas para admitir. Sem dúvida, o concílio salvaguarda a verdade da tradição cristã mas, fixado no adversário a combater, não a mantém mais "pura e simplesmente".

E as sociedades européias?

Quanto às sociedades pós-revolucionárias, sofrem das mesmas ambigüidades. Elas podem compreender sem dificuldade a história de sua própria autonomia — a "secularização" — à luz da "auto-revelação" de Deus; se o mistério de Deus se revela definitivamente na humanidade de um homem realizado, a autonomia desse homem e de suas realizações, chegando enfim à maturidade, não pode entrar em concorrência com Deus. Mas essa radicalização do conceito de "Revelação" é ao mesmo tempo a raiz de uma possível crítica ao cristianismo, até mesmo de toda religião, e, por conseguinte, a raiz do ateísmo: para chegar ao fim do que o cristianismo nela semeou, não deve a civilização européia inverter a idéia de uma auto-revelação de Deus no homem e passar a compreender sua própria história como "auto-revelação" de uma humanidade que se apropria progressivamente do que o cristianismo situara no exterior dela, sua própria divindade?

Parece de todo modo que o homem do século XIX tem dificuldades de suportar o silêncio de Deus e de não ocupar o lugar deixado vazio pela crítica da religião cristã. Já percebemos a tentativa moderna de dar ao Estado-nação atributos divinos. O Ocidente passou ao menos por duas tentativas terrificantes para perceber — por meio de uma racionalidade científica advinda da economia e da política — o absoluto na história, duas maneiras de imitar a Revelação cristã: o totalitarismo nazista e o comunismo stalinista. Elas pertencem já ao século seguinte, ao qual voltaremos ulteriormente. Mas por ora tenhamos em mente que elas só se tornaram possíveis porque a radicalização última do conceito de "revelação" conduziu os europeus a ver-se investidos de um absoluto — absoluto que os põe no centro, até no cume da história da humanidade.

Depois de percorrer o conjunto das tentativas de encontrar palavras suscetíveis de designar o âmago da fé cristã, só é possível permanecer surpresos com o que se passou no momento em que o conceito de

"Revelação" foi erigido em princípio. Essa passagem nos deixa, efetivamente, com a consciência viva do peso de história com o qual esse termo passa a ser doravante carregado e na expectativa de que sua orientação espiritual ou mística seja um dia honrada. Se as sociedades européias são por fim emancipadas de sua matriz cristã, enquanto a Igreja continua a defender o estatuto público e objetivo de sua proposição, como trilhar hoje vias de acesso a essa Revelação? Elas se enraízam em todo caso numa atitude específica do sujeito humano, tradicionalmente designada pelo termo "fé", de que falaremos no próximo capítulo.

CAPÍTULO 3

Crer num mundo plural

Chegou portanto o momento de refletir no vínculo entre a Revelação e aquele que a acolhe na "fé". Somos conduzidos a isso de maneira inteiramente natural pelo capítulo precedente, que falou da emancipação das sociedades européias. Até então sustentada por toda uma cultura, a fé é agora deixada à livre decisão de cada um: se Deus só tem a nos dizer uma "coisa" — Ele mesmo —, a resposta do homem não pode ser senão o ato de entregar-se a Ele, sem condição, sem garantia. Logo, a história dos dois últimos séculos não apenas provocou a concentração da identidade cristã no Evangelho da Revelação de Deus; ela suscitou também entre muitos fiéis um aprofundamento espiritual e uma radicalização de sua experiência de fé, outrora reservados a alguns.

Hoje, esse apelo à experiência pessoal fica marcado pelas condições culturais de nossas sociedades européias, que mudaram profundamente a partir do último concílio. Nosso planeta se tornou uma vasta aldeia cada vez mais homogeneizada pelas técnicas, pelo mercado mundial e pela mídia; a Europa está inserida nesse âmbito, tendo perdido sua posição central evocada no fim do capítulo anterior. Por outro lado, a pluralidade de crenças, religiões ou proposições de sentido, outrora isolada em territórios limitados e distintos, agora se aproxima na cena pública de nosso continente e em seus camarins nos quais procuramos viver de maneira sensata. Por conseguinte, é nesse contexto que devemos traçar um caminho de acesso ao ato de fé e falar da experiência pessoal da Revelação sem esquecer sua forma eclesial.

UMA FÉ QUE MOVE MONTANHAS

O "véu" posto sobre o real e a fé

Já meditamos longamente, no primeiro capítulo, sobre nossa experiência do mundo, esse mundo ao qual não temos um acesso direto. A bela metáfora do "véu" posto sobre o rosto de outrem, sobre a história da humanidade e sobre todo o universo designa o âmago dessa prova elementar que faz de nós seres humanos. Acaso seríamos seres desejantes, em busca de equilíbrio neste mundo e "sem repouso" (como diz Santo Agostinho), se não tardássemos a harmonizar-nos a nosso ambiente e a nós mesmos?

De fato, nossa realidade* é fundamentalmente enigmática*. As sociedades humanas e cada uma de nossas existências se situam nesse enigma que, como uma abertura sempre mais radical, não cessa de suscitar nossa criatividade, embora tenha um véu que cobre o que ela oculta. Habitar esse espaço aberto é *dar sentido* à vida, sentido que nunca é dado de antemão; é ainda tornar a vida viável e maravilhosa ao *inscrever esse sentido* num jogo de relações individuais e coletivas, em pedras e projetos, obras de arte e sistemas religiosos; e isso sem que um dia o enigma seja resolvido, o repouso definitivo alcançado ou o desejo saciado. Podemos por certo recorrer a tradições culturais e a saberes para poder habitar este mundo infinitamente aberto. Mas essas "cristalizações" do sentido da vida, que devemos à criatividade de nossos ancestrais, não nos dispensam de comprometer-nos por completo num ato que dá orientação à vida.

Na tradição bíblica, esse ato de compromisso é denominado "fé" e se dirige a Deus. A palavra "Deus" não indica apenas o caráter enigmático do real, como seus equivalentes em todas as línguas do mundo, mas designa também o portador de um "nome" (Ex 3,13 ss.). "Ninguém nunca *viu* a Deus" (Ex 33,20 e Jo 1,18); e o Deus da Bíblia guarda em si uma palavra de apresentação "que ouvido algum jamais *escutou*" (Is 64,3 e 1Cor 2,9). Logo, as Escrituras não levam em absoluto ao desaparecimento do enigma que cerca a realidade; veremos, pelo contrário, que o desvelamento de Deus o reforça situando-o em seu justo lugar.

Mas, quando se revela apresentando-se com seu "nome", Deus se faz ouvir e ver pelo fiel. Que dá ele a ver e a ouvir, ou ainda a sentir, tocar e saborear? Procuraremos mostrá-lo; por ora, basta recordar que o ouvido e a visão pressupõem, como ocorre com os outros sentidos, uma relação com o outro e que, na tradição bíblica, Deus se faz ver de costas (Ex 33,23) e ouvir-se *no* que se passa entre uma figura profética — Moisés, Elias, Jesus — e uma pessoa, até mesmo o conjunto do povo[1].

Assim, quando o ato de "fé" se produz em alguém, representa para este um acontecimento: "algo" ou, melhor dizendo, "alguém" — Deus — é súbita e talvez definitivamente visto e ouvido como nunca antes, sem que seu mistério e o do mundo desapareçam — insistimos em repetir. É uma "passagem" que se produz *na fé* do indivíduo fiel que se acha inteiramente comprometido naquilo que se passa. Ele teria podido resistir, não ouvir e não ver, tanto mais que o que ele vê e escuta é inesperado e inaudito. Porém, é como que vencido pelo que se passa com ele, persuadido por meio da transformação na qual o ato de ver e ouvir o compromete, e, sendo isso muito mais firme do que a não-fé, a dificuldade de ouvir e de ver permanecem presentes nele.

O sentido, ou a orientação da vida, que se destaca desse acontecimento sem precedentes deve então ser totalmente considerado com base numa *descoberta pessoal* do sujeito fiel. Mas ao mesmo tempo está *situado* nas relações entre pessoas humanas. É precisamente essa relação significativa com certa pessoa ou com determinado grupo que pode suscitar o desejo de recorrer a uma tradição existente para expressar-se a si mesmo, e talvez diante de outrem, o que se acaba de viver.

---

1. Cf. o que foi desenvolvido no capítulo 2 sobre o anúncio do Evangelho, o ato de emissão e sua recepção.

Uma "objetividade" transformada

Reconheçamo-lo, o percurso que acabamos de fazer revoluciona um pouco nossos hábitos de pensamento. Poderia haver uma expectativa referente a que a Revelação de Deus se apresentasse de acordo com certa objetividade*, deixando-nos exteriores a ela; como se pudéssemos decidir à distância acolhê-la ou não, à maneira de receber ou não, por exemplo, as notícias do jornal da noite. Ora, seria destruir a "fé" se fosse ela reduzida à constatação de uma realidade mais ou menos controversa; a fé assumiria pura e simplesmente a figura de um saber entre outros. Pensemos portanto um instante em nossas mais elementares relações: descobrimo-nos aí *já* comprometidos quando o menor sinal do outro vem ao nosso encontro. Essa experiência inteiramente simples não é desmentida pela Revelação de Deus; esta não existiria se a "fé" *já* não tivesse nesse âmbito atraído a atenção, mesmo que esta última reconheça, depois do fato, que teria podido não ver nem escutar.

A objetividade da Revelação não é, por conseguinte, a de uma coisa ou de um conjunto de dados, mas se realiza "objetivamente" no sujeito fiel em relação com outras existências, quando se deixa transformar pela visão e pela escuta do outro. Nessa perspectiva, a conversão, fruto que permite reconhecer a árvore (Mt 7,15-20), é o único "traço" da Revelação de Deus — traço bastante frágil porque, para aquele que, a meu lado, não se engajou nisso ou tomou um outro caminho, o fato de minha conversão existe de uma maneira completa, mas sem remeter a um desvelamento de Deus.

O mesmo ocorre com o sentido de nossas existências num mundo radicalmente aberto, entregue a nossas decisões mais pessoais. É a *pluralidade das existências mais ou menos sensatas* que é primordialmente constatável. Somos testemunhas do compromisso do budista, do judeu, do muçulmano, do cristão ou ainda do agnóstico* numa vida voluntariamente sensata, eventualmente no interior de uma tradição, mas sem que esta possa impor-se em nome de um real definitivamente desvelado. A única exigência é com efeito a do livre respeito à escolha responsável de outrem, *lei do respeito* que resulta da própria posição do sentido da vida, essencialmente plural num mundo aberto; lei do respeito que forma como um espaço comum e *objetivo* para todos os homens. Retomaremos isso detidamente no capítulo 5; observemos contudo que a insistência nos *efeitos localizáveis* do sentido, tanto na existência individual como no viver conjunto dos seres humanos, corresponde plenamente ao ideal de objetividade tal como se formou progressivamente no século XX em nossa cultura européia.

A fé pela qual advém a Revelação

Se desejamos pois formular a partir do precedente uma primeira definição da fé, devemos ir ao ponto de dizer que a Revelação não existiria sem o ato que a recebe. Esse deslocamento para a existência não significa em absoluto que se subestime o despojamento de si implicado pela fé, até a iniciativa de Deus. Ao contrário, tornamo-nos mais sensíveis ao que a escuta e a visão pressupõem como despertar e disponibilidade de coração e de corpo; avaliou-se o que eles desencadeiam como criatividade, na própria inscrição dessa experiência numa "tradição". Por conseguinte, seria demasiado limitado definir a fé em termos de "assentimento" ou de "consentimento" à Revelação (Vaticano I e II); também não é suficiente concebê-la como "entrega de si" em resposta ao Deus que "se apresenta" ao homem (Vaticano II).

A *fé* nos Concílios Vaticano I e II

Vaticano I, Dei Filius, *cap. 3*	*Vaticano II*, Dei Verbum, *cap. 1*
§ 1 Já que o homem depende por completo de Deus como seu Criador e Senhor e que a razão criada é totalmente submetida à Verdade incriada, somos obrigados, quando Deus se revela, a apresentar-lhe pela fé *a submissão plenária* de nossa inteligência e de nossa vontade. [...]	5. A Deus que revela deve-se "a *obediência* da fé" (Rm 16,26; cf. Rm 1,5; 2Cor 10,5-6), pela qual o homem *livremente se entrega todo* a Deus prestando "ao Deus revelador um obséquio pleno do intelecto e da vontade" e dando voluntário assentimento à Revelação por ele feita.

§ 3: Embora o assentimento da fé não seja de modo algum um movimento cego do espírito, ninguém pode "consentir com a pregação do Evangelho", como deve ocorrer para obter a salvação, "sem a iluminação e a inspiração do Espírito Santo que dá a todos a suavidade quando eles aderem à verdade e nela crêem". Eis o motivo por que a fé, em si mesma, ainda que "não opere pela caridade" (Gl 5,6), é um dom de Deus, e o ato de fé é uma obra vinculada à salvação por meio da qual o homem *oferece* ao próprio Deus *sua livre obediência*, ao aquiescer e cooperar com a graça à qual podia resistir.
Symboles et définitions de la foi catholique, p. 679 ss.

Para que se preste essa fé, exigem-se a graça prévia e adjuvante de Deus e os auxílios internos do Espírito Santo, que move o coração e converte-o a Deus, abre os olhos da mente e dá "a todos suavidade no consentir e crer na verdade". A fim de tornar sempre mais profunda a compreensão da Revelação, o mesmo Espírito Santo aperfeiçoa continuamente a fé por meio de seus dons.
Compêndio do Vaticano II, p. 124.

É necessário então avaliar todos os *efeitos* localizáveis desse ato de crer graças ao corpo que ele se dá na história. Essa insistência própria de nossas sociedades pluralistas torna-nos portanto atentos a um aspecto muito freqüentemente esquecido do ato de fé, tal como os sinóticos e algumas palavras de Jesus de Nazaré o apresentam, isto é, sua força criadora: "Em verdade, eu vos declaro, se alguém disser a esta montanha: 'Sai daí e atira-te ao mar', se não duvidar em seu coração, mas crer que o que diz sucederá, isto lhe será concedido" (Mc 11,22; cf. 1Cor 13,2).

QUANDO VEM A DÚVIDA

A crítica da religião

E se alguém duvida em seu coração...? Da afirmação de que a Revelação não existe sem o ato de fé que a recebe à declaração que toma a Revelação por uma *produção* da fé, não há senão um pequeno passo — que foi dado com freqüência nos séculos XIX e XX. Na medida em que as ciências humanas, a psicanálise e a sociologia, por exemplo, começam a analisar os funcionamentos mais profundos e amiúde inconscientes do homem procurando tratar também suas disfunções por meio de diferentes procedimentos de cura, elas nos tornam sensíveis aos múltiplos enraizamentos da fé. E também aos mecanismos que esta última pode ocultar quando vê o homem como campo da ação de Deus. Não teria o homem inventado Deus e a revelação divina para escapar a seu destino inexoravelmente mortal, preferindo permanecer adolescente diante das exigências que lhe impõe uma existência limitada?[2]

Sem dúvida, a tese da produção religiosa pode cair numa grande insipidez; o ateísmo do passado nem sempre escapou a ela. Mas tampouco se pode esquecer que as ciências humanas se deixam muitas vezes guiar por um ideal de humanidade quando fustigam tudo o que "aliena" o homem. A crítica da religião que elas inauguraram se acha, com efeito, profundamente marcada pelos valores da modernidade, em particular a autonomia dos sujeitos e sua solidariedade.

Assim Karl Marx (1818-1883) criticou a religião e, em particular, o cristianismo como "ópio do povo" porque eles lhe pareciam não apenas paralisar a capacidade de análise da "classe operária", como também quebrantar sua vontade de tomar as rédeas de seu próprio destino. Mas a alienação da consciência não é somente característica de uma classe social; ela pode ainda abalar o indivíduo quando este não chega a situar-se como sujeito com relação às diferentes instâncias do inconsciente, do "id" e do "superego", que o constituem. Foi Sigmund Freud (1856-1939)[3] que se mostrou particularmente crítico no que concerne àquilo que nos ritos religiosos ou nas representações parentais de Deus pode impedir o acesso do sujeito a si mesmo.

Embora essas abordagens e outras do mesmo tipo tentem também explicar teoricamente a origem do fenômeno religioso, em particular a idéia de uma revelação divina tal como encontrada no judaís-

---

2. Já evocamos, no fim do capítulo anterior, a idéia positivista de uma humanidade que encontra sua autonomia ao desembaraçar-se progressivamente de sua infância religiosa.
3. Voltaremos a esses acontecimentos no capítulo 6.

mo e no cristianismo, elas têm sobretudo um alcance prático: libertar os indivíduos ou as populações graças a um novo tipo de racionalidade, ao mesmo tempo suspeitoso e "terapêutico". Já observamos que algumas delas levaram a terrificantes tentativas de arremedar a tradição cristã e realizar o absoluto na história e na sociedade. Através de seus fracassos que, tais como grandes cataclismos (em 1945 e em 1989), sacudiram as nações européias, algumas "análises" mais modestas do mundo social e dos funcionamentos do indivíduo subsistiram, mostrando-se mais respeitosas quanto ao caráter enigmático da realidade. A crítica da religião não ficou contudo desarmada, recebendo, através do excesso do mal experimentado por muitos, novas razões de exercer-se.

A produção religiosa da humanidade[4]

• FEUERBACH, Ludwig, *Principes de la philosophie de l'avenir* (1843).

"§ 1: Os tempos modernos tiveram por tarefa a realização e a humanização de Deus — a transformação e a resolução da teologia em antropologia.

§ 2: O modo religioso ou prático dessa humanização foi o protestantismo. Só o Deus que é homem, o Deus humano, isto é, Cristo, é o Deus do protestantismo. O protestantismo não se preocupa mais, como o catolicismo, com o que é *Deus em si mesmo*, mas somente *com o que é para o homem;* também não há mais uma tendência especulativa ou contemplativa, como o catolicismo; ele deixou de ser teologia — é tão-somente cristologia, ou seja, antropologia religiosa."

Manifestes philosophiques. Textes choisis (1843-1845), trad. por L. Althusser, Paris, PUF, 1960, p. 128.

• MARX, Karl; ENGELS, Friedrich, *L'idéologie allemande.* Thèses sur Feuerbach (1845/46):

---

4. Encontram-se nesse quadro alguns textos clássicos da crítica da religião no século XIX e durante a primeira metade do século XX. Ludwig Feuerbach (1804-1872), que se opõe diretamente a Hegel e à sua concepção da revelação de Deus (cf. capítulo 2, p. 49ss.) é considerado por Marx como ancestral do "humanismo ateu". São dados em seguida alguns breves excertos de dois autores mais conhecidos, Karl Marx (1818-1883) e Sigmund Freud (1856-1939), considerados hoje, com Friedrich Nietzsche (1844-1900), os três "mestres da desconfiança".

"Tese 6: Feuerbach dissolve a essência religiosa na essência *humana*. Mas a essência humana não é uma abstração inerente ao indivíduo singular. Em sua realidade, é o conjunto das relações sociais. Feuerbach, que não faz a crítica dessa essência real, é por conseguinte obrigado a fazer abstração do curso da história e a tratar o sentimento religioso como uma realidade em si, pressupondo um indivíduo humano abstrato, isolado. [...]

Tese 7: É o motivo pelo qual Feuerbach não vê que 'o sentimento religioso' é por si mesmo um produto social e que o indivíduo abstrato que ele analisa pertence a uma forma social determinada."

Paris, Éditions sociales, 1968, p. 33.

- MARX, Karl, *Contribution à la critique de la philosophie du droit de Hegel* (1843/44):

"A miséria religiosa é por um lado a expressão da miséria real e, por outro, o protesto contra a miséria real. A religião é o lamento da criatura oprimida, a alma de um mundo sem coração, tal como é o espírito de situações não-espirituais. Ela é o ópio do povo."

Édition bilíngüe Karl Marx, Aubier, Paris, 1971, p. 53.

- FREUD, Sigmund, *Le moi et le ça* (1923):

"Ao avaliar toda a distância que separa seu ego de seu ego-ideal, o homem vivencia esse sentimento de humildade religiosa que faz parte de uma fé ardente e apaixonada. Enquanto formação substitutiva da paixão pelo pai, esse ego-ideal contém o germe de onde nasceram todas as religiões. É fácil ver que, de certa maneira, o ego-ideal preenche todas as condições às quais deve satisfazer a essência superior do homem."

Oeuvres complètes XVI (1921-1923),
Paris, PUF, 1991, p. 280.

Uma pluralidade de revelações?

São menos as teorias que nos interessam aqui do que a impressão, cada vez mais difundida, de que as grandes manifestações religiosas da humanidade — simultaneamente presentes em nossas "telinhas" ou exploradas por um turismo mais acessível a todos — são o resultado de uma criatividade secular de alguns indivíduos, de elites e de grupos religiosos. Há aí portanto várias revelações, cada uma envergando a marca própria de uma ou de várias culturas?

Sem dúvida, poderíamos recusar a questão e refugiar-nos em sua pertinência ao grupo cristão. Nossos contemporâneos tenderam com efeito a repartir a humanidade em "tribos", cada uma com sua própria "mitologia". É então adequado mostrar-se tolerante com relação a todas, ao menos em princípio, e portanto também com relação à nossa. Pouco a pouco se estabeleceu assim, em nosso continente, um novo estado de espírito que, da pluralidade das proposições de sentido, conclui instintivamente na ausência de uma Revelação *definitiva*. Ora, como vimos no capítulo anterior[5], o caráter definitivo faz parte da própria definição da Revelação cristã; ver-se-á com dificuldade como, em regime cristão, Deus poderia entregar-se *totalmente* à humanidade em sua misteriosa identidade e retirar em seguida o que deu ou relativizar sua presença mantendo reservadas outras manifestações.

Do mesmo modo, a maioria dos europeus são no fundo "agnósticos"*: para sua sensibilidade, nenhuma das manifestações religiosas pode reivindicar o estatuto de uma revelação última e definitiva do mistério da realidade, sendo todas produções mais ou menos sensatas da humanidade... Posição que não os impede de referir-se à tradição cristã, de praticar integral ou parcialmente o que ela propõe ou ainda de dela se servir, como num grande supermercado de bens religiosos, para esta ou aquela ocasião. Pode-se falar aqui de dúvida? Não, se consideramos o caráter irrefletido da maioria desses comportamentos. Mas, quando os indivíduos são explicitamente confrontados com a radicalidade da proposta cristã, o agnosticismo pode prevalecer e a dúvida instalar-se neles de maneira mais ou menos duradoura.

CRER OU NÃO CRER

Como então sair da dúvida? *Num primeiro momento*, a solução só pode advir da própria Revelação, ou seja, da descoberta inaudita,

---

5. Cf. capítulo 2, p. 52 ss.

mais amplamente difundida em nosso tempo, de que esta se dirige sempre, *por definição*, a alguém em sua singularidade absoluta[6]. Ninguém pode portanto tomar em meu lugar a decisão de crer ou de não crer, de se perceber atingido e transformado por uma Revelação de Deus ou de afastar-se dela considerando-a fruto de um imaginário individual e coletivo.

Eu quero crer

"Assim como o gênio de Cristóvão Colombo levou-o a pressentir que existia um novo mundo, enquanto ninguém pensara nisso antes, assim também sinto que uma outra terra me servirá um dia de morada estável. Mas de imediato a névoa que me cerca se torna mais espessa, penetra em minha alma e a envolve de tal modo que não me é mais possível recuperar nela a imagem tão doce de minha Pátria, tudo desapareceu! Quando quero fazer repousar meu coração fatigado das trevas que o rodeiam, por meio da lembrança do país luminoso ao qual aspiro, meu tormento redobra; parece-me que as trevas, tomando a voz dos pecadores, me dizem zombando de mim: 'Você sonha com a luz, uma pátria embalsamada dos mais suaves perfumes, você anseia pela posse *eterna* do Criador de todas essas maravilhas, crê sair um dia das sombras que o cercam! Apresse-se, apresse-se, rejubile-se pela morte que lhe dará, não o que você espera, mas uma noite mais profunda ainda, a noite do nada'.

[...]

Minha Mãe bem-amada [...], se julgais de acordo com os sentimentos que exprimo nas pequenas poesias que compus este ano, devo parecer-vos uma alma repleta de consolações e pela qual o véu da fé quase se dilacerou, e entretanto... já não é mais um véu para mim, é um muro que se eleva até os céus e cobre o firmamento estrelado... Quando canto a felicidade do Céu, a eterna posse de Deus, não sinto com isso nenhuma alegria, pois canto simplesmente aquilo em que QUERO CRER."

---

6. Segundo o Vaticano I, a Revelação se dirige "ao gênero humano"; segundo o Vaticano II, "aos homens" (cf. quadro, p. 46-47). Estamos hoje mais sensíveis à singularidade de cada ser, o que não exclui que ele faça parte de um grupo particular e, por meio disso, do gênero humano, nem que a Revelação diga respeito a todo homem. É esclarecido assim que o universal se compõe de singularidades e que a Revelação passe pela fé dos sujeitos.

> Teresa do Menino Jesus, Manuscrit adressé à Mère
> Maria de Gonzague *(Manuscrit "C"), Oeuvres complètes,*
> Paris, Le Cerf, DDB, 1992, p. 242 ss.

Recordemos que o sentido da existência nunca é dado de antemão; cabe a cada um tornar sensata sua vida[7]. Devemos compreender hoje que essa condição do sentido de toda existência humana corresponde ao objetivo último da Revelação de Deus. A extrema diversidade das respostas e experiências de sentido não representa então, em absoluto, uma ameaça à Revelação de Deus, mas é a expressão mais perfeita da relação íntima que ela mantém com cada ser. Nós é que devemos mostrar mais tarde como essa pluralidade radical de existências sensatas, única cada uma delas, pode harmonizar-se com o caráter único e definitivo da Revelação cristã.

Tentemos pois compreender interiormente esse laço íntimo entre a experiência de fé absolutamente singular e a auto-revelação de Deus. Nós o faremos aproximando-nos pouco a pouco do umbral misterioso que separa a "fé" da "não-fé", perguntando-nos também como passamos para o outro lado do riacho. Eis um primeiro "argumento" em nosso debate interior com a dúvida.

Acreditar no mistério da vida

Uma boa introdução ao tema é interrogar nossas línguas e instituições indo-européias acerca da surpreendente associação dos termos "crença" [*croyance*] e "crédito" [*créance*]. O lingüista Émile Benveniste (cf. quadro, p. 69 s.) mostrou com efeito que a exata correspondência do termo latino *credo* e da palavra sânscrita *srad-dha* (ou *kred-dhe*) garante uma herança muito antiga: o exame dos empregos de *srad-dha* no Rig Veda (1200-200 a.C.)[8] faz distinguir para essa palavra a significa-

---

7. Cf. o que foi dito no começo deste capítulo sobre o sentido da existência humana (acima, p. 58s.).

8. Rig Veda: conjunto de textos, redigidos em língua sânscrita, que têm valor normativo no hinduísmo. Os lingüistas concebem esses documentos como matriz da civilização indo-européia.

ção "de ato de confiança (num deus) que implica restituição (sob a forma de favor divino concedido ao fiel)"; o próprio *kred* indo-europeu é encontrado mais tarde, laicizado, nos termos latinos *credo* e *credentia*: "confiar uma coisa com certeza de recuperá-la". Essa laicização do termo religioso, enfatizada por Benveniste, pode nos chamar a atenção para seu enraizamento antropológico, isto é, um tipo de relação estabelecida em primeiro lugar entre os homens e os deuses e invertida em seguida no vínculo social entre seres humanos; como se a vida em sociedade fosse impossível sem uma con-fiança original.

Crédito e crença

"Consideraremos em primeiro lugar um termo latino cuja significação é mais ampla e que se esclarece por uma correspondência bastante difundida e antiga. Trata-se do latim *credo* e de seus derivados. A noção de *"créance"* [crédito] se vê ampliada, desde o começo da tradição, na direção de *"croyance"* [crença]. A própria amplitude desse significação apresenta o problema de saber como essas noções se ligam em latim, pois os termos correspondentes em outras línguas denotam também a antiguidade da noção e a estreita associação dos dois sentidos.

[...] A situação [arcaica] é a de um conflito entre os deuses no qual os homens intervêm apoiando determinada causa ou determinada outra. Nesse compromisso, os homens dão uma parte de si mesmos que reforça o dos deuses que escolheram apoiar; do deus é esperada restituição. Esse é, aparentemente, o fundamento da noção laicizada de *crédito, confiança*, seja qual for a coisa fiada ou confiada.

O mesmo quadro aparece em toda manifestação de confiança: confiar alguma coisa (o que é um emprego de *credo*) é entregar a outro, sem consideração do risco, algo seu, que não é dado, por razões diversas, com a certeza de recuperar a coisa confiada. Trata-se do mesmo mecanismo, para uma fé propriamente religiosa e para a confiança num homem, do compromisso seja de palavras, de promessas ou de dinheiro.

Remontamos assim a uma pré-história longínqua cujos grandes traços, ao menos, são esboçados: rivalidade de poder dos clãs, defensores divinos ou humanos, em que é preciso atacar com vigor, com generosidade a fim de assegurar para si a vitória ou para ganhar no jogo (o jogo é um ato propriamente religioso:

os deuses jogam). O defensor necessita que se creia nele, que lhe seja confiado o *kred*, para que se encarregue de difundir suas benfeitorias sobre aqueles que assim o apoiaram; há nesse âmbito, então, entre homens e deuses, um *"do ut des"*[9].

[...]

Por conseguinte, só é possível propor uma conjetura: *kred* seria uma espécie de "penhor", de "o que está em jogo", algo de material, mas que compromete também o sentimento pessoal, uma noção investida de uma força mágica pertencente a todo homem e que se coloca num ser superior."

BENVENISTE, Émile, *Le vocabulaire des institutions indo-européenes*. 1. économie, parenté, société, Paris, Ed. De Minuit, 1969, p. 171, 177 e 179.

Devemos passar aqui da referência lingüística do vocabulário da crença-crédito ao dado antropológico de uma vulnerabilidade fundamental do ser humano que tão-somente a confiança pode permitir gerir. Dois sintomas ajudam a compreender esse fenômeno.

Enquanto os animais (os mamíferos superiores, por exemplo) são totalmente determinados no momento de seu nascimento biológico e, portanto, relativamente cedo capazes (ou incapazes) de viver, o bebê humano precisa ainda passar como por um segundo nascimento para entrar em sua própria cultura: por meio de suas relações parentais, deve aprender a entrar em relação com outros seres humanos. Essa indeterminação ou "abertura" inicial (que já comentamos no início deste capítulo) precisa, por seu turno, de *um ato de confiança*: ele só se torna sujeito dando, em primeiro lugar, crédito aos pais e ao ambiente cultural, sendo já este último fruto de uma criatividade que teria sido impossível sem confiança original na vida. Essa atitude fundamental, por conseguinte, não constitui apenas o homem como sujeito; ela institui também, e ao mesmo tempo, a vida em sociedade.

É esse o outro sintoma a assinalar: a vulnerabilidade essencial do ser humano pode provocar a violência, o domínio do forte sobre o fraco ou a revolta deste contra aquele. Sem dúvida, a sociedade sempre poderá tentar reduzir essas violências racionalizando cada vez mais

---

9. Expressão latina: "dou para que dês".

seus funcionamentos e tomando o máximo de precauções contra os riscos advindos da falta de fiabilidade de seus membros. Mas se não deseja soçobrar na desagregação, a sociedade finalmente se dedica ao crédito entre seus sujeitos e ao crédito destes com referência a ela.

Crença e crédito são pois atos fundamentais de toda existência humana em vias de humanização. Um "limiar" pode ser transposto quando o medo cede lugar à confiança e à coragem de ser; todas as culturas sabem disso ao acompanhar essa passagem decisiva para seus ritos de iniciação. É ainda no âmbito desse dado antropológico, tão admiravelmente conservado pelas línguas e pelas instituições indo-européias, que o ato de fé no sentido bíblico do termo encontra sua especificidade.

De acordo com as Escrituras, ninguém pode transpor o limiar da vida no lugar de outro. Esse limiar consiste precisamente no confronto do sujeito com sua própria solidão. Sua "fé" é então o ato de confiança no "mistério" da vida, ato pelo qual o sujeito não põe apenas determinada coisa, seu *kred* (cf. quadro anterior), em jogo, mas sua própria existência, *aceitando perder toda garantia de recuperar o que deu*: "Sacrifício e oferta não quiseste, mas um corpo me preparaste; não te deleitaste em holocaustos e oblações pelo pecado. Então eu disse: Eis-me aqui, pois é bem de mim que está escrito no rolo do livro: vim para fazer, ó Deus, a tua vontade" (Sl 40,7-9 [grego] e Hb 10,5-7).

Dado o limite inexorável de nossas existências, essa aposta totalmente desinteressada de si mesmo é tão valiosa que se pode perguntar com admiração: como transpor esse limiar? Não é impossível passar para a outra margem sem que o "mistério" da vida que aí se encontra me atraia a ele, criando em mim a confiança e a coragem de agir? Essa *inversão* do movimento, pressentida em todo compromisso gratuito, sugere que estamos aqui no "limiar" em que a fé se separa da não-fé ao descobrir no âmago de sua própria singularidade a Revelação de Deus.

O outro atento

Na aproximação do limiar, quer seja o medo ou o pasmo de já ter passado, a pergunta "como isso se fará?" ou "como isso se fez?" encontra sua resposta junto a um "barqueiro". Devemos recordar as velhas imagens de homens que, com seus barcos, esperam à beira do rio para fazer "passar" o viajante à outra margem. Que bela metáfora de nossa entrada na "vida"!

Para cada um de nós, o primeiro nascimento e, mais ainda, o segundo se acham ligados a relações que os precedem. Somos realmente destinados à liberdade por outros libertos, sem que a responsabilidade de nossa própria decisão, sempre única, de crer ou de não crer nos seja tirada. Quem não se lembra de ter *ouvido* uma palavra decisiva de outrem ou de ter *visto* em seu olhar benevolente a possibilidade de dar o próprio passo valioso! O que se vê e escuta nesses momentos são a palavra e o rosto do outro, sem dúvida; mas aquilo em que se creu, "se escutou" e "se viu" ao mesmo tempo é o "mistério" da própria singularidade, em absoluto alienada pela do outro, mas atraída e habitada, tal como a sua, pelo "mistério" da vida.

Acabamos de descrever essa experiência de "fé" acessível a todo homem utilizando palavras pouco ou nada marcadas pela tradição cristã. Mas a maneira de considerar unidas a solidão do sujeito e sua necessária relação com um ou vários "barqueiros" permite já compreender por que, no ato de fé que revela Deus, o cristianismo atribui um lugar desse tipo a Jesus de Nazaré e à Igreja; e isso respeitando a infinita diversidade das experiências de sentido[10]. Pode-se mesmo dizer que a descoberta progressiva da unicidade* de todo ser humano, iniciada pelo caráter profético do povo de Israel, torna possível a fé na unicidade de Jesus de Nazaré como Cristo e suscita a adesão de outros fiéis; formando a Igreja, desempenham como ele o papel de "barqueiros", sem tentar "anexar" aqueles que exercem essa mesma tarefa fora do grupo deles (cf. Mc 9,38-41). Todos esses elementos se mantêm juntos e devem ser compreendidos no interior de uma mesma Revelação divina inteiramente dedicada à fé de sujeitos vinculados uns aos outros.

Encontrar o "barqueiro" de Nazaré

Antes de abrir mais amplamente nossas Escrituras, no próximo capítulo, vejamos o que elas nos dizem da "fé" tal como surgiu no

---

10. Indicaremos, evidentemente, outras razões nos capítulos seguintes.

encontro com aquele que anuncia o Evangelho de Deus, o "barqueiro" de Nazaré. No ponto de partida da maioria de suas relações se encontra uma experiência de cura: os relatos evangélicos não deixam nenhuma dúvida sobre esse ponto. Os episódios em questão mostram-nos facilmente sua lógica: trata-se sempre de sair da multidão anônima ou indiferenciada e "passar" assim o limiar da interioridade, "espaço" em que o sujeito é de súbito confrontado com sua própria unicidade incomparável. Sem simplificar em excesso sua riqueza espantosa, todas essas cenas nos apresentam curas do medo de viver, do medo de ser; elas convidam o leitor a uma comunicação do que se pode designar pela expressão "coragem de ser", que se manifesta na posição daquele que a partir de então fica de pé diante do outro: cura e unicidade reconhecida se identificam nessa nova maneira de habitar o próprio corpo.

É claro que essas experiências se acham freqüentemente incorporadas a situações de exclusão social ou de doença; elas beiram também as zonas da culpa humana, concedendo ao beneficiário a alegria da reconciliação. Mas, em última instância, a cura responde a uma "necessidade" mais fundamental, amiúde recoberta por uma tradição moralizante, isto é, a identidade e o "poder de ser" dos sujeitos. Mateus as fixou admiravelmente nestas metáforas extraídas de Isaías e revivificadas quando em contato com a figura de Jesus: "Não esmagará a cana quebrada, e não apagará a mecha que ainda fumega, até ter conduzido o direito à sua vitória" (Mt 12,20).

Talvez seja preciso entender em todas essas cenas de encontro, nas fronteiras da multidão, o recurso a uma "desproporção caracteristicamente divina". Acaso tornar-se único diante do outro não é, propriamente falando, tornar-se "como o próprio Deus"? A perspectiva dessa "desproporção de interioridade" poderia provocar medo no sujeito e impeli-lo a recuar confuso, mas, no encontro, essa desproporção é subitamente descoberta como sendo "à sua medida".

O "limite" entre "proporção" e "desproporção" é, com efeito, tão incrivelmente móvel que não cessa de mobilizar nossas consciências balançadas como caniços ao vento. Habituados a fronteiras precisas, gostaríamos de fixar também esta, de uma vez por todas, comparando nossas proporções, legislando acerca da boa medida; a massificação e a produção de múltiplos padrões e de modos de vida sob medida não fazem senão consolidar essa tendência. Entretanto, nunca a desproporção de um estará à medida do outro. A cura consiste precisamente na transposição bem-sucedida de todas essas resistências ilusórias; ela é o início de uma descoberta da Revelação de Deus como manifestação gratuita de sua desproporção, à medida de inúmeros entendimentos humanos, tornados todos, em virtude disso, incomparáveis; e é essa descoberta que Jesus denomina "fé".

No âmago dessa experiência, uma palavra-chave: força, poder ou energia; em grego *dynamis*. Essa força, que passa de um ao outro — "Jesus percebeu que uma força saíra dele" (Mc 5,30) —, é integralmente o traço do *kred* de que se falou antes (cf. quadro, p. 69-70). Mas é preciso observar ao mesmo tempo que a manifestação do poder de existir, manifestação de uma "fé que move montanhas", provém, nos relatos evangélicos, de uma troca de gestos de poder (*dynameis*) que constituem cada um em sua unicidade*. Trata-se do que uma palavra paradoxal de Jesus, dirigida à mulher acometida de perdas de sangue, mostra de maneira admirável: "*Minha* filha, a *tua* fé te salvou" (Mc 5,34). Não há nesse contexto nem sombra de um cálculo interesseiro, mas um ato de compromisso sem garantia.

O QUE A FÉ DEVE À IGREJA

Poderia surgir uma objeção ao que acaba de ser proposto: a revelação cristã não se deixa reduzir a uma experiência de cura. Acaso não produziu ela uma religião formada de verdades que devem ser objeto de crença, de ritos a celebrar e de regras morais a respeitar? Não esteve ela na origem de uma hierarquia e de um direito divino que regulam a estrutura interna da Igreja de Deus e suas relações com a sociedade? A dúvida volta a mostrar-se de imediato quando nos achamos de novo diante da realidade histórica do cristianismo, tão facilmente analisável como uma produção de sentido entre outras.

O caminho de fé que acabamos de percorrer nos permite porém encarar agora com serenidade um *segundo momento de argumentação*: reconhecer ao mesmo tempo que a Igreja se enraíza num conjunto de relações (encontros de "barqueiros" etc.) pressuposto por todo ato de fé e estabelecer um discernimento crítico no âmbito do qual ela mostra sua figura atual[11].

Uma crítica não-sistemática da religião

A pessoa que vivenciou ela própria *a experiência* da liberdade da fé é com efeito capaz de situar-se imperturbavelmente com relação às diversas manifestações do cristianismo no seio de nossa história. Ela dispõe de um critério de discernimento que a ajuda a perceber aquilo que, entre as múltiplas disposições eclesiais — símbolos e sacramentos, propostas de estilos de vida, estruturas ministeriais etc. —, ajuda a constituir e a formar um sujeito fiel em relação com outros. Esse critério lhe permite também questionar o que pode mostrar-se como um obstáculo no caminho daquele que busca hoje "barqueiros" suscetíveis de indicar-lhe a outra margem (cf. o texto de Santo Agostinho no quadro da página seguinte. De fato, nada exclui de imediato que interesses humanos, individuais ou coletivos, prevaleçam sobre o acontecimento sempre singular de um encontro dessa pessoa com Deus. O "tribalismo" pós-moderno[12] pode empalidecer o cristianismo, procurando pôr a pertinência à Igreja antes da experiência de fé pessoal e confundir essa representação de Deus com o ato que confia a existência ao mistério infinito da vida.

---

11. Por conseguinte, prossegue-se agora o que foi abordado no capítulo anterior quando se tratava do "resultado ambíguo" do trabalho conceitual do Concílio Vaticano I.

12. O termo "pós-modernidade" é freqüentemente utilizado para descrever a época contemporânea. Sem dúvida, as principais características das sociedades "modernas", tal como foram descritas no capítulo 2, p. 49ss., não desapareceram. Mas outros aspectos vieram se acrescentar e mudaram profundamente a civilização do fim do século XX e do começo do século XXI: a mundialização, o pluralismo, até certo "tribalismo". Já demos alguns elementos desse diagnóstico no capítulo 1, p. 17-23 e no capítulo 3, p. 50s. e 65s., antes de retomar a questão, de maneira mais sistemática, no capítulo 6, p. 181-184.

Os sinais da fé e a liberdade espiritual

"A liberdade cristã libertou os judeus que encontrou submetidos a *sinais úteis*, mas, por assim dizer, próximos da verdade, e ao interpretar esses sinais elevou-os ao nível das realidades que significam. Quanto aos gentios que encontrou sujeitados a *sinais inúteis*, ela rejeitou e tornou sem efeito não apenas os atos servis, operados sob determinados sinais, mas também todos esses sinais em si mesmos.

É escravo de um sinal aquele que faz ou venera um ato significante, *sem conhecer sua significação*. Pelo contrário, aquele que faz ou reverencia um sinal útil, divinamente instituído, *cuja força significativa compreende*, não venera a aparência que passa mas sobretudo a realidade em que todos esses sinais devem ser vinculados. Ora, um *homem* desse tipo é *espiritual e livre*, mesmo *no tempo da escravidão*, no qual não precisava ainda desvelar a espíritos carnais os sinais cujo jugo deviam sofrer. Tratava-se dos Patriarcas, dos Profetas e de todas as personagens do povo de Israel, por intermédio dos quais o Espírito Santo nos forneceu esse auxílio e essas consolações das próprias Escrituras.

Em nossa época, pelo contrário, depois que brilhou, graças à Ressurreição de Nosso Senhor, o sinal mais evidente de nossa liberdade, deixamos de carregar a pesada carga de praticar esses sinais, visto que doravante os compreendemos. *A imensa quantidade deles foi substituída por um pequeno número, muito fáceis de realizar, muito admiráveis para compreender, muito santos para observar que o próprio Senhor e o ensinamento dos apóstolos nos transmitiram*. Trata-se do sacramento do Batismo e do sacramento do Corpo e do Sangue do Senhor. Todo cristão, quando os recebe, sabe, depois da instrução necessária, a que eles se vinculam e, em seguida, é levado a reverenciá-los não por meio de uma servidão carnal, mas, pelo contrário, com liberdade espiritual."

SANTO AGOSTINHO, *La doctrine chrétienne*, livre III, 12 e 13, Bibliothèque Augustinienne 11/2, Paris, DDB, 1997.

Mas a crítica nunca pode ter a primeira palavra, nem guardar a última. Aquele que experimentou ter sido engendrado na fé é como impelido, a partir do interior, a engendrar outros no ato absolutamente singular de dar sentido à sua existência e de confiar livremente, cada um, ao mistério de sua própria existência. O feliz beneficiário do trabalho de um "barqueiro" desenvolverá ele mesmo, por conseguinte, toda uma criatividade para abrir vias de iniciação, para criar condições em que o outro possa, por seu turno, ver e entender, em suma, fazer por si próprio e à sua maneira uma experiência de fé. Ele deverá então considerar uma prodigiosa diversidade de situações, sem perder de vista a estrutura fundamental da fé; é essa, diga-se de passagem, a principal virtude dos relatos evangélicos. Deverá ainda evitar, com o apóstolo Paulo, escandalizar o outro tomando sua própria liberdade como medida para este (cf. Rm 14); deverá então organizar suas ligações e etapas (cf. 1Cor 3,1-4) — o que o remete igualmente aos evangelhos. É por fim realizando ele mesmo a tarefa de tradição que esse sujeito descobre tudo o que a sua própria fé deve à Igreja.

Crer e discernir

Por conseguinte, destaca-se desse segundo argumento uma constatação muito simples: a Revelação não cobre a totalidade da figura atual da Igreja nem a figura, evidentemente, de nossa vida em sociedade. De resto, ela nunca o fez porque inscreve seus efeitos de sentido na história *passando pelo discernimento dos fiéis*. A dúvida que, no quadro das produções de sentido que são as realidades eclesiais e cristãs, não chega mais a perceber o mistério do Deus revelado se mostra, pois, benéfica. Ela pode conduzir aquele que é de fato atingido no umbral da fé, levando-o a descobrir que, segundo a própria essência da Revelação, ninguém mais pode transpô-lo em seu lugar; pode ainda conduzi-lo a uma capacidade de juízo, em resumo, a um sentido da fé capaz de discernir aquilo que, de perto ou de longe, permite a Deus manifestar-se em pessoa na história.

No próximo capítulo, nós nos deteremos mais nesses portadores do sentido da fé. Mas guardemos já que esse sentido nunca é unicamente crítico; ele se desenvolve à medida que o fiel se volta para o outro e para sua própria unicidade, facilitando ao fiel acesso à sua própria unicidade. É então que descobre que sua própria criatividade foi empregada em "mover montanhas" e que sua fé se tornou de fato lugar da misteriosa auto-revelação de Deus.

É preciso chegar a esse ponto para não mais experienciar as múltiplas manifestações da produção humana de sentido (manifestações religiosas ou não) como concorrentes da única Revelação de Deus. Aquele que, por meio de sua fé, é realmente admitido na intimidade de Deus não pode senão rejubilar-se com essa prodigiosa fecundidade. O que não quer absolutamente dizer que não sofra com sua ambigüidade, até mesmo com certas perversidades desumanizadoras. Pelo contrário, seu sentido crítico e sua criatividade em benefício do outro se unificam progressivamente numa espécie de coragem paciente que não experimenta mais uma posição sistemática na matéria, mas se deixa surpreender pela fé desse não-cristão, à maneira de Jesus que tanto admirou a do Centurião (Lc 7,9).

FÉ E EXPERIÊNCIA DE REVELAÇÃO

Antes de prosseguir, verifiquemos os resultados do percurso que acabamos de trilhar. Vista do exterior, a Revelação cristã se apresenta como uma produção histórica de sentido. Ela se inscreve portanto na pluralidade das tradições culturais, religiosas ou não, da humanidade, todas situadas na enigmática abertura de um mundo que não se acha submetido a determinismo algum. Mas a fé não se contenta em olhar e compreender do exterior suas diversas manifestações; ela se envolve nisso deixando produzir-se o acontecimento absolutamente singular de uma entrega total de si nas mãos do mistério da vida. É nesse ato, cujas bases antropológicas destacamos, e de modo algum em outros lugares, que se descobre a entrega do Vivente nas mãos dos homens.

Esse desvelamento de Deus se mostra hoje como último quando o sujeito, atingindo subitamente pela fé sua incomparável unicidade, rejubila-se com o fato de que essa experiência seja acessível a todos. A Revelação não faz desaparecer o enigma que cerca o real — nós o acentuamos várias vezes neste capítulo —, mas o situa em seu justo lugar. Que poderia Deus dizer ainda, depois de ser totalmente revelado em sua misteriosa identidade, como perguntamos no fim do capítulo anterior? Sua auto-revelação representa portanto um verdadeiro desfecho que não pode ser seguido senão pelo benevolente silêncio Daquele que se dedicou totalmente à nossa história e pelo desenvolvimento autônomo de nossas proposições de sentido.

Sua pluralidade não significa que elas coabitem sem nenhuma relação; o que é de resto cada vez menos possível em nosso planeta que se tornou uma ampla cidade, mesmo que não seja preciso minimizar as fronteiras que separam as grandes tradições religiosas da humanidade. Mas *ser engendrado* em sua própria fé por um outro e *engendrar-se a si mesmo como outro* em sua própria unicidade, isso pertence a uma ordem distinta. Essa fecundidade de que nossa simples existência cristã dá testemunho implica já a forma eclesial da fé no último desvelamento de Deus. Acaso é Deus uma produção humana ou eclesial de sentido? Sim, responde com serenidade a fé que move montanhas, vendo precisamente, em sua inaudita capacidade de permitir que outros tenham acesso à sua unicidade, a marca *última e definitiva* da Revelação de um Deus que dá ao homem a possibilidade de fazê-lo advir *assim* em sua história.

O que Deus dá a ver e a ouvir, ou ainda a sentir, tocar e saborear quando se revela em pessoa? O que acontece portanto para o fiel, nele e em torno dele, quando a desproporção divina mostra ser à sua medida, absolutamente única? O que a Revelação divina revela ao homem sobre si próprio e a que transfiguração exorta? Já nos fizemos essas perguntas, mas permanecendo no "limiar" da fé. Tendo-o transposto, é preciso agora entrar no jogo da descoberta, tal como se torna possível quando nos deixamos ser ensinados por outrem, na Igreja e em outro lugar. Essa abertura eclesial da fé nos faz encontrar em primeiro lugar as Escrituras. Abri-las amplamente é também sair da abstração na qual uma concepção puramente doutrinal da revelação pode sempre nos encerrar.

capítulo 4

Ler as Escrituras

Como "traços" de um passado desaparecido, nossas Escrituras atestam em primeiro lugar que a Revelação de Deus aconteceu na história, que foi preparada detidamente pelos profetas de Israel, que atingiu um ponto de não-retorno em Jesus de Nazaré, pelos seus confessado Messias e Filho de Deus; e que ela começou, a partir desse momento, a transpor todas as fronteiras do mundo. Mas ler o texto bíblico é simplesmente ir ao encontro desse passado imemorial? A teologia e a exegese deram por vezes essa impressão; como se precisássemos passar pelo ensinamento da Igreja ou pelo trabalho arqueológico dos biblistas para chegar a uma Revelação alojada, de modo definitivo, em seu princípio.

Ora, a Escritura não se deixa reduzir nem a uma exposição teológica de uma doutrina revelada nem a uma fonte destinada a reconstruir um episódio, a bem dizer bastante decisivo, da evolução da humanidade. Lida várias vezes, ela permite entrar "hoje" na experiência da Revelação tal como se completou entre Cristo e os seus para inscrever-se no mais profundo de nossa história. Esse ato de leitura atenta produz diferentes frutos: os leitores fiéis entram em relação, encontrando cada um deles uma parcela a mais de sua própria identidade; dessa maneira, as comunidades da Igreja se agrupam segundo suas diferentes figuras; forma-se o discernimento da fé de que se falou no capítulo anterior; por fim, percorre-se um caminho em que essa pluralidade de textos e de leituras, no cerne da multiplicidade das situações humanas e eclesiais, conduz à unidade de uma única Revelação.

"QUANDO JULGOU BOM REVELAR EM MIM SEU FILHO…"

Convém começar nosso percurso em companhia daquele a quem devemos o escrito mais antigo do Novo Testamento, a Primeira Carta aos Tessalonicenses, sem dúvida enviada no início do ano 51 por Paulo à recente comunidade fundada no ano precedente. Em conformidade com o projeto deste capítulo, abordamos a figura do apóstolo não por seus grandes escritos teológicos — por exemplo, a Epístola aos Romanos —, mas procurando aproximar-nos o máximo possível de sua experiência pessoal. Acaso não é ele o autor neotestamentário que mais fascinou os pensadores do Ocidente, de Agostinho a Lutero, e depois deste, por falar tão autenticamente em "eu"? E contudo, escreve ele aos gálatas, "não sou mais eu, é Cristo que vive em mim" (Gl 2,20), atendo-se seu "eu" completamente à transmissão apostólica do Evangelho. Com Paulo, entraremos portanto, de imediato, na globalidade da experiência da Revelação no âmago de sua transmissão, antes de nos deixarmos guiar em seguida pelos Evangelhos a fim de descobrir, aquém da figura apostólica de Paulo, uma surpreendente diversidade de fiéis, de sujeitos da fé.

Tradição e Revelação

Na Primeira Carta aos Coríntios, é em duas passagens que o apóstolo Paulo se refere à tradição apostólica*: a respeito da refeição do Senhor e a propósito da Ressurreição de Cristo: "Eis o que eu recebi do Senhor, e o que vos *transmiti*… (1Cor 11,23 e 15,1-3). Se desejamos compreender como ocorre esse processo de transmissão, é preciso ler o relato que o próprio Paulo fez disso em sua Primeira Carta aos Tessalonicenses. É o acontecimento de anúncio e de recepção do Evangelho que aí nos é contado em detalhe, tal como já esboçamos no segundo capítulo[1].

O caminho de São Paulo

Peço então ao leitor que aceite novamente um pequeno trabalho: ler o primeiro escrito do apóstolo (1Ts), ao menos a primeira parte[2]. Que preste muita atenção à maneira pela qual Paulo se situa sucessivamente ao lado do anúncio (1Ts 1,5) e da recepção (1,6-10), volta a privilegiar sua atividade apostólica (2,1-12) e retorna à acolhida da Palavra de Deus entre seus interlocutores (2,13-16), antes de exprimir o que se passa no momento da separação, "separados de vós por algum tempo, longe dos olhos, mas não do coração", no espaço em que se forma o desejo do reencontro e no qual se escreve... uma carta (2,17–3,13).

Com efeito, não há transmissão da fé sem recepção, e nenhuma recepção verdadeira sem novo anúncio; troca aberta apresentada por uma estrutura pascal ou eucarística. As orações de ação de graças e de pedido que permeiam o texto o indicam (1,2-4; 1,9-10; 2,13; 3,10-13), e mais ainda a identificação discreta do apóstolo com Cristo: Paulo está pronto a dar não apenas o Evangelho de Deus, mas também sua própria vida (2,8). Para ele, a tradição é uma "entrega"; da recusa da adulação, do pano de fundo da ganância e da busca das honrarias ("quando teríamos podido nos impor, na qualidade de apóstolos de Cristo"), o texto passa à santidade e ao dom (2,9-10), que, segundo a Primeira Carta aos Coríntios, se enraízam por fim na própria obra de Deus ("na noite em que o Senhor *foi entregue*, ele tomou do pão: isto é meu corpo *por vós*"). Com uma rara precisão, o apóstolo aponta para a diferença e o vínculo entre o conteúdo transmitido — discurso ou carta[3] — e o acontecimento de vida ou de "entrega" que pode

---

1. Cf. capítulo 2, p. 39-41 (em referência ao começo da primeira Epístola aos Coríntios e da Epístola aos Romanos, citado no quadro, p. 39).
2. Na primeira parte de sua epístola (1Ts 1–3), Paulo relata seu encontro com a comunidade de Tessalônica; na segunda parte (1Ts 4–6), ele dá algumas instruções e responde a algumas questões.
3. Cf. também 2Cor 2,17–3,18.

produzir-se nessa ocasião, sob a ação paradoxal do Espírito Santo. Este torna possível a transmissão do intransmissível: "Com efeito, o anúncio do Evangelho que efetuamos entre vós não ficou em discurso, mas manifestou o poder (*dynamis*)[4], a ação do Espírito Santo e uma realização maravilhosa" (1Ts 1,5)[5].

Poderíamos cair na tentação de inscrever esse acontecimento numa série, remontando portanto da comunidade ao apóstolo, de Paulo àqueles de quem este recebeu o Evangelho, e destes ao próprio Cristo... para atingir o momento de Revelação. Mas as coisas não ocorrem assim. Para que haja transmissão, o receptor não deve apenas receber passivamente uma palavra exterior; deve ainda descobrir que a palavra ouvida pertence *já* ao trabalho *nele*; é somente então que ela mostra ser Palavra de Deus (1Ts 2,13).

Por conseguinte, a Revelação não se situa exclusivamente no ponto de partida da cadeia de transmissão, operando na verdade sempre que se produz o acontecimento único e não-programável de uma recepção na fé, visto que nada a garante, nem sequer o dom de si daquele que anuncia o Evangelho. Sem dúvida, a terminologia da "imitação", utilizada pela carta (1,6-7; 2,14), poderia dar a impressão de uma reprodução quase mecânica de existências fiéis. Mas Paulo não cessa de chamar a atenção de seus leitores para o caráter único e totalmente interior do ato de recepção, relacionado, para isso, diretamente ao Espírito Santo (1,5); como se a meta da imitação fosse conduzir cada um àquilo que, nele e no outro, é — como o próprio Deus — incomparável....

O Evangelho transmitido por uma Revelação de Jesus Cristo

"Pois eu vo-lo declaro, irmãos: este Evangelho que eu vos anunciei não é de inspiração humana; e aliás não é por um homem que ele me foi transmitido ou ensinado, mas por uma Revelação de Jesus Cristo. Pois vós ouvistes falar do meu procedimento, outrora, no judaísmo: com que arrebatamento eu persegui a Igreja de Deus e procurava destruí-la; eu progre-

---

4. Para a significação do termo grego *dynamis*, cf. o capítulo 3, p. 74.
5. 1Cor 2,3-5 resume essa experiência pela expressão "demonstração de poder e de Espírito".

dia no judaísmo, ultrapassando a maioria dos da minha idade e da minha raça por meu zelo transbordante pelas *tradições* dos meus pais. Mas quando Aquele que me pôs à parte desde o seio de minha mãe e me chamou por sua graça houve por bem *revelar em mim o seu Filho, a fim de que eu o anuncie entre os pagãos*, imediatamente, sem recorrer a nenhum conselho humano, nem subir a Jerusalém para junto daqueles que eram apóstolos antes de mim, parti…"

Gálatas 1,11-17

Esse critério — a *Palavra já em ação naquele que a recebe* — é fortemente valorizado no relato feito por Paulo de sua própria vocação na Carta aos Gálatas (cf. quadro). Tomando como "modelo" o chamado do profeta Jeremias (Jr 1,4-10), ele faz sua história espiritual remontar até o seio de sua mãe, embora assinalando o acontecimento de uma Revelação interior que separa seu itinerário em dois, um "antes" e um "depois". Essa Revelação designa toda a sua existência de apóstolo do Evangelho entre os pagãos, existência dada em conformidade "eucarística" com o Filho entregue; mas ela indica também, e sobretudo, o momento completamente interior de um retorno *tal que aquele que o vive o mantém desde então em si mesmo* e não mais tem necessidade de recorrer a alguma autoridade, seja qual for. Por conseguinte, compreende-se por que Paulo se situa no mesmo nível dos Doze, "pretendendo" ter recebido o Evangelho *diretamente* "por uma *Revelação* de Jesus Cristo".

Sua experiência abala tão radicalmente a representação espontânea de uma Revelação abrigada num começo que suscita a contestação; voltaremos a isso. Isso é sentido ainda na Primeira Carta aos Coríntios, em que o apóstolo identifica sua experiência fundadora com a própria aparição do Ressuscitado: *"Em último lugar, também me apareceu a mim, o aborto*. Pois eu sou o menor dos apóstolos, eu que não sou digno de ser chamado apóstolo porque persegui a Igreja de Deus. Mas o que sou devo-o à graça de Deus, e sua graça não foi vã a meu respeito" (1Cor 15,8-10). Que experiência é essa na qual Revelação e aparição do Ressuscitado são associadas?

Revelação e aparição do Ressuscitado

É espantoso que Paulo se inscreva tão simplesmente na linhagem daqueles que se beneficiaram das aparições do Ressuscitado, embora só tenha encontrado Jesus de Nazaré por meio daqueles e daquelas que o confessaram! Ele até se alegra de não mais conhecer agora Cristo segundo a carne (2Cor 5,16). Para ele, a aparição do Ressuscitado não é senão a Revelação do Filho *em si*; Filho que se tornou, em virtude disso, o princípio mais íntimo de sua existência: "Vivo, mas não sou mais eu, é Cristo que vive em mim" (Gl 2,20).

Paulo desenvolve essa mesma experiência em diversas circunstâncias de maneiras diferentes, utilizando, por exemplo, uma linguagem mais psicológica: tendo razões para ter *confiança em si mesmo*, ele não confia mais em si mesmo, mas *"coloca" sua glória* em Jesus Cristo* (Fl 3,3-6); tendo sido *"capturado"* por ele, seu temperamento de homem zeloso que se arroja (Fl 3,6 e 12-14) nem por isso desaparece, mas se transforma; por conseguinte, um processo complexo, recapitulado pelo termo "conhecimento de Jesus Cristo" (Fl 3,7-11).

A Segunda Carta aos Coríntios aborda esse conhecimento de um ponto de vista mais teologal* ao acentuar a iluminação propiciada pelo Evangelho, oposta à cegueira da inteligência pelo deus deste mundo (2Cor 4,3-4): *O próprio Deus brilha no coração do fiel* para nele fazer resplandecer o conhecimento de sua glória que brilha no rosto de Cristo (2Cor 4,6). Mas o apóstolo carrega esse tesouro num vaso de argila; em seu próprio corpo, configura-se à agonia de Jesus (2Cor 4,7-14). Nunca será demais enfatizá-lo: o que é visível aos olhos de todos são a cruz de Cristo e a existência do apóstolo "entregue" à missão; é nas peripécias desse tipo de existência que o Ressuscitado se manifesta: "Premidos de todos os lados, nós não somos esmagados; mesmo nos impasses, conseguimos passar; perseguidos, mas não alcançados; prostrados por terra, mas não liquidados...". A razão teológica desse paradoxo fundamental é incansavelmente repetida: "para que *esse poder* [*dynamis*] *incomparável seja de Deus* e não nosso" (2Cor 4,7-9); "não é a nós mesmos, mas a Jesus Cristo Senhor que nós proclamamos. Quanto a nós, proclamamo-nos vossos servos por causa de Jesus" (2Cor 4,5).

O incomparável poder de Deus (2Cor 4,7) — poder (*dynamis*) de Ressurreição (Fl 3,10) — entra pois de modo real na história humana quando o apóstolo, *iluminado* no mais profundo de si mesmo por Deus e tomado pelo conhecimento interior de Cristo, coloca sua própria glória Nele; o que quer dizer que a deixa passar do rosto de Cristo àqueles de quem se descobre servo e dos quais diz serem "sua glória e sua alegria" (1Ts 2,19). E é a partir deles, como a partir de um horizonte de esperança que se solta cada vez mais, que a reflexão do apóstolo retorna para fazê-lo descobrir a insuspeitada força do Evangelho de que é portador; no âmbito de sua fraqueza, aparece assim o poder da Ressurreição que passa inteiramente pela experiência completamente interior da Revelação do Filho.

Compreendemos que Paulo aborda a Ressurreição de Cristo a partir de seus efeitos, em particular os *efeitos históricos que ela produz* sobre o povo de Israel e os pagãos, como o mostram os longos desenvolvimentos da Primeira Carta aos Coríntios (1–3) e da Epístola aos Romanos (9–11). A expressão "*poder* de Ressurreição"[6] induz além disso esse tipo de abordagem. A efetividade da Ressurreição é indicada na inacreditável abertura da fronteira entre judeus e gregos, produzida pela pregação do Evangelho. Essa efetividade retira da "lei"* (tema mencionado em quase todas as passagens comentadas aqui) sua posição última que pode encerrar o homem zeloso na confiança em si mesmo e o povo de Israel em seus critérios de pertinência; ela protege assim o fiel de seu próprio julgamento, assim como do julgamento de outrem, e revela assim *nele* a justiça (Rm 1,16-17) e a glória de Deus. Em última instância, a abertura da fronteira se produz portanto nesse lugar único em cada um que Paulo designa pelo termo "consciência" (2Cor 1,12; 4,2; Rm 2,15) e que reconhecemos ser a sede da fé.

Deixar converter nossa imagem de Deus

Essa insistência na *experiência* de ressurreição leva a surgir uma ameaça ao *fato* da aparição do Ressuscitado, até mesmo à iniciativa de

---

6. Esse termo nos recorda o que já foi dito no capítulo 3 do *crer como poder de existir* em contexto indo-europeu.

Deus? Neste âmbito, o leitor não deve esquecer o que aprendeu no capítulo 3 sobre o ideal de objetividade na cultura européia![7] Entretanto, ele tem razão de insistir, pois o interesse atual da fé no que tange ao que ela "produz" não resolve o problema mais específico suscitado pela Ressurreição como centro da Revelação. Isso se refere, com efeito, ao inevitável limite de tudo o que realizamos, ou seja, ao limite da morte; voltaremos a isso nos três últimos capítulos. Vamos registrar agora o que devemos ao apóstolo Paulo a esse respeito.

No âmago de sua experiência fiel e apostólica, ele é levado a ligar intrinsecamente "Deus" e "ressurreição". Podemos recordar passagens deste tipo: "Deus que ressuscitou o Senhor..." (1Cor 6,14); "Deus que ressuscita os mortos..." (2Cor 1,9; cf. também 2Cor 4,14 e Rm 8,11). Seria preciso escrever todas essas fórmulas com traços de união para marcar que se trata, de todo modo, de nomes dados a Deus: "Aquele-que-faz-viver-os-mortos-e-chama-à-existência-o-que-não-existe" (Rm 4,17). Elas obedecem a uma estrutura circular: para compreender o que é visado pela palavra "Deus", é necessário doravante passar pela significação da ressurreição de Jesus; e, para apreender o sentido da ressurreição de Jesus é preciso abordar um pouco o que significa "Deus". Esse círculo não é vicioso caso nos introduza de fato numa transformação da imagem de Deus. Devemos sempre questionar-nos se nossas dificuldades com a ressurreição de Cristo não testemunham uma concepção de Deus ainda demasiadamente estreita. Deus é "Deus-para-os-homens" suficientemente para que uma comunhão de fé com ele, que transcende os limites da morte, seja possível? Seu *"poder (dynamis) criador"* é vivo a ponto de poder manifestar-se na morte ou diante "do que não existe"? Em suma, a Revelação de Deus se realiza verdadeiramente pela Ressurreição?

ITINERÁRIOS EVANGÉLICOS

Os evangelhos introduzem essa questão num percurso de conversão. Com eles, mudamos de época (eles foram escritos depois do incêndio do templo em 70) e sobretudo de gênero literário: são relatos

---

7. Cf. capítulo 3, p. 60s.

que narram não apenas *o itinerário de Jesus*, mas também *o que ele se torna naqueles e naquelas (para aqueles e para aquelas) que cruzam seu caminho*. Por conseguinte, eles nos reconduzem ao Cristo "segundo a carne" (que Paulo não queria mais conhecer) e nos fazem encontrar outras figuras de identificação além da do apóstolo. Ademais, observamos no capítulo 3: a maioria daqueles e daquelas que se beneficiam das curas do "barqueiro" de Nazaré não se tornam seus discípulos; eles têm acesso entretanto a uma "fé" autêntica que os salva.

Tornar-se discípulo de Jesus de Nazaré

Os discípulos de Jesus o são por um ato de autoridade de sua parte; poderemos mesmo falar de um ato de "criação" se considerarmos o chamado dos quatro pescadores que, tendo ouvido o "sigamme", deixam *de imediato* seus filhinhos e seu pai... e o seguem (Mc 1,16-19 e //). Se os evangelhos sinóticos acentuam a iniciativa de Jesus, o Quarto Evangelho situa a primeira adesão da parte dos cinco que começam a seguir o mestre sob a indicação de um outro (em particular, João Batista) e de seu próprio chefe (Jo 1,35-51).

No entanto, não se vê como permanecer ali. A *assimetria* da relação entre Jesus e seus discípulos exige desenvolvimentos; aqueles que começaram a segui-lo com os próprios pés devem compreender "onde ele pousa" (Jo 1,38) se querem verdadeiramente cumprir por inteiro seu desejo. Portanto, eles não podem permanecer na posição dos múltiplos beneficiários de uma cura; são chamados a entrar num *conhecimento interior do que habita seu Mestre e a passar assim a uma relação simétrica de companheirismo ou de amizade com ele*. Ora, desse ponto de vista, os evangelhos nos levam a percorrer um itinerário completamente paradoxal. Por um lado, estabelecem referências precisas, permitindo identificar pouco a pouco aquele cujo itinerário é narrado; mas, por outro, fazem-nos assistir à crescente incompreensão das pessoas mais próximas a ele.

As *referências* para identificar Jesus são essencialmente fornecidas pelas "curas", mas não de modo exclusivo. O que se manifesta primordialmente, em todos os episódios já evocados no capítulo precedente[8], é "a autoridade" (Mc 1,21.27 etc. e //) daquele que irradia com sua presença, porque nele pensamentos, palavras e atos concordam de forma absoluta[9] numa espécie de simplicidade de consciência imediatamente acessível ao outro. Se ele chega a comunicar o que o habita, sua "saúde", seria possível dizer, ou sua "coragem de ser"[10] e sua simplicidade, a quem se apresenta em seu caminho, isso ocorre porque ele é também capaz de "aprender" com esse outro aquilo que é ele próprio e o que pode "fazer" (cf., por exemplo, Mc 1,40 ss.; 5,30; 6,34; 7,29 etc. e //)[11]. Trata-se de um segundo indício. Podemos exprimi-lo ainda por intermédio da máxima: "Tudo o que quereis que os homens façam a vós, fazei-o vós mesmos a eles" (Mt 7,12 e Lc 6,31). Jesus segue essa regra de respeito e de reciprocidade[12], ao extremo, nas cenas de cura. Com simpatia e compaixão, ele se põe no lugar deste ou daquele enfermo, sem por isso abandonar seu próprio lugar, e até descobrindo-o mais.

De episódio em episódio, o relato dos evangelhos consegue portanto mostrar a surpreendente distância do Nazareno com relação à sua própria existência. Falando de um outro — do "Filho do Homem", por exemplo, do "semeador" ou ainda do "dono da casa" – quando chega a falar de si mesmo, ele adia sem cessar a questão de sua identidade, recusando-se a fixá-la de maneira prematura (cf. Mc 1,24 ss. etc.). Com isso, ele cria um espaço de liberdade em torno de si, embora comunicando, por sua simples presença, uma proximidade benevolente (*dynamis*) aos que vêm ao seu encontro. Desse modo, forma-se progressivamente um ser-conjunto cujas "controvérsias" com os escribas e os fariseus (Mc 2,1–3, 6 e //) esboçam uma imagem bastante

---

8. Cf. capítulo 3, p. 73s.
9. Trata-se também do que a *Dei Verbum* 2 conserva daquele que é "ao mesmo tempo mediador e a plenitude de toda a Revelação"; cf. capítulo 2, p. 47.
10. Cf. capítulo 3, p. 73.
11. Cf., por exemplo, a cena da mulher que padece de perda de sangue; "Ela dizia consigo mesma: 'Se eu conseguir tocar ao menos suas vestes, serei salva'. Logo estancou-se-lhe a hemorragia e ela percebeu em seu corpo que estava curada do seu mal. Imediatamente *Jesus percebeu que uma força saíra dele*" (Mc 5,28-30). A Epístola aos Hebreus concebe esse traço com muito mais força. Cf. Hb 5,8: "Embora sendo Filho, aprendeu a obediência pelos próprios sofrimentos".
12. Trata-se da "regra de ouro", cuja universalidade — ela existe em muitas culturas — fornece um bom ponto de partida para nossos leitores do século XX. Voltaremos a isso no capítulo 5.

surpreendente e insólita ("não vim chamar os justos, mas os pecadores" ou "para vinho novo, odres novos") e, não obstante, plena de bom senso ("não são as pessoas sadias que precisam do médico, mas os enfermos" ou "quando o esposo está presente, seus companheiros não jejuam"). Eis aí um terceiro indício que permite identificar Jesus.

Não surpreende que o grupo de Jesus, que se choca em vários pontos essenciais[13] com as práticas habituais do judaísmo, se torne objeto de rumores e de debates. Mateus utiliza aqui, pela primeira vez, o vocabulário da "Revelação"[14]. No momento em que, no âmbito da opinião pública[15], aparecem fortes resistências que trazem o risco de pôr o grupo em perigo, Jesus afirma aos seus: "Já que trataram de Beelzebul o dono da casa, com quanto maior razão dirão o mesmo dos de sua casa? Portanto, não tenhais medo deles! *Nada há encoberto que não venha a ser descoberto, nada há de secreto que não venha a ser conhecido!*" (Mt 10,25 ss.; cf. também 9,34).

Mas, além da hostilidade das autoridades e de sua própria família (Mc 3,20-35 e //), Jesus se vê diante *da incompreensão crescente dos discípulos*, tanto mais surpreendente na medida em que contrasta com a "fé" de certo número de beneficiários de suas ações, estrangeiros que, entretanto, tal como o Centurião (Lc 7,1-10) ou a sirofenícia (Mc 7,24-30 e //), não o seguem. É sobretudo esta última que ilustra claramente a capacidade de Jesus de deixar "abrir" seu horizonte pelo bom senso e pelas características do outro: "... mas os cachorrinhos comem as migalhas que caem da mesa dos seus donos". Então ele lhe respondeu: "Mulher, grande é a tua fé" (Mt 15,27 ss. e //).

Os Doze

Por fim, é aos Doze, em particular a Simão Pedro, que cabe reunir todos esses indícios da identidade de Jesus e responder à sua pergunta:

---

13. Trata-se do *sabbat* (Mc 2,23-28 e //), do jejum (Mc 2,18-22) e da pureza ritual (Mc 1,40-45; 2,13-17; 5,25-34 e //).
14. Cf. também Lc 12,2.
15. O leitor deve recordar o que foi dito no primeiro capítulo sobre a opinião pública como lugar de "revelações".

"E vós, quem dizeis que eu sou?" dando-lhe o título de "Messias" (Mc 8,29 e //) — designação que o Quarto Evangelho substitui, na mesma situação, pela de "Santo de Deus" (Jo 6,68 ss.). Mateus, que preza o vocabulário da "Revelação", a introduz aqui: "Feliz é tu, Simão, filho de Jonas, pois não foram a carne e o sangue que te *revelaram* isto, mas meu Pai que está nos céus" (Mt 16,17). Os indícios, localizáveis pelo homem de "carne e sangue" que ele é, não permitem a Pedro *concluir* qual a identidade de Jesus; passar da incompreensão à compreensão necessita que ele ultrapasse um *limiar*. Marcos justapõe, de maneira abrupta, incompreensão (Mc 8,14-21) e identificação parcial de Jesus (Mc 8,29 e 32); Mateus prefere falar nesse âmbito do conceito de Revelação[16] e... dispor para os atores e os leitores algumas pontes ou dar-lhes chaves de compreensão, progressivamente postas em ação (a partir de Mt 9,35).

Esse caminho de conversão tem início com o chamado e o envio dos Doze (Mt 9,36–10,42)[17]. Esse ato de autoridade nasce pura e simplesmente da fecundidade do ministério de Jesus e daquilo que, como bom leitor das Escrituras e do profeta Ezequiel (Ez 34,22 ss.), ele percebe subitamente acerca do estado do povo: "Vendo as multidões, tomou-se de compaixão por elas, porque estavam exaustas e prostradas como ovelhas sem pastor" (Mt 9,36)[18]. Ele deseja de todo modo multiplicar-se — antes mesmo de nutrir aqueles e aquelas que se reuniram em torno dele (Mt 15,32-39) —, isto é, comunicar aos Doze o que ele é e o que faz, isto é, sua maneira de ensinar curando[19] e seu modo de reunir[20]. Essa perspectiva "messiânica"* não pode senão chocar-se com a hostilidade da parte das autoridades.

Mas, para entrar nesse desejo de reunir as multidões, os Doze devem "identificar-se" com ele; não apenas com o que ele faz, mas

---

16. A menos que a cura do cego (Mc 8,22-26) entre a incompreensão dos discípulos e a confissão de Cesaréia desempenhe a mesma função do conceito de "Revelação" em Mateus.

17. Marcos (Mc 3,13-19 e 6,7-13) e Lucas (6,12-16 e 9,1-6) os separam enquanto Mateus (Mt 10) os reúne.

18. Marcos liga essa percepção à primeira multiplicação dos pães (Mc 6,34), enquanto Lucas a ignora.

19. Seu ministério profético, seria possível dizer.

20. Seu ministério pastoral, poder-se-ia dizer. O número "doze" — que recorda as doze tribos de Israel — é uma maneira de enfatizar a idéia de reunião.

também com o que é. Portanto, eles devem em primeiro lugar identificá-lo. A característica do relato de Mateus é precisamente explicitar e acompanhar longamente essa conversão (Mt 11–16,12) que desemboca na confissão de Cesaréia.

A chave para a compreensão nos é fornecida, uma vez mais, pelo vocabulário da "Revelação": "Eu te louvo, Pai, Senhor do céu e da terra, por teres ocultado isso aos sábios e aos inteligentes e por tê-lo revelado aos pequeninos. Sim, Pai, foi assim que dispuseste em tua benevolência. Tudo me foi entregue por meu Pai. Ninguém conhece o Filho a não ser o Pai, e ninguém conhece o Pai a não ser o Filho, e aquele a quem o Filho quiser revelá-lo" (Mt 11,25-27). É preciso tornar-se "pequenino" para perceber o que está pronto a acontecer ("aquilo"); "pequenino" para identificar, no que é ouvido e visto[21], não só aquele que é esperado por todo um povo e por nós mesmos (Mt 11,3), mas também o Filho em relação com o Pai[22]. Eis o que já está pronto para ocorrer. O homem de pouca fé que é Pedro é conduzido, nesse contexto, pela mão de Jesus, que o salva do medo (Mt 14,27-33); e, antes mesmo que o tenha confessado como Cristo e Filho, os outros discípulos já o haviam reconhecido (Mt 14,33) e compreendido (Mt 16,12).

No entanto, uma coisa é empregar as palavras certas sobre o que é percebido e outra, envolver-se nisso por inteiro. É o que fica claro logo depois da confissão de Pedro em Cesaréia quando a identidade de Jesus, como Messias ou Santo de Deus, é compreendida e pode tornar-se a forma da existência do discípulo: "Se alguém *quer vir em meu seguimento*, renuncie a si mesmo, tome a sua cruz e siga-me. Pois quem quiser salvar sua vida, perdê-la-á; mas *quem perder a sua vida por minha causa*, salvá-la-á" (Mt 16,24 ss. e //).

Rumo a Jerusalém

Haveria uma maneira de ler os itinerários evangélicos tão-somente em função do que aconteceu em Jerusalém e de concentrar a

---

21. Cf. Mt 11,4 ss.: "Os cegos recuperam a visão e os coxos andam sem problemas...".
22. Voltaremos a essa relação, no âmago da Revelação, nos capítulos 5, 6 e 7.

A Revelação

Revelação, à maneira de Paulo, no mistério pascal. Ora, no próprio momento em que a identidade de Jesus é expressa nos termos de um modo de ser ou de uma "forma de vida"*, tudo se acha envolvido. Se, como mostram os três anúncios da Paixão (Mc 8,31ss.; 9,30-32; 10,32-34 e //), Jesus percebe a partir daí o que o espera, isso ocorre porque acabou de enfrentar a resistência mais profunda da humanidade: perder sua vida... e assim salvá-la, isso não é evidente. É entretanto nesse desapego de si que reside o segredo do Filho do Homem e de sua transfiguração. Essa seqüência central do relato dos evangelhos, que vai da confissão de Cesaréia, do anúncio da paixão (resistência de Pedro) e das condições para seguir Jesus à sua transfiguração não varia de um evangelho ao outro (Mc 8,27-9, 13 e //); isso confirma que estamos no local em que o drama da vida se ata e se desata ao mesmo tempo.

Decididos a partir de certo momento (Mc 3,6 e //), o processo contra Jesus e sua crucificação são, sem dúvida, o resultado das hostilidades exteriores já mencionadas. Razões religiosas e políticas são evocadas pelos quatro evangelhos: a acusação ao blasfemo que responde em estilo messiânico sobre a existência de Jesus (Mc 14,61-64 e // e Jo 8,58 ss.; 10,22-39) e o temor de uma desestabilização da população[23]. Mas a dificuldade principal advém do próprio interior do grupo de Jesus, da crescente incompreensão de seus discípulos. A figura de Judas é o símbolo de uma violência tanto mais virulenta na medida em que vem de uma pessoa próxima e anula a diferença entre amigos e adversários: "O que pôs comigo a mão no prato, este é que me vai entregar" (Mt 26,23 e // e Sl 41,10).

A incompreensão dos discípulos, porém, não permaneceu total; isso já é atestado pelo simples fato textual dos evangelhos. Simão Pedro, as mulheres no túmulo, Maria e o discípulo bem-amado são então figuras com as quais o leitor deve identificar-se para chegar ao fundo de sua conversão. Sem medo de recordar sua resistência à maneira de ser do Messias e Santo de Deus, o leitor, ao participar da Ceia, entra por fim numa *relação simétrica de amizade* (Jo 15,15) com aquele que ensina curando e reúne como pastor... dando sua própria existência (Jo 10,14 ss.). Os Evangelhos nos narram seu iti-

---

23. "Se o deixarmos continuar assim, todos crerão nele, os romanos intervirão e destruirão tanto o nosso Lugar Santo como a nossa nação" (Jo 11,48).

nerário e *o que ele se torna naqueles e naquelas (e para aqueles e aquelas) que cruzam seu caminho*.

O MAL-ENTENDIDO

Nos relatos evangélicos, descobrimos a espantosa variedade das figuras da fé suscitadas pelos encontros múltiplos de Jesus que a isso se entrega sempre de maneira total. Aproximamo-nos progressivamente do que lhe é comum: sua *postura de humanidade*. Essa postura transpõe a fronteira eclesial que poderíamos ser tentados a traçar entre, por um lado, aqueles cuja fé é elogiada por Jesus — embora eles não o sigam —, e, por outro, os que são seus discípulos, até seus apóstolos.

Sem dúvida, essa postura fundamental se exprime em termos de alternativa entre fé ou não-fé, coragem ou medo, compreensão ou incompreensão (Mc 4,40; 6,49-52; 8,14-21); mas ela se articula no "terreno" de uma realidade fundamentalmente enigmática ou misteriosa; nós já o tínhamos sugerido no capítulo anterior. Pode acontecer, portanto, que vivamos durante certo tempo numa zona intermediária ou cinzenta, com "*pouca fé*" (Mt 8,26; 14,31)[24], antes de *passar* realmente à "outra margem" da compreensão interior do real. Esta provém sempre no âmbito *de um encontro decisivo*, ela toca o *sentido da história* humana e chega mesmo a assentar-se *no conjunto da criação*. É isso o que nos resta descobrir agora num segundo momento de leitura bíblica, esperando pela travessia mais sistemática desses três "terrenos" nos últimos capítulos deste livro[25].

Corações endurecidos

Como sabemos, o mundo no qual vivemos e nossas existências humanas são fundamentalmente enigmáticos*. Diante dessa situação,

---

24. O Jesus de Lucas formula aos discípulos, na tempestade, a pergunta: "Onde está a vossa fé?" (Lc 8,25).
25. Com efeito, abordaremos nos capítulos 5, 6 e 7 o encontro, a história e o conjunto da criação como "domínios" de uma experiência de Revelação.

podemos permanecer numa atitude de medo, de não-fé e de incompreensão, até mesmo nos fechar no que a Bíblia denomina um "coração endurecido"; mas podemos também entrar progressivamente numa trajetória de conversão e de discernimento. No relato de sua vocação, Isaías já meditara sobre a misteriosa dureza dos corações, incapazes do acesso à fé. Considerando a importância desse texto no conjunto do Novo Testamento, partimos dele: "Ouvi então a voz do Senhor que dizia: 'A quem hei de enviar? Quem irá por nós?' e eu disse: 'Aqui estou, envia-me!' Ele disse: 'Vai, dirás a este povo: Com os ouvidos, ouvi, mas não compreendereis, com os olhos, olhai, mas não conhecereis. Embota o coração deste povo, torna pesados seus ouvidos, tapa-lhe os olhos! Que ele não veja com os seus olhos, nem ouça com os seus ouvidos! Que seu coração não compreenda! Que não se converta e seja curado!' Eu disse então: 'Até quando, Senhor?'" (Is 6,8-11).

Aquele que, na linhagem de Isaías, anuncia o Evangelho de Deus ao proclamar que *o tempo está cumprido* (Mc 1,14)[26], responde por toda a sua existência ao "até quando?" do profeta; os evangelistas, por seu lado, fazem dessa mesma questão profética a matriz de seus relatos: eles mostram precisamente como Deus lida com nossos corações endurecidos ou "lentos para crer" (Lc 24,25). A citação de Isaías está ligada ao discurso parabólico de Jesus (Mc 4,10-13 e //) e chega a acompanhar, em Marcos, toda a seqüência até a confissão de Cesaréia (Mc 8,14-26). Lucas amplia ainda mais seu alcance ao reservar sua integralidade para o fim dos Atos dos Apóstolos, quando Paulo anuncia o Evangelho em sua casa romana aos judeus e aos pagãos (Lc 8,9-10 e At 28,26-27). João, por seu turno, cita o profeta no cerne de seu relato (no fim do capítulo 12), no momento de analisar a situação, depois de ter narrado "vários sinais" e exatamente antes da cena do lava-pés: o próprio Isaías indicou a razão pela qual eles não podiam crer... é que preferiam a glória que vem dos homens à glória que vem de Deus[27] (Jo 12,37-43). Se, nos evangelhos sinóticos, Jesus deseja levar seus ouvintes à fé contando-lhe parábolas, no Evangelho de João ele persegue o mesmo objetivo mostrando sinais; é isso o que devemos apresentar agora.

---

26. Lc 4,18-19 cita aqui Is 61,1-2; cf. também capítulo 2, p. 39.
27. Paulo já falara da "glória" colocada em Jesus Cristo (Fl 3,3-6); cf. p. 86.

"Se não compreendeis esta parábola..." (Mc 4,13)

Ensinar em parábolas é com efeito dar uma chance aos corações endurecidos de que fala Isaías. A própria *forma* da comunicação em parábolas contribui para isso de modo poderoso. Sentado numa barca, diante da multidão que está na terra, o narrador de Nazaré "transporta"[28] seus ouvintes a outra cena: um campo semeado pelo "semeador que saiu para semear..." (Mc 4,3-9). Embora falando de um outro situado em outro terreno, Jesus fala de si mesmo e de seus ouvintes, criando assim um espaço de liberdade; nós já o observáramos[29]: "Escutem... quem tem ouvidos para ouvir, que ouça!" Essa maneira de dirigir-se a um público e confiar na liberdade de cada um pressupõe uma surpreendente confiança que o gesto de semear torna subitamente compreensível. Pura e simplesmente, pode-se falar ou semear, a despeito de tudo o que cai ao lado, sem contar com uma fecundidade superabundante: "trinta por um, sessenta por um, cem por um"?[30]

O fato de que alguns, "aqueles que o cercam com os Doze", *permaneçam* e o interroguem mostra sem sombra de dúvida que a parábola do semeador narra o que está prestes a acontecer entre o Nazareno e aqueles e aquelas que cruzam seu caminho: "A vós é dado o mistério do Reinado de Deus, mas para os de fora tudo se torna enigma" (Mc 4,11). Trata-se de uma realização imediata da profecia de Isaías citada nessa passagem. Entendamos bem: a fronteira entre o "dentro" e o "fora" não corresponde à estabelecida entre seus discípulos e aqueles que não o seguem; a seqüência do relato o mostra quando os seus são censurados por sua falta de compreensão (Mc 8,14-21). Mas o que é dado é dado: a partir de então a incompreensão não pode mais ser totalmente "inocente"; ela implica ao menos uma

---

28. A parábola é uma "metáfora" (= transposição); ela transporta o ouvinte ou o leitor a uma outra cena transmitindo-lhe um pequeno relato. O que ela narra está então em vias de advir entre o narrador e seus ouvintes: "o Reino de Deus".

29. Cf. acima p. 89s.

30. Não se pode deixar de perceber no pano de fundo da parábola do semeador o fim do segundo Isaías: "Pois, como desce a chuva e a neve do alto dos céus, e não voltam para lá sem ter saturado a terra, sem tê-la feito dar à luz e deitar botões, sem ter dado semente ao semeador e alimento ao que come, assim se comporta a minha Palavra desde que sai da minha boca: ela não volta para mim sem resultado, ser ter executado o que me agrada e coroado de êxito aquilo para que eu a enviara (Is 55,10-11).

primeira percepção, certo reconhecimento do que deve ser visto e ouvido. Este último pode então cair na indiferença, até na própria oposição — "aos de fora tudo se torna enigma" —, ou funcionar, ainda no abismo do endurecimento, como trampolim de uma cura do coração ou de uma conversão (Mc 8,22-26), "segundo a compreensão de cada um" (Mc 4,33).

Antes de continuar, com João, o aprofundamento desse mistério de comunicação ou de transmissão, observemos ainda que a parábola do semeador funciona de todo modo como chave de toda comunicação em parábolas: "Não compreendeis esta parábola? Então como compreendereis *todas* as parábolas?" (Mc 4,13). O conjunto das 43 parábolas encontrado nos evangelhos sinóticos[31] não remonta totalmente a Jesus de Nazaré. Mas uma espécie de "regra de engendramento" de novas parábolas nos é comunicada pelo "semeador". Essa regra se desenvolve essencialmente em duas áreas: uma parte das metáforas[32], tomadas antes nos domínios da natureza, da pesca, do comércio, do dinheiro, da festa, do político, do que no campo do religioso, a não ser de maneira crítica[33]... remete o ouvinte a *suas relações* em sociedade; trata-se do campo que estamos prestes a explorar. Um outro conjunto situa-o diante da *história e do julgamento que o espera*; não tardaremos a voltar a ele com o relato do Apocalipse.

Em lugar de falar diretamente de Deus, as parábolas fazem ver o real de maneira nova. Tal como o bastão com o qual Moisés golpeia o rochedo (Ex 17,6), esses gestos que falam são portanto destinados a abrir fontes de vida, "coisas escondidas desde a fundação do mundo" (Mt 13,34), àqueles e àquelas que têm ouvidos para escutar e olhos para ver. Para permitir-nos o acesso a essas fontes, as parábolas ora se referem às evidências mais elementares da existência (por exemplo, Lc 7,41-43), ora produzem choques por meio de um jogo de dissonâncias (por exemplo, Mt 20,1-16), ou ainda recorrem à nossa experiência de crescimento (Mc 4,3-9), propondo sempre aos destinatários uma "travessia" (Mc 4,35) rumo à fé e a um novo modo de compreender a realidade.

---

31. Cf. MARGUERAT, Daniel, *Parabole*, Paris, Le Cerf, 1991 (Cahiers Évangiles n° 75).
32. Cf. nota 28.
33. Cf., por exemplo, Lc 10,30-37.

"Se não virdes sinais e prodígios... (Jo 4,48)

O papel revelador[34] desempenhado pelos "gestos de poder" (*dynameis*) e pelas parábolas nos sinóticos é exercido pelos "sinais" (*semeia*) no Quarto Evangelho. A pequena lista que se vê no quadro mostra que João torna presente a totalidade da "vida", tal como é em suas estruturas fundamentais. Trata-se sempre de situações simples, designadas também pelo termo "carne": casar-se, ter um filho com saúde, andar, comer, ver... e morrer. Se acrescentamos a esse conjunto o encontro entre Jesus e a samaritana (Jo 4,1-26), tocamos também no aspecto econômico (com o trabalho), nas relações entre os homens e as mulheres e, por fim... na questão religiosa[35].

Os sinais no Evangelho de São João

1. **Jo 2,1-12** **As bodas de Caná:** *falta do essencial, isto é, o vinho*
2. **Jo 4,43-54** *O oficial real e seu filho doente que vive*
   48: "Se não virdes sinais e prodígios nunca crereis!"
3. **Jo 5,1-18** *O paralítico anda*
4. **Jo 6** *Todos foram saciados*
   15: "Sabendo que viriam arrebatá-lo para fazê-lo rei, retirou-se".
5. **Jo 9** *O cego vê*
   38: "'Creio, Senhor', e se prostrou diante dele".
6. **Jo 11** *Um morto volta à vida*
7. *Jesus — lavando os pés de seus discípulos* (Jo 13)
   — o Cordeiro de Deus (Jo 19,34-37)
   19,35: "O que viu deu testemunho, e seu testemunho é conforme à verdade... a fim de que vós também creiais".

---

34. Sobre o adjetivo "revelador" e a noção de sinal, retomar o que foi dito no capítulo 1, p. 27s.
35. Há um sétimo sinal no evangelho de João? A hesitação se justifica, sobretudo se há uma recusa (como o fazem muitos exegetas) em contar a marcha sobre o mar

Todas essas situações são fundamentalmente ambivalentes porque estão repletas de nosso desejo de viver. Sem dúvida, Jesus parece atender à expectativa de seus interlocutores: dá vinho em abundância, cura o filho do oficial, ergue o paralítico, sacia a multidão etc.; mas desconfia de uma fé que estabelece condições: "Se não virdes sinais e *prodígios*, nunca crereis!" (Jo 4,48)[36]. Encontra-se aqui a recusa de todo sinal por parte do Jesus dos sinóticos: "Por que esta geração pede um sinal? Na verdade, eu vos digo, não será dado sinal a esta geração" (Mc 8, 12 ss. e //)[37]. Essa recusa é o próprio contexto último de seu confronto com as autoridades religiosas que dele exigem um sinal de legitimação (Jo 2,18)[38].

Entretanto, isso não impede o Quarto Evangelho de atribuir também um sentido positivo à palavra "sinal"[39], tal como o Jesus dos evangelhos sinóticos não se proíbe de fazer "gestos de poder" e "atos de palavra" que cegam a uns e abrem os olhos a outros. No lugar dos prodígios, João coloca portanto o único e verdadeiro "sinal" — o encontro genuíno e gratuito entre Jesus e aquele ou aquela que cruza seu caminho. O encontro, por exemplo, entre o centurião e Jesus em Caná (Jo 4,43-54) mostra que não é a vida do filho — "objeto" da

---

(Jo 6,16-21), intimamente ligada ao sinal dos pães. Pode-se ver no lava-pés e depois na exposição do cordeiro de Deus de onde "saem sangue e água" (Jo 19,34) o último "sinal" do Quarto Evangelho. O ato de purificação do templo que sucede imediatamente ao primeiro sinal põe o leitor no caminho dessa interpretação: "Mas os judeus, tomando a palavra, disseram-lhe: 'Que *sinal* nos mostras, para agir dessa maneira?' Jesus lhes respondeu: 'Destruí este templo e em três dias eu o reerguerei' (Jo 2,13-25)".

36. Cf. também 2,18.23.24; 6,14 ss.30.

37. Mateus e Lucas introduzem aqui o único sinal de Jonas (Mt 12,38 ss. e 16,1-4). Além disso, para Lucas a criança nascida numa manjedoura é já "sinal" (e "sinal que será contestado") para os pobres de Israel (Lc 2,12 e 34).

38. Nos sinóticos, o conflito de legitimação religiosa eclode depois das controvérsias, quando se acusa Jesus de expulsar os demônios por meio do chefe dos demônios (Mc 3,22 e // ; cf. Jo 7,20); o pedido de um sinal de legitimação situa-se depois da multiplicação dos pães (Mc 8, 11 e //; cf. Jo 6,30). O debate sobre a autoridade religiosa de Jesus está ligado ao gesto de purificação do templo que sucede à entrada em Jerusalém (Mc 11,27 e //), ao passo que João o situa no início de seu Evangelho (2,18). Na cruz, a questão do sinal volta uma última vez mais sob o modo da derrisão (Mc 15,29-32).

39. Cf. Jo 2,13 e 23; 3,2; 4,54; 6,2 e 26; 7,31; 9,16; 10,41; 11,47; 12,18 e 37; 30,30.

exigência — que é o sinal da fé, mas tão-somente o fato de que a palavra dita ao centurião se realize: "O pai constatou que nessa mesma hora Jesus lhe dissera: 'O teu filho vive'. Desde este momento creu, tanto ele como todos os da sua casa" (Jo 4,53).

Superar pacientemente nossos mal-entendidos

Por conseguinte, o Evangelho de João mostra-nos como o prodígio pode dar lugar ao sinal, como a falta a preencher — a vida do filho, do vinho e do pão em abundância etc. — pode ser relativizada em benefício de um encontro verdadeiro e "significativo" entre aquele que concede um dom e aquele que o recebe. Essa conversão passa pelos múltiplos mal-entendidos que caracterizam nossa condição carnal. Estes começam com Nicodemos[40], que não compreende o que significa "nascer de novo": "Como um homem poderia nascer, sendo velho? Poderia ele entrar uma segunda vez no seio de sua mãe e nascer?" (Jo 3,4).

O Evangelho de João utiliza não apenas a técnica literária do mal-entendido, mas a integra também à sua teologia da "carne"* (Jo 3,5-12). O mal-entendido apresenta-se naturalmente em todo encontro, porque não reconhecemos de imediato uns aos outros; há como um "véu" posto sobre nós ou entre nós; nós sugerimos isso várias vezes. Trata-se do que o Evangelho denomina "carne". O mal-entendido pode degenerar numa recusa de compreender e finalmente em violência. É o que ocorre com os "judeus" do Evangelho de João; sua não-compreensão conduz à morte violenta de Jesus, que, como um Cordeiro inocente, se expõe — como sinal último — à violência de outrem. A outra possibilidade é superar pacientemente os mal-entendidos que constituem a espessura de nossa carne humana, compreender pouco a pouco e chegar assim a um "entender", um "entender-se mutuamente"[41].

---

40. Na realidade, João sugere já, por ocasião da purificação do templo, o mal-entendido por excelência: "Então os judeus lhe disseram: 'Foram necessários quarenta e seis anos para construir este templo e tu o reerguerás em três dias'" (Jo 2,20).
41. O que se tornou em francês o belo termo *entendement* [entendimento].

Um caminho de transformação

Se Marcos opõe de maneira abrupta fé e não-fé, Mateus e Lucas procuram organizar um espaço dedicado ao aumento da fé (Mt 17, 19 ss. e //)[42] e João traça um verdadeiro caminho de transformação, tal como se destaca do percurso dos sinais e, mais particularmente ainda, das duas conversas com Nicodemos e a samaritana.

Quando ouve Jesus prometer-lhe que a água que lhe dará se tornará *nela* fonte jorrante de vida eterna (Jo 4,14), a samaritana compreende em primeiro lugar que essa água a dispensaria de ir pegar água no poço; mal-entendido que nega a condição humana, mas que permite também continuar o diálogo sobre a verdadeira sede. Por que essa mulher está em seu sexto "marido"? Justamente porque não possui nenhuma fonte em si. Ora, é esse dom de Deus que Jesus está prestes a comunicar-lhe dirigindo-se a ela para lhe pedir água — ele, o judeu, a uma samaritana. É então que pode encadear-se a terceira etapa do diálogo, que diz respeito à religião: adorar naquela montanha ou em Jerusalém? O Pai procura pois adoradores que, tendo a fonte *em si mesmos*, estabeleçam uma relação com o doador de todo bem, que não pertence mais à ordem da dependência. Aquele que possui a fonte em si mesmo não mais tem necessidade de correr... nem de repetir indefinidamente esse rito. O desejo do Pai se realizou para ele, que pode a partir de então entrar numa relação verdadeira com o outro.

Eis a transformação tornada possível por meio do trabalho do "Verbo feito carne" (Jo 1,14) na carne humana! "Sabendo o que se passa no homem" (Jo 2,25), ele torna possível um discernimento ou "julgamento" (*krisis*) naquele que encontra, como também em cada leitor, permitindo-lhe assim superar progressivamente todos os mal-entendidos... até o último obstáculo que é o do templo e da religião; já indicamos isso no capítulo anterior[43]. Aquilo que, para os seres de desejo que somos, sempre pode degenerar em prodígio pode a partir de então ceder seu lugar ao único sinal verdadeiro: a Palavra ouvida

---

42. Cf. acima p. 95s.
43. Cf. capítulo 3, p. 62-64 e 74-75; seria possível abordar a questão da religião também mediante a leitura da Epístola aos Hebreus.

no âmbito de um encontro ou de um acordo, vencendo o mal-entendido e a violência.

Não há dúvida de que se trata aqui de um *conhecimento mútuo*: Jesus sabe o que há no homem (Jo 1,48; 2,24 etc.) tal como conhece aquele que o enviou (Jo 7,25-29; 10,14 ss. etc.), e seus amigos conhecem sua proveniência: "tu és o Santo de Deus" (Jo 6,69; 17,18). Mas esse conhecimento pertence a um gênero particular: advém por um e num *desatamento*. Nossos mal-entendidos devem desatar-se, uns depois dos outros e, de modo mais fundamental ainda, a busca humana de uma glória que vem dos homens. Por fim, é assim que João compreende ao mesmo tempo a razão da descrença, indicada por Isaías, "que viu a glória do Senhor" (Jo 12,37-43) e a legitimidade de Jesus: "Quem fala por si mesmo procura a própria glória; só quem procura a glória daquele que o enviou é verídico, e nele não há impostura" (Jo 7,18).

"REVELAÇÃO DE JESUS CRISTO…" (AP 1,1)

Depois de ter retraçado a lógica dos encontros entre Jesus, seus amigos e seus adversários, abordemos agora, com o Apocalipse de João, um segundo "terreno", o da história. Numa obra sobre a Revelação, é impossível evitar esse livro que carrega o próprio título de Revelação, livro porém bastante difícil; tentaremos portanto ajudar o leitor a entrar nesse âmbito e, talvez, a ler o livro.

Trata-se do *último livro* da Bíblia; lemo-lo depois de ter falado das cartas, sobretudo do apóstolo Paulo, dos relatos evangélicos e, antes de retornar, no último parágrafo, aos textos do Antigo Testamento; o Apocalipse nos conduzirá a isso diretamente.

Trata-se de um *livro de história* e não de uma novela de ficção científica. O Apocalipse fala-nos do que os cristãos da Ásia Menor viveram por volta do fim do reinado do imperador Domiciano, entre 91 e 96. É também por essa razão que o abordamos agora.

Com o Apocalipse, mudamos portanto mais uma vez de época e, sobretudo, de gênero literário. Se as cartas paulinas e os relatos evangélicos apresentam o anúncio do Evangelho por Jesus e seus apóstolos como Revelação de Deus⁴⁴, isso se passa por serem eles já marcados por esse terceiro gênero de "relato de revelação" que assenta suas raízes em toda uma parte da literatura judaica entre o século II a.C. e o século II d.C. O conceito neotestamentário de "Revelação" não é, por conseguinte, uma noção forjada pelos primeiros cristãos; eles o tomaram de empréstimo a seu meio cultural e o transformaram. É por essa razão que começamos nosso itinerário no primeiro capítulo interessando-nos pelas experiências humanas de "revelação" que circulam em nossas sociedades antes mesmo de o Evangelho ser nelas anunciado. Para compreender a novidade da "Revelação de Jesus Cristo" (Ap 1,1), precisamos portanto dizer agora uma palavra sobre esse gênero apocalíptico.

Uma literatura de crise

Não há equívoco demasiado em imaginar o que representam as diferentes crises por que passou o judaísmo a partir do episódio do exílio (587-538 a.C.), que permanece a imagem básica que guia toda a literatura "intertestamentária"[45]. A identidade de Israel está ligada à sua terra e encarnada em suas instituições, em particular o templo; sua devastação na época do exílio, sua transformação em templo de Zeus em 167, suas destruições sucessivas pelos romanos em 63 a.C. e em 70 d.C. levam o povo ao limiar de uma aniquilação institucional e espiritual: como crer ainda na fidelidade de Deus quando esses sismos que se assemelham muito a uma "des-criação" devem ser vinculados à repetida infidelidade do próprio povo?

Portanto, é à beira do precipício de uma crise absoluta que um pequeno número de sobreviventes — alguns virão a ser mártires[46] — formula sua experiência em termos de "revelação": a identidade de Israel é um *mistério** oculto em Deus e sua salvaguarda se mostra como dependente de uma nova ação, totalmente inesperada, de sua

---

44. Cf. acima capítulo 2, p. 39s.
45. Esse termo designa a época e a literatura que se situam entre a escrita do "Antigo" e do "Novo" Testamento.
46. Cf. o Livro de Daniel e os dois livros dos Macabeus.

parte. Já inscrita num "livro celeste"⁴⁷, essa identidade é portanto revelada a um profeta anônimo que se esconde sob a figura de um ancestral que volta naquele momento último da história⁴⁸. Nenhum outro recurso é imaginável, a não ser um ato de "re-criação" à altura da própria criação. É então a totalidade do real entre terra e "céu aberto", entre o começo e o fim, que pode aparecer nesse "livro" que marca a virada decisiva da história da humanidade: "O mundo antigo se foi, eis que uma realidade nova aí se apresenta"⁴⁹.

Distanciando-se de uma terra desonrada ou de um templo desviado de seu objetivo, esse grupo ou corrente do judaísmo da época "intertestamentária" passa a encontrar sua identidade nesse "livro revelado". Esse grupo não se refere mais tão-somente à série dos livros antigos ("a Lei e os profetas"), mas também a uma nova série: o ou os livros da revelação, que se considera(m) doravante pertencente(s) à categoria dos "outros livros dos Pais"⁵⁰.

A matriz do cânon cristão das Escrituras

Podem-se distinguir na época de Jesus ao menos três posições diferentes com referência à classificação dos "outros escritos dos Pais", categoria em plena expansão: há aqueles que, como os saduceus ou a casta sacerdotal, insistem na exclusividade da Lei (*Torá*), os que, como os diversos grupos apocalípticos (*Qumrân*, entre outros), ampliam ao máximo sua coleção de escritos, e aqueles que, à maneira dos fariseus, ocupam uma posição média. Parece então que, das ruínas do Templo (incendiado em 70), tenham advindo dois filões ou grupos diferentes que se distinguem, entre outras coisas, por sua maneira de receber a terceira classe de escritos. Por um lado, o judaísmo rabínico procede a uma nova fundação que desemboca na articulação

---

47. É à literatura apocalíptica que devemos a idéia de que o mundo ou a criação é como um grande "livro", o "livro da vida" em que estão inscritos os nomes dos eleitos.
48. A apocalíptica põe em cena *Henoc, Esdras, um Filho de homem ou ainda Adão...*
49. Essa forma apocalíptica de 2 Coríntios 5,17 que identifica Cristo e aquele "que está em Cristo" com a "criação nova" mostra como Paulo recebe a visão apocalíptica do mundo embora recentrando-a na figura de Cristo.
50. É ao *Sirácida* (prólogo grego) que devemos essa designação de um conjunto de escritos que, como o Saltério, o Cântico dos cânticos e os escritos de sabedoria, se situam em nossa Bíblia depois da "Lei e os profetas" (cf. quadro acima).

complexa entre a Lei (*Torá*) oral e a Lei (*Torá*) escrita, e — mais tarde — à escritura do Talmude; ele mantém uma extrema reserva com relação à veia apocalíptica dos "outros relatos" porque alimenta a idéia de uma cessação da profecia (a partir do profeta Malaquias), considerando por conseqüência *o céu definitivamente fechado* e recusando a intervenção de uma "voz do alto" quando chegou o momento de interpretar a Lei (*Torá*)[51]. Por outro lado, os cristãos apóiam-se não apenas (com outros) na presença de profetas ou de apóstolos em suas comunidades; mas confessam também que *o céu está definitivamente aberto* acima do Nazareno e de suas testemunhas, tal como o atestam as três cenas de revelação de seu batismo (Mc 1,0-11 e //), de sua transfiguração (Mc 9,2-10 e //) e... a dilaceração da cortina do templo (Mc 15,37-39 e //). Parece mesmo que a terceira categoria de escritos lhes oferece uma espécie de matriz[52] na qual podem inscrever seus próprios textos "proféticos", os evangelhos até o *Apocalipse* de João.

Tendo em vista o conjunto dessa literatura, devemos pois notar que os cristãos não são os únicos a estabelecer um distanciamento com relação ao templo[53]; eles puderam até interpretar seu incêndio, quando do fim do judaísmo sacerdotal em 70, como uma espécie de confirmação do que adveio em Jesus de Nazaré[54]. Porém, à força de

---

51. Cf. Dt 13,1-5: "Se surgir em teu meio um profeta ou um visionário — mesmo que ele te anuncie um sinal ou um prodígio, e mesmo que o sinal ou o prodígio se realizem — etc., não darás ouvido às palavras deste profeta ou às visões deste visionário...".

52. Pode-se citar a esse respeito o célebre cap. 14 do IV Esdras (datado provavelmente do fim do primeiro século) que relata como Deus responde ao pedido de Esdras (cf. Ne 8 a 10) de dar-lhe seu Espírito Santo para que possa escrever o que é necessário ao povo. O pedido então é realizado: "E quando acabaram esses 40 dias, o Altíssimo falou-me e me disse: os 24 livros que escreveste primeiramente, publica-os; que os dignos e os indignos os leiam; quanto aos 70 últimos, tu os conservarás para entregá-los aos sábios de teu povo! Pois neles estão a fonte da compreensão, a fonte da sabedoria e o rio do conhecimento" (4Esd 14,45-47). Esse texto "matricial" é importante por sua maneira de distinguir entre 24 livros, número que se encontrará mais tarde com relação ao "cânon" judeu, e 70 livros de "revelação" que valorizam um princípio de abertura ou de difusão aplicado pelas comunidades cristãs.

53. É possível referir-se aqui ao "sinal" da destruição do templo e de sua reconstrução em três dias (Jo 2,18-22; Mc 14,58ss e //; cf. também At 7,48-50 e 17,24), assim como ao rasgamento da cortina do templo (Mc 15,38).

54. Cf. anúncio da ruína do templo por Jesus (Mc 13 e //), provavelmente composto depois de 70.

anunciar, em meio a catástrofes nacionais, a vinda de um mundo novo, não corriam eles o risco de entrar numa repetição indefinida? Um encontro anunciado mas sem cessar adiado não retira toda credibilidade Daquele que com isso se comprometeu? Devemos ter essa questão no espírito se desejamos compreender como e em que sentido "a Revelação de Jesus Cristo", dada a João e consignada, por sua vez, num "livro", fecha efetivamente o conjunto de nossas Escrituras cristãs.

Como nenhum outro texto do Novo Testamento, o Apocalipse formula de fato a questão da credibilidade da Revelação cristã; e é dessa perspectiva que nós o leremos. Mas antes de começar essa tarefa, vamos dar alguns pontos de referência para a leitura.

O livro dos sete selos

Esse livro, difícil e, apesar disso, tão influente na cultura ocidental, torna-se abordável a partir do momento em que localizamos seu plano e renunciamos a querer decodificar de imediato o sentido de todas as imagens e de todas as cifras que utiliza. Abramos então juntos esse livro.

A introdução do Apocalipse (Ap 1,1-8) é seguida por um primeiro conjunto (Ap 1,9–3,22) que nos mostra o profeta João na ilha de Patmos. Do outro lado do mar Egeu, ele vê o Filho do Homem no meio das sete Igrejas da Ásia Menor, e este lhe pede que escreva a cada uma delas uma carta; por conseguinte, sete cartas que lemos efetivamente na seqüência do texto. Cada carta se encerra com um mesmo convite; nós já o conhecemos porque o ouvimos da própria boca de Jesus quando da narração da parábola do semeador: "*O que tem ouvidos ouça* o que o Espírito diz às Igrejas" (Ap 2,7 etc.). Com efeito, a escuta parece difícil, até comprometedora nessas comunidades abaladas pelo que ocorre sob o reinado de Domiciano (91-96); de todo modo, essa escuta é o principal objetivo do combate espiritual que, de acordo com a última carta, parece ocorrer à "porta": "Eis que estou à porta e bato" — diz o Filho do Homem. "Se alguém ouvir minha voz e abrir a porta, entrarei em sua casa e cearei com ele e ele comigo" (Ap 3,20).

Com o segundo conjunto (Ap 4,1–22, 5), mudamos de cenário: profeta e leitores são transportados ao céu, onde assistem à liturgia celeste em torno do trono. Eles vêem o Cordeiro — figura de Jesus já encontrada no Quarto Evangelho[55] — tomar e abrir o livro da história (Ap 5,1-14). Portanto, é a partir de então que toda a história da humanidade nos é contada, ao profeta João e a nós leitores, para fazer-nos compreender as disposições do combate espiritual comprometido nas e pelas sete comunidades. As imagens da abertura do "livro" e de uma "porta" podem nos guiar: a porta que separa aquele que bate e aquele que ouve (Ap 3,20) é substituída pela porta aberta que separa a terra e o céu (Ap 11,19) — acaso o céu não se rompeu definitivamente no momento do batismo de Jesus? Quando o sétimo anjo faz soar a trombeta, o templo de Deus se abre no céu (Ap 11,19) — acaso a cortina do templo não se rasgou no momento da crucificação de Jesus? E, no fim, profeta e leitores podem contemplar a cidade que desce do céu, tendo sempre suas *portas abertas* (Ap 21,25).

A história da humanidade se desenrola portanto diante de nossos olhos e ouvidos em quatro atos: o primeiro ato, a abertura dos sete selos pelo Cordeiro (Ap 6,1–8,1), narra a totalidade dessa história na perspectiva do profetismo judeu; o *segundo ato*, ritmado por sete anjos que fazem soar suas trombetas (Ap 8,2–11,19) retraça a própria história, mas introduz, entre a sexta e a sétima trombeta, a história do Crucificado e de suas primeiras testemunhas. Com o *terceiro ato* (Ap 12,1–18,24), entramos na atualidade das comunidades da Ásia Menor: na mescla do combate espiritual, é preciso inteligência e discernimento (Ap 13,18 e 17,9) para localizar os "sinais", o da mulher que dá à luz o pastor da humanidade (Ap 12,1), o do Dragão (Ap 12,3) e o do êxodo (Ap 15,1). Aqui, todas as dimensões da violência humana, religiosa (Ap 13,11-18), política (Ap 17) e econômica (Ap 18) são evocadas. *O quarto ato* abre os olhos do leitor para o que vem "em seguida" (Ap 19–20): uma ceia de dimensão completamente diversa da que caracteriza a da Igreja de Laodicéia, a refeição das "núpcias do Cordeiro", e um tempo de "mil anos" com Cristo, misterioso "milênio" ao qual voltaremos no capítulo 6. Esses quatro atos da história são então se-

---

55. Cf. acima p. 99 e 101.

guidos por uma visão final do céu novo e da terra nova com a Cidade Santa (Ap 21,1–22,5), antes de a conclusão (Ap 22,6-21) refazer, uma vez mais, a experiência da Revelação.

O livro da "Revelação de Jesus Cristo" (Ap 1,1) relê portanto a história da humanidade sob o signo da violência para ajudar as sete comunidades de Ásia Menor do fim do primeiro século a avaliar as metas últimas de seu combate espiritual. Esse combate se inscreve, em virtude disso, na série das grandes crises do povo judeu que estão na origem da literatura apocalíptica. É então compreensível a causa de o texto fazer uso de tantos animais, e de animais com freqüência compósitos? Quando Deus se revela no Filho do Homem, a humanidade se acha comprometida num combate derradeiro com sua própria bestialidade. E quando ela está no âmago da violência a questão "até quando?" não pode senão interrogar sua experiência do tempo, marcado desde o primeiro relato do Gênesis (Gn 1,1–2, 4) pelo número sete. Deus diz a verdade quando promete à sua criação o repouso sabático do sétimo dia? A pergunta não pode mais ser evitada desde que o tempo da violência entre o sexto e o sétimo dia se amplia e põe em perigo a fé daqueles que crêem que Deus se revelou definitivamente em Jesus de Nazaré.

Por conseguinte, é tendo em vista essa questão de credibilidade da Revelação cristã que releremos agora o Apocalipse mostrando sucessivamente o que diz ela de Deus, do profeta ou do leitor fiel, e, enfim, da história em que se verifica ou não a legitimidade da promessa de Deus.

"A consumação do mistério de Deus" (Ap 10,7)

Com efeito, não basta caracterizar a novidade da revelação bíblica pela confissão de um *Deus que fala*, até mesmo — no Novo Testamento — pela confissão de sua Palavra tornada carne. Ainda é necessário poder mostrar que esse *Deus tem efetivamente palavra* e que atos históricos se unem a seu dizer: é sua própria identidade que ele põe historicamente em jogo desde que se faz ouvir. É preciso mesmo dizer que a história só aparece para a Bíblia no momento em que o que acontece passa a tornar-se o contexto de uma fidelidade divina, por um lado, e de sua verificação, por outro; verificação que não pode proceder de outro modo a não ser religando o passado de uma promessa ao futuro de sua realização[56]. Ora, tanto no Apocalipse como em toda a literatura apocalíptica, essa verificação está submetida a uma prova última de credibilidade, quando a experiência do mal radical e o grito dos justos — "Até quando, Soberano santo e verdadeiro, tardarás a fazer justiça..." (Ap 6,10) — põem em jogo a verdade Daquele que é, que era e que vem (Ap 1,8; 4,8; 11,17; 16,5).

O autor do Apocalipse mostra aqui uma honestidade sem par, visto que indica claramente que, diante da injustiça e do mal, o único e último contexto de verdade é efetivamente "a consumação do mistério de Deus, conforme ele a anunciou a seus servos, os profetas" (Ap 10,7). Poderíamos nos desembaraçar dessa afirmação — inaudita — distinguindo Deus eternamente o mesmo de sua maneira de vir a nós ou de nossa maneira de nos aproximar dele. Mas é possível negar que, segundo o Apocalipse, Deus, ao vir em nossa direção, *se aproxima de sua própria consumação na história da humanidade?* De todo modo, é isso o que "o livro da Revelação" narra: porque põe em cena a consumação do próprio *Deus*, ele deve dizer também o *todo* da história entre o Alfa e o Ômega, entre o começo e o fim. Assim, não estamos em absoluto desorientados por ler no começo desse livro que sua Revelação consiste em "mostrar a seus servos *o que deve acontecer em breve*" (Ap 1,1) e entender no fim, e por duas vezes, quando a grande cidade se quebra em três partes (Ap 16,17) e a respeito das "palavras certas e verídicas" ditas ao profeta desde o início do livro (Ap 21,6), que "está *feito!*".

Em que consistem a solidez e a verdade desses dois "está feito" sobre os quais o livro se alicerça? É-nos então proposto um curioso raciocínio. Para "apoiar" sua pretensão de profeta de escrever "o que é e o que deve acontecer depois" (Ap 1,19), João se refere à voz do Filho do Homem e à voz Daquele que está no trono: "Escreve: estas palavras são certas e verídicas" (Ap 21,5 ss.). Mas, inversamente, Aquele que está no trono faz a consumação de seu próprio mistério depender

---

56. Cf. o que foi dito no capítulo 1, p. 28, sobre a verificação.

do destino histórico do profeta, companheiro do Filho do Homem ao qual o Quarto Evangelho e o Apocalipse dão também o título de Cordeiro. A credibilidade da Revelação está portanto ligada à credibilidade daquele que a recebe, e a do profeta receptor se acha ligada à de Deus. Encontramos aqui o íntimo laço entre Revelação e fé, já várias vezes evocado[57]; por conseguinte, é à credibilidade do profeta-escritor e de seus leitores que agora devemos nos voltar.

"Quem será digno de abrir o livro?" (Ap 5,2)

O alicerce da Revelação é com efeito o presente histórico do redator e daqueles a quem se dirige; presente dramático, como já indicamos. De onde decorre sua questão, acompanhada de lágrimas: "quem será digno de abrir o livro?" (Ap 5,2 e 4). Entendamos bem: o livro da história, também denominado "livro da vida" desde a fundação do mundo (Ap 13,8). Só a abertura desse "livro" permite compreender o momento presente como Revelação.

Mas quem é "digno" de abri-lo? Eis uma maneira de formular a questão da credibilidade. O Apocalipse designa o Cordeiro e seus associados: aqueles que "vêm da grande tribulação. Lavaram suas vestes e as alvejaram no sangue do Cordeiro" (Ap 7,14). Mais tarde, esses associados são apresentados em termos de combatentes — vocabulário já usado nas cartas dirigidas às sete Igrejas (Ap 2 e 3): "eles venceram…" (Ap 12,11). Como sinal de reconhecimento, na maior intensidade da confusão, eles "trazem inscritos em suas frontes o nome dele [do Cordeiro] e o nome de seu Pai" (Ap 14,1) para mostrar que fazem parte de sua "tropa": "eles seguem o Cordeiro por onde quer que vá" (Ap 14,4).

O que de fato é visado pela questão da dignidade não é tanto a pureza religiosa ou ritual, ainda perceptível na linguagem do alvejar das vestes e da ausência de mácula (Ap 12,11), mas um comportamento humano hoje designado pelo termo "ético": os companheiros "venceram pelo sangue do Cordeiro e pela palavra da qual deram tes-

---

57. Cf. capítulo 3, p. 60-62.

temunho: *pois não se apegaram à própria vida, chegando a enfrentar a morte*" (Ap 12,11): "*em sua boca não se encontrada a mentira: são irrepreensíveis*" (Ap 14,5). Pode-se dizer com maior clareza o que constitui o cerne de toda ética — o respeito à verdade ao preço da própria vida?

Mas o redator-profeta do *Apocalipse* não fala mais apenas do Cordeiro e de seus associados; fala também de si mesmo e de seus leitores. A ausência de mentira ao preço da própria vida — eis a condição de verdade do que ele escreve na história. É ao mesmo tempo a condição de uma leitura correta de seu livro. Condição de escritura, em primeiro lugar. No princípio, o escritor se situa exteriormente com relação ao que advém: olha, chora, questiona. A partir do momento em que se anuncia a consumação do mistério de Deus (Ap 10,7), ele come o pequeno livro que começa a trabalhar em suas entranhas: "na minha boca, tinha a doçura do mel; depois de o ter comido, porém, minhas entranhas tornaram-se amargas" (Ap 10,10). O preço da verdade de seu trabalho de escritor-profeta é assim fixado. Em seguida, as condições de leitura: guardar as coisas escritas (Ap 1,3), instrução inicial que é progressivamente desenvolvida nas sete cartas. Para compreender o momento presente como Revelação, é preciso então *adotar a maneira de viver dos companheiros* do "Cordeiro que abriu o livro", é necessário comer esse livro e guardar o que nele está escrito.

Mas essas condições são suficientes para nos convencer da verdade do livro? Qual é, em última instância, o evento que permite ao escritor-profeta discernir nesse âmbito, de maneira crível aos olhos de seus leitores, a Revelação como "consumação do mistério de Deus"? Esse acontecimento tem duas vertentes — uma face mística, seria possível dizer, e uma face histórica ou política, o que mostraremos agora.

"Está feito... entrarei em sua casa" (Ap 21,6)

Para pensar a primeira vertente da vinda de Deus, o texto nos propõe a metáfora da "porta": porta de uma casa onde os amigos se reúnem para cear juntos, porta aberta no céu e porta da cidade. Porta:

lugar em que o destino — em grego, o *kairos* — se acha no âmbito do imprevisto. O fim de uma vida humana ou a totalidade da história da humanidade não é imaginável; e todavia, quando dizemos que Deus vem para cumprir realmente sua promessa do repouso sabático, dizemos "algo" do fim de nossas vidas e da totalidade da história, que, repetimo-lo, supera toda imaginação. Nessa situação paradoxal, é a proximidade do fim — o "em breve" — que se pode dizer e pode ser dito à porta. "Um quase nada" separa com efeito o momento em que se ouve bater e o instante da abertura, "um quase nada" que salvaguarda a diferença entre a escuta e a decisão de abrir, a diferença entre o desejo de um encontro decisivo e o caráter quase sempre inesperado deste: maravilhoso aspecto "erótico" de nossos "em breve". Proveniente do Cântico dos Cânticos, essa marca da criação cola-se à nossa pele e é de grande interesse para nós.

Em suma, esse "quase nada" é o que torna possível a escuta como uma presença *já* efetiva do cumprimento da promessa de Deus. Pouco importa que se trate do som da mão que bate (Ap 3,20) ou da voz que ressoa como uma trombeta, provocando o profeta a voltar-se para vê-la (Ap 1,10)... Não é a amplitude do som que faz a música, mas a sutileza de percepção do ouvido, capaz de antecipar até no som furtivo, produzido pela mão que bate, a visão da refeição das núpcias: "eu com ele", diz o convidado, "e ele comigo". É o som dessa voz que nutre e sacia, que abre gratuitamente a fonte de vida naquele que espera e ouve. Da experiência da escuta ao desejo e do desejo à fala "Vem!", palavra que encerra o *Apocalipse* (Ap 22, 17 e 20), uma mesma proximidade, a do Deus que vem em nossa direção, já se mostra como realização da promessa.

A experiência da escuta é contudo o fruto de um combate; nossa experiência mais elementar o mostra abundantemente, como as sete cartas do Apocalipse ou... as parábolas que já foram mencionadas[58]. De onde o constante chamado a ouvir: "Quem tem ouvidos para ouvir, ouça!"

Mas *é* tão difícil ouvir? O que separa, quando isso é ouvido, uma existência em dois tempos, um "antes" e um "depois"? É como se uma

---

58. Cf. acima p. 97s.

porta estivesse então prestes a abrir-se de uma vez por todas: experiência impossível de ser produzida pelo homem e ao mesmo tempo tão eminentemente humana que o profeta discerne nela o "vir de Deus". "Bem-aventurado aquele que ouve...!" É essa palavra-chave do Apocalipse, sete vezes repetida[59] para traduzir o cerne da Boa Nova, que é tão difícil de ouvir. O simples fato de dizer a alguém "bem-aventurado seja você..." não o torna mais feliz; o Apocalipse sabe disso muito bem, Deus também. De onde esse detalhe que o Apocalipse partilha com o conjunto das Escrituras e sobretudo com o Quarto Evangelho — e que, a bem da verdade, é tudo exceto um detalhe: não apenas a vida é comunicada ao vencedor como uma espécie de recompensa, mas também a própria *fonte* da vida (Ap 21,7)[60] lhe é dada gratuitamente; como se se quisesse indicar ao vencedor que esse "bem-aventurado" que ele acaba de ouvir deve ele verdadeiramente ouvi-lo de si mesmo, do fundo de si mesmo, para ser con-vencido disso.

Mas *por que* essa convicção é tão difícil de ser obtida? Por que a experiência da escuta é o resultado de um combate contra a confusão, o mal-entendido? Ouvir-se dizer "bem-aventurado" pressupõe que aquele que deseja ouvi-lo seja confrontado com a questão de sua própria morte — digamos ao menos que ele não a sufocou por inteiro —, porque pressente que ela é a venturosa condição de sua própria unicidade: *felizmente*, há tão-somente uma única vida[61].

A primeira vertente do acontecimento de que o texto fala — o "está feito" — não se resume portanto simplesmente ao que designei antes pelo termo "comportamento humano ou ético": na boca dos santos não se encontrou em absoluto mentira, eles não amaram sua vida a ponto de temer a morte. O acontecimento é o que possibilita esse comportamento: ouvir-se realmente dizer "bem-aventurado". Quando isso acontece, é de uma vez por todas. O acontecimento participa a partir de então da própria novidade de Deus (Ap 21,3-7) que escapa ao regime de repetição; ele recebe pois conotações novas a cada vez que se reproduz.

---

59. Ap 1,3; 14,13; 16,15; 19,8; 20,6; 22,7; 22,4; cf. também as "bem-aventuranças" em Mateus e Lucas.
60. Cf. o que foi dito acima, p. 102, sobre o encontro entre Jesus e a samaritana.
61. Voltaremos à questão da morte no capítulo 5.

"Está feito... a grande cidade se despedaça" (Ap 16,17)

A *outra vertente* do mesmo acontecimento é histórica, no sentido bastante preciso de que o destino dos fiéis se desenrola em comunidades (as sete Igrejas) e em cidades animadas por uma racionalidade política e econômica, para mencionar apenas esses dois aspectos principais. Segundo o Apocalipse, a história é marcada pela violência que pode sempre prevalecer sobre os "santos".

Com efeito, o primeiro "está feito" é pronunciado no momento em que a grande cidade se despedaça em três partes e as cidades das nações ruíram (Ap 16,17 ss.). Aqui, o texto se insere num momento de "história", que é o momento que suscitou sua redação; talvez estejamos no fim do reinado de Domiciano; no pano de fundo, localiza-se outro acontecimento, a crucificação (Ap 11,8). Mas o essencial é o jogo de "figuras" (o êxodo, o exílio etc.) enxertado no acontecimento para compreendê-lo por intermédio de uma chave fortemente marcada pela relação do homem com a animalidade. Ao dragão e a seus dois acólitos (a primeira besta e a outra, que não passa de seu duplo) se opõe o Cordeiro imolado "desde a fundação do mundo" (Ap 13,8 e 17,8). Dado que é quem se mostra digno de abrir o livro da história e de romper seus sete selos, ele é intimamente associado à "realização do mistério de Deus" que advém na história precisamente quando ele começa a abrir o último dos selos.

A falsa simetria entre dois princípios, o do bem e o do mal, da violência e da contra-violência, são substituídos no texto pela figura poderosa do Cordeiro imolado desde a fundação do mundo, manifestação incomparável da não-violência divina no próprio interior da criação. Acaso o cordeiro não é — como de resto a figura da mulher em dores do parto (Ap 12,1-2) — a vulnerabilidade radical oposta ou, melhor dizendo, exposta ao desencadear da violência? Não significa ele o excesso do dom, num mundo em que a troca justa dos bens e uma reciprocidade autêntica das relações, ao mesmo tempo individuais e coletivas, são constantemente ameaçadas de degenerar em relação de força? Nenhuma violência, nem mesmo a morte, pode algo contra aqueles e aquelas que, como sugeri pouco antes, sabem que *felizmente* não têm senão uma vida a expor ao risco da relação com o outro. Essa segurança chega a implicar a convicção inteiramente paradoxal de que a violência se autodestrói — por fim — numa espécie de implosão quando se acha diante da ausência de mentira.

O texto do Apocalipse não é em absoluto ingênuo, porque deve responder à questão de todos os imolados da história: "Até quando, Soberano santo e verdadeiro, tardarás a fazer justiça?" (Ap 6,10). Por conseguinte, ele leva a sério o paroxismo da violência, nunca tão feroz como que quando se acha diante de uma total não-violência. Se o autor do Apocalipse limita esse paroxismo no tempo (Ap 12,12), isso ocorre porque refletiu perfeitamente no mistério da violência. De algum modo limitada pela bondade absoluta, a violência se desencadeia, mas esse desencadeamento é o próprio anúncio de seu fim iminente. O "está feito" (Ap 16,17) designa por conseguinte — podemos concluir — esse momento histórico, observável pelo profeta e por seus leitores, em que a violência se desfaz.

O que acabamos de dizer da experiência mística e da violência histórica constitui para o profeta João um único e mesmo acontecimento: "mistério da consumação de Deus" no âmbito de sua criação. Se o ciclo das cartas às sete Igrejas, que abre o livro da Revelação, parece limitar-se à primeira dimensão — ele se encerra, com efeito, com a iminência de uma refeição em comum —, o fim do texto transforma essa ceia em festa de núpcias do *Cordeiro*: "Felizes os são convidados ao banquete das núpcias do Cordeiro" (Ap 19,9). Essa imagem final — imagem chocante das *núpcias de uma esposa e de um cordeiro degolado desde a fundação do mundo* — pressupõe a passagem pelo ciclo integral da violência histórica.

Se essa violência se desfaz num momento da história, isso se passa porque a esposa — os "santos com suas obras justas" (Ap 19,8) — ouviu efetivamente bater à sua porta: "*Bem-aventurado* aquele que lê e aqueles que ouvem as palavras da profecia e guardam o que nela estava escrito, pois a oportunidade que passa está próxima". Eu chegaria a dizer: é porque tinham ouvidos para escutar os sete "bem-aventurados…" que eles eram capazes de resistir, de permanecer na verdade e de pressentir no paroxismo da violência sofrida sua derrota iminente. Deveríamos ler a esta altura os relatos dessa incolumidade dos campos da morte o relato de Jorge Semprun[62], por exemplo — para com-

---

62. SEMPRUN, Jorge, *L'ecriture ou la vie*, Paris, Gallimard, 1994.

preender um pouco desse acontecimento de resistência ao mesmo tempo interior e histórico.

De todo modo, é essa a experiência que funda a verdade do "Livro da Revelação". A história continua depois do reinado de Domiciano, sem dúvida; mas Aquele que põe em jogo sua própria realização na história honrou seu encontro com ela; encontro, não obstante, que só aquele que tem ouvidos para escutar pode honrar por seu turno, se, em seguida ao Cordeiro, consente em pôr em jogo sua própria existência. Ele "vê" então os acontecimentos históricos com olhos novos. É compreensível assim que o Apocalipse nos faça sair da repetição indefinida que ameaça a literatura apocalíptica?[63] O livro do profeta João poderá encerrar a Bíblia cristã porque não adia a vinda de Deus pela enésima vez, mas porque põe seu leitor diante de um "em breve" intransponível.

O CUMPRIMENTO DAS "ESCRITURAS"

O que precede parece sugerir que o Apocalipse propõe a seus leitores uma concepção extrema da Revelação, particularmente adaptada a um tempo de crise. É verdade. Mas esse texto tem êxito na exploração das conseqüências últimas da Revelação, orientando seu leitor a uma realização definitiva, porque busca unir *ao mesmo tempo* a origem mais recuada e a mais profunda daquilo que essa Revelação promete; como um pêndulo cujo movimento para a frente é tanto mais amplo na medida em que recebe sua energia de um retorno do pêndulo não menos ampliado. Essa promessa de Deus diz respeito, em última instância, *ao conjunto da criação* (Ap 20 a 22,5): uma criação precisamente em que a Revelação de Deus descobre no fiel potencialidades de consumação insuspeitadas.

Depois de ter falado dos *encontros* de Jesus com as pessoas do povo, seus discípulos e seus adversários, e depois de ter refletido sobre o sentido da *história* da humanidade, abordamos agora um terceiro e último "terreno", a "criação", sem mudar, desta vez, nem

---

63. Cf. acima, p. 107.

de época nem de gênero literário. Tivemos a chance, com efeito, de compreender desde o começo[64] que o anúncio do Evangelho por Jesus de Nazaré se situa já numa história "profética" que com ele chega à sua consumação. As *cartas* paulinas e os *evangelhos* são incompreensíveis sem esse enraizamento histórico e bíblico: de acordo com o apóstolo Paulo, "todas as promessas de Deus encontraram seu 'sim' na pessoa dele [Cristo Jesus]" (2Cor 1,20)"[65]; Mateus e Lucas utilizam o vocabulário de "cumprimento das Escrituras"[66]; Lucas e João falam também de "compreensão das Escrituras", aberta pelo Ressuscitado[67].

Por fim, a leitura do Apocalipse, inabordável sem a consideração de seu enraizamento na literatura "intertestamentária", nos fez ter consciência de que o próprio conceito de "Revelação" diz respeito já a uma maneira específica de abordar o conjunto das "Escrituras"[68], maneira em absoluto reservada ao cristianismo nascente. O retorno do exílio, a entrada na terra prometida e o êxodo são suas figuras fundamentais e sem cessar sobrepostas, às vezes transbordantes por uma referência "universal" à totalidade da criação. Resta-nos, pois, compreender a relação própria de Jesus e dos seus com as "Escrituras" — nosso "Antigo Testamento"[69] — se desejamos aprofundar-nos dessa iniciação bíblica à experiência da Revelação.

---

64. Cf. acima, p. 85 e 92 e capítulo 2, p. 38s.

65. Cf. também 1Cor 15,3-4: "Eu vos transmiti, em primeiro lugar, o que eu mesmo recebera: Cristo morreu por nossos pecados, *segundo as Escrituras*. Foi sepultado, ressuscitou ao terceiro dia, *segundo as Escrituras*".

66. Cf. as dez "citações de realização" de Mateus: "Tudo isso aconteceu para se cumprir o que o Senhor dissera pelo profeta: *Eis que a virgem conceberá e dará à luz um filho, ao qual darão o nome de Emanuel*" (Mt 1,22-23; cf. também 2,15; 2,17-18; 2,23; 4,14-16; 8,17; 12,17-21; 13,35; 21,4-5; 27,9-10 e Lc 3,21). Cf. ainda Mc 12,24 a respeito da ressurreição: "Não será por não conhecerdes nem as *Escrituras*, nem o poder [*dynamis*] de Deus, que estais em erro?"

67. Cf. Lc 24,25-27, 32,44-45; Jo 2,22 e 20,9.

68. Mostramos acima (105s.) que esse termo global recobre, segundo os grupos e as épocas do judaísmo, *corpus* muito diversos.

69. Expressão utilizada pela tradição cristã para designar as "Escrituras", lidas por Jesus e pelos primeiros cristãos, e para distingui-los dos evangelhos, das cartas apostólicas e do Apocalipse, reunidos sob a expressão "Novo Testamento".

"A lei de Moisés, os Profetas e os Salmos…" (Lc 24,44)

Jesus e seus discípulos partilham portanto as "Escrituras" com seus contemporâneos: trata-se do "mundo" que habitam, o universo cultural e religioso em que se movem, o "prisma" através do qual eles percebem a realidade como fundamentalmente enigmática ou misteriosa[70]. Poderíamos dizer que as Escrituras ocupam o mesmo lugar das parábolas ou dos "sinais". É nessa órbita que se vive o mistério da comunicação ou da transmissão do Evangelho. Ninguém pode dizer que ouve o Evangelho pela primeira vez, visto que desde o profeta Isaías ele ressoa em Israel[71]; e mesmo a incapacidade de ouvir e de ver se acha já consignada no texto (Is 6,8-11)[72]; ou seja, ela é levada por uma compreensão última, veiculada pelas Escrituras e — eventualmente — por seus leitores.

É realizando por toda a sua existência as Escrituras, de que é o leitor, que Jesus traça seu próprio itinerário. Dessa maneira, dá a seus discípulos e aos escritores do Novo Testamento a possibilidade de identificá-lo a si próprio, até de identificar-se eles mesmos com a sua maneira de viver; já tivemos ocasião de mostrar isso[73]. Em lugar de apresentar todas as figuras de identificação propostas pelas Escrituras — do "messias" ao "filho", passando pelo "pastor" e pelo "servo"…—, procuremos atentar sobretudo à *maneira* que Jesus tem de localizar o lugar que lhe é oferecido por esse "cenário", segundo as situações por que passa. Ele ocupa esse lugar que lhes é oferecido em palavras e em atos, indo ao fundo do que aí aprende: da vida oculta, passa a uma existência pública[74]; ensina curando e reúne como pastor dando sua própria vida.

Mas não pode fazê-lo sem propor *ao mesmo tempo* a seus interlocutores o lugar que lhes convém, como, por exemplo, na sinagoga de Nazaré, em que ele se identifica com a "palavra" do profeta — "O Espírito do Senhor está sobre mim, porque ele me conferiu a unção para anunciar a *Boa Nova aos pobres*…" — e diz a seus ouvintes: "Hoje, esta escritura se *realizou para vós que a ouvis*" (Lc 4,21).

---

70. Cf. acima, p. 95s., capítulo 1, p. 29-35 e capítulo 3, p. 58-59.
71. Cf. também Rm 10,16-21.
72. Cf. acima, p. 95s.
73. Cf. acima, p. 92s.
74. Cf. o que foi dito, no capítulo 1, p. 17, 22s. e 31-35 acerca dessa distinção.

Esse procedimento de identificação mútua vem a desembocar quando, em especial na obra de Lucas, Jesus se identifica com o "sujeito orante" do Saltério (Lc 3,21; 9,29 etc.). Na experiência dessa prece, à qual voltaremos, vive-se com efeito, por ele (Lc 23,46) e por seus discípulos (At 7,60), o ato de fé numa consumação última e inaudita que implica a ressurreição.

Jesus e seus apóstolos habitam portanto um mundo *particular*, mas sua experiência o *supera*; movem-se num universo cultural e religioso judaico, já parcialmente marcado pela civilização helenista, mas não se definem mais pelos critérios de pertinência a esse universo[75]. Já evocamos os conflitos entre diferentes correntes do judaísmo à época de Jesus, assim como a separação definitiva entre judeus e cristãos depois do incêndio do templo[76], transformações que resultam dessa superação; voltaremos a falar das feridas causadas por elas em nossa história.

Nossa referência às Escrituras, portanto, recobre finalmente uma realidade paradoxal. Não podemos discernir nem a identidade de Jesus de Nazaré nem a nossa sem passar por sua *particularidade histórica*; isso atesta vigorosamente a prática litúrgica da Igreja, que restituiu, a partir do Concílio Vaticano II, um lugar substancial aos textos do Antigo Testamento. Repitamo-lo: é o próprio sentido da Revelação que está em jogo nessa maneira de fazer; Deus não vem por irrupção ou violência em vista de um rapto; ele respeita a capacidade humana de ver e de ouvir; respeita a experiência *histórica de seus interlocutores judeus que já compreenderam*, a ponto mesmo de terem podido escrever suas próprias incompreensões.

Mas essas mesmas Escrituras são lidas por Jesus, e por nós, numa perspectiva de *superação universal*. Nós as abordamos por conseguinte de tal modo que elas possam nos fazer compreender sua expectativa da ressurreição do Filho do Homem (Mc 8,31 e //) e nos conduzir a reconhecê-lo, a Ele, como Ressuscitado e "primogênito dentre os mortos" (At 26,23; Rm 8,29). Isso constitui a experiência de Revelação por excelência, *já inscrita na criação e acessível a partir dela, transpondo bastante as fronteiras traçadas pelo mundo judaico*. Procure-

---

75. Cf. o que foi dito acima sobre as "controvérsias" de Jesus, p. 90s.
76. Cf. quadro, p. 105-106.

mos ainda compreender esses dois aspectos de profundidade e de extensão de uma mesma experiência de leitura.

"... Desde a fundação do mundo" (Mt 13,35)

O "poder (*dynamis*) criador" de Deus é vivo a tal ponto que pode revelar-se na morte ou diante "daquilo que não existe"? A Revelação de Deus se consuma verdadeiramente na Ressurreição? Essas questões são como deixadas em suspenso durante nossa travessia das cartas paulinas e dos evangelhos. Sem dúvida, é a aparição do Ressuscitado em pessoa que as provoca e suscita a resposta de nossa fé; voltaremos a isso. Mas a leitura das Escrituras por Jesus e os seus torna essa resposta possível e plausível.

O Evangelho de Mateus, já mencionado por sua utilização do vocabulário da "Revelação", identifica com efeito os "mistérios do Reino dos céus", dados a conhecer aos discípulos por intermédio das parábolas (Mt 13,11), às "coisas ocultas desde a fundação do mundo". É ao citar o Salmo 78, atribuído a Isaías, que Mateus faz compreender a atividade do narrador de Nazaré: "abrirei a boca" — é Jesus que se torna aqui sujeito do salmo — "para proferir parábolas, proclamarei coisas escondidas desde a fundação do mundo" (Mt 13,35). Ele explicita em seguida o vínculo entre fundação do mundo, Reino ou vida eterna (Mt 25,34 e 46) ao narrar a grande reunião das nações pelo Filho do Homem agindo e falando como rei-pastor: "Venham, abençoados de meu Pai, recebam em partilha o Reino preparado para vocês desde a fundação do mundo". Ao falar de "fundação", o texto não visa o começo do universo, mas suas potencialidades permanentes de vida eterna, ocultas mas reveladas àqueles e àquelas que têm olhos para ver e ouvidos para escutar.

"Desde a fundação do mundo"...
"antes da fundação do mundo"

Mt 13,34 ss.   "Tudo isso, Jesus o disse às multidões em parábolas, e nada lhes dizia a não ser em parábolas, a fim de que se cumprisse o que fora dito pelo profeta: *abrirei a boca para proferir parábolas, proclamarei coisas escondidas desde a fundação do mundo.*"

Mt 25,34 "Então o rei dirá aos que estiverem à sua direita: 'Vinde, benditos do meu Pai, recebei em herança o Reino que foi preparado para vós desde a fundação do mundo'".

Lc 11,49 ss. "É por isso que a própria Sabedoria de Deus disse: eu lhes enviarei profetas e apóstolos; eles os matarão e perseguirão, a fim de que seja pedida conta a esta geração do sangue de todos os profetas que foi derramado desde a criação do mundo."

Jo 17,24 "Pai, quero que, lá onde eu estiver, os que me deste estejam também comigo, e que contemplem a glória que me deste, pois me amaste desde antes da fundação do mundo" (ver também Jo 17,5).

Ef 1,4 "Ele nos escolheu nele antes da fundação do mundo para sermos santos e irrepreensíveis sob seu olhar, no amor."

Hb 4,3 ss. "Nós, que abraçamos à fé, nós entramos no repouso, do qual ele disse: *Pois eu jurei na minha cólera: Veremos se eles entram no meu repouso!* tendo, seguramente, a sua obra sido consumada desde a criação do mundo, já que foi dito acerca do sétimo dia: *E Deus, no sétimo dia, repousou de toda a sua obra*, e novamente, em nosso texto: *Se eles entram no meu repouso.*"

Hb 9,24-28 "Com efeito, não foi num santuário feito pela mão de homem, simples cópia do verdadeiro, que Cristo entrou, mas no céu mesmo, a fim de comparecer, agora por nós, diante da face de Deus. E não foi por oferecer-se a si mesmo reiteradas vezes, como o sumo sacerdote que entra todos os anos no santuário com sangue estranho. Pois, neste caso, ele teria precisado sofrer repetidas vezes desde a fundação do mundo. De fato, foi uma só vez, no fim dos tempos, que ele foi manifestado para abolir o pecado com seu próprio sacrifício…"

1Pd 1,18-20 "… não foi por coisas perecíveis, prata ou ouro, que fostes resgatados da maneira vã de viver, herdada dos vossos antepassados, mas pelo sangue precioso, como de um cordeiro sem defeito e sem mancha, o sangue de Cristo, predestinado antes da fundação do mundo e manifestado no fim dos tempos por vossa causa."

Ap 13,8 e 17,8 "… o livro da vida do cordeiro imolado, desde a fundação do mundo…"

Se procurar numa Concordância a expressão "fundação do mundo", utilizada com as preposições "desde" (cf. Pr 8,22-31), o leitor poderá fazer descobertas interessantes.

Outros textos utilizam a mesma expressão (ver o quadro). A Carta aos Hebreus, por exemplo, estabelece um vínculo entre a entrada do povo no *repouso da terra prometida* (Sl 95), o *"repouso do sabath* que permanece reservado" *para o presente* da fé e *o repouso de Deus* no sétimo dia da criação (Gn 2,2), "tendo, seguramente, a sua obra sido consumada desde a criação do mundo" (Hb 4,3). O Apocalipse, por fim, remonta ao mistério de uma violência já vencida pela incomparável presença da não-violência divina: "o Cordeiro imolado desde a fundação do mundo" (13,8 e 17,8), que — na história — nos abre o "livro da vida".

Evidentemente, seria possível objetar que essa leitura das Escrituras a partir da "fundação do mundo" é a dos autores do Novo Testamento. Mostramos porém, em todo o decorrer deste percurso, que o próprio Jesus a torna possível por sua própria maneira de ocupar o lugar que o "cenário" da Bíblia lhe oferece.

Acaso seus gestos de cura não revelam ao mesmo tempo sua própria "saúde" e as energias de vida ou de "autocura" ocultas naqueles e naquelas que encontra no caminho? Tudo se passa como se ele vivenciasse doença e enfermidade no povo (Mt 4,23) como insuportáveis porque em contradição com o que ele mesmo experimenta da bondade da criação (Gn 1,32); e se realiza alguns de seus atos de restauração no dia de *sabath* (Mc 3,1-6 e // Jo 5,16-17 e Lc 13,16), não o faz para que ninguém seja excluído do cumprimento da obra de Deus de

A Revelação

que fala o início das Escrituras? Enquanto alguns só se beneficiam desses gestos, suas parábolas[77] se dirigem a todos. Elas também podem exercer um poder "revelador" dos possíveis inauditos ocultos na criação, porque elas emanam de alguém cuja inventividade poética se alimenta nessas profundidades de onde a vida transborda[78]. Mesmo o ensinamento ético de Jesus, o chamado a ser perfeito ou santo tal como o Pai amando o inimigo, não é deduzido unicamente da lei (Lv 19,2 e Dt 18,13), mas deriva em última instância de sua experiência da gratuidade de uma criação dada a todos: "O Pai dos Céus faz nascer o sol para os maus e para os bons e cair a chuva sobre os justos e os injustos".

Em suma, se, no próprio momento em que toca a resistência mais profunda na humanidade ("perder a própria vida... e assim salvá-la")[79], Jesus consegue antecipar de algum modo a Ressurreição do Filho do Homem (Mc 8,31 e //; 9,31 e //; 10-33-34 e //), isso ocorre porque ele já experimentou, nos traços das Escrituras, que "tudo é posto aos pés do Filho do Homem" (Sl 8), que "o domínio do Filho é a terra inteira" (Sl 2) etc. Mas, recordemos, o Nazareno nunca fala desse Filho senão na terceira pessoa. Tendo ele próprio passado pela tentação de idolatria, o adiamento da questão de sua identidade[80] cede lugar ao outro e a seu Pai, para que eles possam dá-la *com* sua herança.

Compreende-se a partir de então por que a referência à "fundação do mundo" é dada sob duas formas diferentes. Se se faz remontar o destino do Filho do Homem *e* de sua herança a *"antes* da fundação do mundo" (cf. as referências, no quadro, p. 122[81]), enfatiza-se a origem absoluta da vida, para além da morte e do que não existe, em *Deus* que, na Ressurreição, *se revela* definitivamente como O Vivente.

Se descobrimos a presença do Filho do Homem e de sua obra *"desde* a fundação do mundo", insistimos sobretudo nas inauditas possibilidades de Vida inscritas *na criação*. É isso o que fazem os evan-

---

77. Cf. acima p. 97 s.
78. Cf. RILKE, Rainer Maria, *Lettres à un jeune poète* (cf. o quadro, p. 22).
79. Cf. acima, p. 93.
80. Cf. acima pp. 89 s.
81. Aconselha-se ao leitor ler agora Pr 8,22-31, matriz desse reenvio a antes da criação que se encontra em particular nos hinos neotestamentários: "O Senhor engendrou-me— diz a Sabedoria —, primícia de sua ação, prelúdio a suas obras antigas [...] Fui gerada quando ainda não existiam os abismos...".

gelhos sinóticos nas parábolas e o Quarto Evangelho, assim como o Apocalipse, quando mostram que a consumação do mistério de Deus consiste numa comunicação de sua Vida que tira o beneficiário de uma relação de dependência e o faz participar da própria "fonte"; força oculta na criação[82]. Essa discrição de um Deus que tudo *dá* ao deixar sua criação restaurar-se a partir das forças de vida *nela* ocultas leva por fim a compreender por que Jesus cede seu lugar a "qualquer um" que cruze seu caminho, pouco importando se atende ou não aos critérios de pertença ao mundo judaico. É portanto a partir desse ultrapassamento universal em profundidade e em extensão que podemos abordar agora, nos últimos capítulos, a experiência da Revelação tal como a pomos em prática hoje.

Mas colhamos em primeiro lugar alguns frutos deste longo momento de leitura. A partir de nossa travessia do Apocalipse de João, somos confrontados com a inquieta questão do profeta: "Mas *quem é digno* de abrir o livro?" E encontramos uma resposta na *maneira de Jesus* ocupar, em palavras e em atos, o lugar que lhe é oferecido por este livro: *"Eis-me portanto aqui, visto que é realmente de mim o que está escrito no rolo do livro*: vim, ó Deus, para fazer tua vontade" (Sl 40,7-9 em versão grega citada por Hb 10,7). Que o leitor possa fazer essa mesma experiência com outros! De todo modo, ela subjaz à redação de todos os textos neotestamentários percorridos neste capítulo. A Igreja os reuniu progressivamente num único livro, a nossa Bíblia, percorrendo, tal como o fizemos, o caminho de uma pluralidade de textos ou de situações humanas e eclesiais na direção da unidade de uma única Revelação. É provável que já tenhamos comprovado, nesse caminho de leitura e de unificação, a força (*dynamis*) de inspiração desses textos. Vamos agora experimentá-la de uma maneira completamente diversa, em que os leremos mais por si mesmos, mas quando os redescobriremos, em acréscimo, a partir da "fonte" que surge em mil locais em nossos encontros cotidianos, em nossa história e no próprio interior de um universo cada vez mais imenso.

---

82. Cf. acima, p. 102 e p. 113 s.

CAPÍTULO 5

Encontrar o outro

Abordemos agora o primeiro dos três terrenos evocados anteriormente: nossos encontros tais como se passam nos bastidores da sociedade, na penumbra em que se desenrolam nossas existências comuns. O que ocorre em nós e entre nós, quando permitimos que o outro nos aborde até o fundo de nossa consciência, pode com efeito tornar-se o lugar de uma revelação. Esta assume então a figura de um desatamento, provocado pelas crises que intervêm inevitavelmente em nossos itinerários. O enigma último a transpor, nesse e por esse acontecimento revelador, acessível a todos e, não obstante, absolutamente singular para cada um de nós, é o da morte.

Tendo lido no capítulo 4 as Escrituras por elas mesmas, nossa preocupação passa a ser, portanto, verificar sua força de inspiração a partir da "fonte" oculta no interior dos encontros. De igual modo, não falamos mais da Igreja, portadora da Revelação bíblica, por si mesma, mas em sua "gênese". Quando dita, e eventualmente ouvida na consciência, uma palavra quebra o silêncio ou muda seu teor, e sobretudo quando alguns gestos a fazem crível, uma relação entre dois ou mais seres se torna significativa; estamos a partir disso no caminho do ministério "sacramental" do Galileu exercido hoje ainda pelos seus que assim formam a Igreja de Deus.

O MISTÉRIO DE NOSSOS VÍNCULOS

Nossos vínculos cotidianos representam um grande mistério*, até mesmo o mistério por excelência de nossa humanidade. Se, de forma espontânea, encaramos a questão do sentido da vida, em nossas sociedades pós-modernas[1], a partir de nossa solidão, essa mesma pós-modernidade também nos ensinou a pensar o homem em função do que o precede: a língua, ou, melhor dizendo, as línguas no plural. Com efeito, é nossa língua que nos distingue dos mamíferos superiores e que faz de nós seres humanos de imediato moldados pela cultura. Afirmar assim a precedência da língua e da cultura sobre a palavra particular de cada um[2] é reconhecer também — com tantos pensadores, com a Bíblia e com muitos outros relatos das origens — que os vínculos nos precedem, vínculos parentais e vínculos sociais.

É *pela língua ou pelos vínculos* que chegamos, cada um de nós, a uma palavra que ninguém mais pode dizer em nosso lugar. Nesse trabalho solitário, avançamos como num cume, entre o risco de cair no "diz-se" e a busca estéril de nossa própria originalidade. Mas, inversamente, *vínculo* e *língua estão como pendurados* na existência dos seres singulares e solitários que somos: como imaginar uma língua e um vínculo sem seres que se comuniquem entre si?

Nossos mais simples encontros se desenrolam portanto no espaço desse *paradoxal entrelaçamento* de vínculos que nos precedem e de nós mesmos, que, ao mesmo tempo, os fazemos existir. Esse paradoxo nos permitirá também compreender a espiral de desestruturação do tecido humano que, em determinados momentos, impede a criação de relações significativas que podem tornar nossas existências sensatas e felizes. Nesse domínio, nada é evidente; inveja, violência e mentira costumam contaminar, até a fonte, a rede familiar e social que nos mantém na vida.

Será então suficiente recorrer à moral? Não tardaremos a ver que o desatamento dessas crises precisa de recursos de energia diversamente mais profundos. Mas não antecipemos e comecemos por auscultar nossos vínculos a partir da experiência inevitável da solidão.

---

1. Cf. capítulo 3, p. 75 (nota 12).
2. Cf. anteriormente capítulo 3, p. 58-61, onde estabelecemos as bases das análises propostas neste capítulo.

Solidão e relação

A solidão é, com efeito, nossa experiência fundamental mais comum; já o indicamos no capítulo 3. Mas, em lugar de qualificá-la de imediato negativamente, é melhor refletir em sua situação particular em nossas sociedades contemporâneas, em que está ligada à questão do sentido e da orientação de nossa vida, experimentada pela maioria de nós como um problema vital não resolvido. Na medida em que nossas tradições religiosas pressupunham como adquirida a referência à transcendência*, elas nos protegiam, por assim dizer, de modo coletivo, contra o radicalismo dessa experiência. Mas na atualidade nada mais vem em socorro dos indivíduos. Cabe a cada um elaborar suas respostas por sua própria conta[3].

Além disso, é verdade que o rompimento das condições de vida impostas a muitos não os ajuda a dar sentido à sua existência: distância dos trajetos cotidianos, crescente distanciamento entre vida profissional (quando existe) e vida familiar, reduzida a algumas horas do fim de semana, rompimentos diversos no interior das famílias, até separações e recomposições às vezes dolorosas, emergência de mundos ou de planetas separados, sem falar de algumas cidades populosas em que as condições de uma existência social digna desse nome não existem. Vivemos de fato em sociedades cada vez mais diferenciadas nas quais as pertinências múltiplas, impostas pela mobilidade social, se tornaram regra geral. Cada um de nós tem várias vidas; cada um de nós vive de investimentos de energia numerosos e diversos.

Ao mesmo tempo, sujeitamo-nos à experiência de um tempo cada vez mais fragmentado. Se a identidade pessoal está ligada ao que se pode dizer e contar a outros[4], não se deve observar que os relatos pessoais são freqüentemente interrompidos, por causa de rupturas nas condições de vida, de desarraigamentos sucessivos, de descontinuidades irreparáveis nas relações e de feridas ainda não cicatrizadas? Daí decorre a freqüência dos esquecimentos e das negações do passado que marcam com tamanha profundidade os relatos de muitos, ou que chegam a torná-los impossíveis.

---

3. Cf. anteriormente capítulo 3, pp. 58 s. e 68-74.
4. Hannah Arendt fala da "identidade narrativa" dos sujeitos.

Foi possível definir a sociedade moderna como estruturalmente incerta de si mesma. E, com efeito, os grandes sistemas coletivos de interpretação, religiões, ideologias dos partidos etc. estão em crise. Eles preservavam outrora os grupos humanos e seus membros daquilo que o confronto com os limites da existência, a prova de um futuro radicalmente aberto, de um tempo e de um espaço descontínuos, podia ter de insuportável ou de angustiante.

Tudo se passa hoje como se os indivíduos se encontrassem diante de uma temível alternativa. Ou resignar-se a funcionar simplesmente em cada uma de suas vidas (familiares, profissionais, associativas ou militantes etc.) e mergulhar progressivamente num isolamento interior, com freqüência mascarado pelo biombo de uma fusão sem falhas com os modos e os discursos de seus ambientes sucessivos. Ou, por outro lado, resistir com todo o seu vigor à ameaça de sua morte como sujeitos, enfrentando a questão do sentido de sua existência e deixando modelar-se neles, para além das condições de vida que lhes são oferecidas, uma verdadeira identidade humana. "Manter-se de pé"[5] nessa situação nada tem de natural e não se liga a nenhuma evidência: trata-se, a cada vez, de algo como um espantoso "milagre".

É então que a solidão começa a mostrar suas virtudes positivas. Ela aparece como a vitória sobre o isolamento ou sobre a fusão com o meio ambiente. Longe de opor-se aos vínculos com os outros, ela alicerça, ao contrário, nossa capacidade de comunicação com o outro e a entrada em comunhão com ele. Acaso não é necessário ter tomado uma consciência de certa profundidade de que a existência é uma aventura eminentemente pessoal, e de que ninguém pode vivê-la em nosso lugar, para de fato compreendermos o itinerário do outro e estar em conivência com ele? Sabemos com clareza que nossos vínculos humanos nos fazem viver; mas talvez tenhamos mais dificuldade de reconhecer que a experiência — quão venturosa — de ser desejado e esperado, nossa capacidade de desejar e esperar um outro, e talvez muitos outros, são ilusórias caso não repousem no respeito mútuo daquilo que faz de cada um de nós um ser único e portanto solitário.

---

5. Cf. o que foi dito no capítulo 3, p. 73 s. sobre os relatos de cura do Novo Testamento. Esse porte do homem e da mulher "de pé" vai acompanhar-nos ao longo de todo este capítulo.

A lei do respeito

O outro pólo da alternativa que acabamos de evocar é, com efeito, resignar-se a "funcionar" em cada uma de suas vidas e a fundir-se com os modos e discursos de seus ambientes sucessivos, deixando erodir insensivelmente a própria interioridade. Nada resiste então ao dia em que um ou vários elementos de uma existência — saúde, trabalho, relações familiares ou outras — desabam. E quando isso ocorre numa escala mais ampla, como em certas regiões ou setores de nossas sociedades onde começam a faltar pessoas que se mantenham de pé, assiste-se ao desmoronamento de toda uma rede de vínculos parentais e sociais; ao passo que sua solidez permite a alguns indivíduos um acesso progressivo à sua unicidade*.

Conhecemos toda essa espiral de desconstrução de um tecido social: as relações entre o homem e a mulher e as estruturas parentais se degradam, obrigando cada um a "se virar sozinho". As gerações se separam, o que conduz os mais jovens a juntar-se em "bandos"; a precariedade econômica e as condições de moradia e de espaço reforçam também esse processo de desestruturação. Compreendemos que encontramos, diante desses fenômenos e com freqüência (mas nem sempre) no outro extremo da escala social, reflexos de proteção e de encerramento sobre a célula ou o clã familiar, sem que isso seja uma garantia contra os mesmos náufragos.

A articulação entre os diferentes tipos de relações, quer sejam familiares (conjugais, parentais, fraternais) ou sociais (de amizade, profissionais, associativas, políticas), tornou-se com efeito extremamente complexa para os indivíduos que somos nós. Ela precisa de um percurso de formação humana, uma espécie de iniciação, em que "o engendramento" do sujeito o confronte simultaneamente com sua solidão e um conjunto de relações, cada uma das quais deve ser situada em seu nível e recebida como uma oportunidade e, eventualmente, como promessa de vida[6].

Como pode a sociedade proteger-se da violência que resulta da desagregação de seus tecidos? Ela é obrigada a fazer intervir nesse âmbito o respeito ao outro sob a forma da lei tão freqüentemente

---

6. Cf. acima capítulo 3, p. 71 s.

codificada na célebre regra de ouro que existe praticamente em todas as culturas, ao menos em sua formulação negativa: "Não faça ao outro o que você detestaria que fosse feito com você!"[7]. Simples indicador da reciprocidade fundamental de todas as nossas relações humanas, ela se apresenta como *norma* de respeito e de justiça a partir do momento em que qualquer dissimetria aparece em nossas relações. E quando a dissimetria se torna o ponto de partida de uma violência (que pode percorrer toda a gama, da simples influência ao assassinato), a norma se traduz inevitavelmente numa lista de ordens ou de interdições: "Não roubarás, não darás falso testemunho contra teu próximo, não matarás..." — lista que as sociedades aprimorarão indefinidamente segundo as situações ou os casos de violência que se apresentem.

A consciência

"Na intimidade da consciência, o homem descobre uma lei. Ele não a dá a si mesmo. Mas a ela deve obedecer. Chamando-o sempre a amar e fazer o bem e a evitar o mal, no momento oportuno a voz desta lei lhe soa nos ouvidos do coração: faze isto, evita aquilo. De fato o homem tem uma lei escrita por Deus em seu coração. Obedecer a ela é a própria dignidade do homem, que será julgado de acordo com esta lei. A consciência é o núcleo secretíssimo e o sacrário do homem onde ele está sozinho com Deus e onde ressoa sua voz. Pela consciência se descobre, de modo admirável, aquela lei que se cumpre no amor de Deus e ao próximo. Pela fidelidade à consciência, os cristãos se unem aos outros homens na busca da verdade e na solução justa de inúmeros problemas morais que se apresentam, tanto na vida individual quanto social."

Vaticano II, Constituição pastoral sobre a Igreja no mundo de hoje
Gaudium et spes, nº 16 (Compêndio do Vaticano II, pp. 158 s.).

Embora necessária, essa proteção que tenta acabar na prática com a espiral de desestruturação pelo monopólio de violência reser-

---

7. Trata-se da forma que Rabbi Hillel lhe dá, enquanto Mateus e Lucas a formulam de modo positivo: "E assim como quereis que os homens façam por vós, fazei do mesmo modo a eles" (Lc 6,31), ou "Portanto, tudo aquilo que quereis que os homens façam a vós, fazei-o vós mesmos a eles; esta é a lei e os profetas" (Mt 7,12).

vado à sociedade ou ao Estado oculta ao mesmo tempo a *fonte de regeneração*. Como sabemos, esta última se encontra numa experiência que não se pode nem ordenar nem programar: a feliz experiência de relações simétricas.

O respeito ao outro tão comumente ameaçado torna-se, com efeito, possível àquele que, de súbito, recorda que um dia ele próprio foi beneficiário da solicitude do outro: "Amareis o migrante, pois fostes migrantes na terra do Egito..." (Dt 10,19) — tradução temporal da reciprocidade implicada na regra de ouro. Mas, de modo bastante evidente, essa feliz recordação pressupõe já a existência de "bons samaritanos", de seres comunicativos que permanecem de pé. Pressupõe seres para quem justiça e bondade não passam primordialmente pela adesão a uma ordem exterior que separa de imediato próximos e distantes, os que fazem parte do clã e os outros, mas para quem bondade e justiça tomam de empréstimo os sinuosos caminhos de sua consciência ou de seu coração. Em suma, pressupõe homens e mulheres vulneráveis ou "sem repouso"[8] na medida em que seu itinerário pessoal não está acabado. É esse aspecto temporal do mistério de nossos vínculos que é preciso agora perscrutar.

ACONTECIMENTOS "REVELADORES"

Que acontecimento deve, pois, produzir-se no itinerário de um ser humano para que ele possa manter-se de pé e eventualmente manifestar sua presença ao outro? Pode-se considerar o que se passa então como acontecimento "revelador", suscetível de ser compreendido na perspectiva aberta pelos relatos de encontros que são os Evangelhos?

"... Todo homem é uma história sagrada..."

O itinerário pessoal de cada um de nós se compõe, com efeito, de uma multiplicidade de episódios mais ou menos significativos,

---

8. Cf. acima capítulo 3, p. 58.

encaixando-se os novos progressivamente na série dos antigos sem que necessariamente estejamos conscientes disso. Mas há situações que têm a virtude de abrir subitamente nosso olhar para a totalidade de nossa existência, por definição inacabada[9]. Nosso ser é então posto em jogo e somos instados à releitura e ao relato, sabendo bem que nossa identidade está ligada ao que podemos dizer e narrar aos outros sobre isso[10].

Alguns autores tentaram fazer uma tipologia dessas "situações de abertura"[11]. Há, por exemplo, circunstâncias em que vivenciamos uma *alegria* intensa que nos preenche e nos recupera ao mesmo tempo, fazendo-nos perceber em nossa existência, na dos outros e na do mundo uma fecundidade até então insuspeitada; mas há também circunstâncias de *luto*, quando o desaparecimento de alguém ou daquilo que durante muito tempo motivou nosso investimento ou suscitou toda a nossa energia nos deixa como estéreis, vazios e sem gosto de viver. Existem situações de forte *angústia* em que bruscamente oscilamos e nosso ambiente vacila; existem também momentos de *consolação* nos quais a presença benevolente de uma pessoa próxima ou de uma menos próxima nos comunica a certeza de que nossa existência é conduzida ou protegida. Algumas circunstâncias, como a descarga súbita de uma *violência*, nos confrontam com o desencadeamento de forças até então desconhecidas, com a própria ameaça do caos, enquanto outras, como uma *reconciliação* inesperada, manifestam nossas possibilidades de conter a inimizade ou a raiva e fazer triunfar a bondade. Há situações de *amor fiel* nas quais nos descobrimos reconhecidos, incondicionalmente, e ao mesmo tempo tocados pela beleza e pela amabilidade de um outro ser, a tal ponto que de súbito o mundo inteiro parece afável e transfigurado; mas o *tédio* não está longe, quando um dia avaliamos o lado superficial ou vazio do real.

---

9. As "situações de abertura" que serão abordadas agora atualizam, no itinerário de um indivíduo, a indeterminação ou a abertura *inicial* do real e de cada existência, já evocada no capítulo 1, p. 29 s. e analisada no capítulo 3, p. 58 s.

10. Cf. o que já foi dito acima, p. 129-130, sobre nossa "identidade narrativa".

11. Os ingleses falam de *disclosures situations*; cf. RAMSEY, I. T., *Religious Language. An Empirical Placing of Theological Phrases*, London, 1969.

O tempo de uma "abertura"

"Para tudo há momento, e tempo para cada coisa sob o céu: tempo de dar à luz e tempo de morrer; tempo de plantar e tempo de arrancar o que se plantou; tempo de matar e tempo de curar; tempo de solapar e tempo de construir; tempo de chorar e tempo de rir; tempo de lamentar e tempo de dançar; tempo de atirar pedras e tempo de juntar pedras; tempo de abraçar e tempo de evitar o abraço; tempo de procurar e tempo de perder; tempo de guardar e tempo de jogar fora; tempo de rasgar e tempo de costurar; tempo de calar e tempo de falar; tempo de amar e tempo de odiar; tempo de guerra e tempo de paz. Que proveito tira o operário do trabalho que faz? Vejo a ocupação que Deus deu aos filhos de Adão para se ocuparem. Ele faz tudo belo a seu tempo, e dá ao coração humano até o sentido, sem que o homem possa descobrir a obra que Deus faz do começo ao fim."

Eclesiastes 3,1-11

A lista dessas "situações de abertura" poderia ser ampliada sem dificuldade; cada um pode contribuir com sua própria experiência, ajudando-se eventualmente das contribuições, ilimitadas nesse domínio, de obras literárias ou da poesia. Todas elas têm em comum fazer-nos emergir do fluxo repetitivo do tempo e abrir subitamente como uma janela sobre o todo de nossa existência e seu caráter necessariamente inacabado. Essa *abertura estrutural*, como de resto o *contraste* inevitável entre as circunstâncias evocadas há pouco, necessita que aquele que se comprometeu por experiência tome posição e interprete o que ocorre nesse contexto; já sugeríamos isso no capítulo 3. Nunca dado de antemão, o sentido da vida depende com efeito da livre escolha; as "situações de abertura" funcionam portanto como chamado à decisão, que costuma passar por uma releitura, ao menos implícita, do que foi vivido, até por meio de um relato feito a qualquer um, mas que vise sobretudo orientar o futuro reaberto por elas.

Podemos então perguntar-nos se os episódios evocados anunciam *algo de novo*, uma alteridade que altera e transforma de maneira definitiva uma existência, ou se permanecemos numa *indecisão última* quanto ao contraste entre a vertente noturna e o lado luminoso da vida, contraste manifesto em todas as experiências evocadas até aqui.

"Há verdadeiramente algo de novo sob o sol?" (cf. Ecl 1,9), perguntam-nos no início do percurso, sabendo que, para a tradição judaica e cristã, o aparecimento definitivo de uma novidade é a principal característica da Revelação[12]. Ninguém pode responder no lugar de outro, recordemos. Mas o acontecimento "revelador" que evocaremos agora *pode* pleitear a causa da "novidade".

Despojamento

Parece com efeito que ao menos duas situações, de resto freqüentemente ligadas, são suscetíveis de introduzir uma cesura definitiva numa existência, cortando a trajetória de um ser em dois tempos, um "antes" e um "depois"[13].

Toda decisão que compromete a totalidade de um itinerário é desta ordem: a escolha, por exemplo, de permanecer celibatário ou de ligar-se a um parceiro, de comprometer-se numa profissão que exclui outras opções ou de fazer de sua vida outra coisa ainda. A relação se mostra do mesmo tipo se se passa do simples encontro, feito de modo imprevisto, a uma existência de duração e de fidelidade. Sem dúvida, é possível contestar a natureza definitiva dessas decisões; a insistência recairá então no caráter provisório de tudo o que vivemos e se colocarão as experiências sucessivas de uma vida num mesmo plano. Mas, digamo-lo, nada exclui a possibilidade de comprometer-se num *vínculo de fidelidade a si mesmo e ao outro*, vínculo que passará a transcender o fluxo do tempo para aí esboçar já uma "consumação".

Com efeito, esse gênero de decisão ou de relação esconde a misteriosa virtude de fazer qualquer um sair de si a ponto de permitir-lhe depor livremente sua vida nas mãos do ser amado... e de recebê-la a partir de então dele numa troca inteiramente gratuita, sem que se saiba qual dos dois atos, despojamento de si ou acolhida, precede o outro. A espécie de vulnerabilidade, próxima da morte, produzida pela confissão amorosa entre o homem e a mulher ajuda a compreender que esse gesto é fruto de um verdadeiro desenlace porque tão pouco

---

12. Cf. acima capítulo 1, pp. 28 s., 33 e capítulo 4, p. 114-115.
13. Cf. acima capítulo 4, p. 114.

"natural" para seres centrados em si mesmos. Mas nesse momento tudo se passa como se o pressentimento de uma vida incondicional e superabundantemente concedida tornasse alguém, pela primeira vez, capaz de pôr sua própria vida em jogo.

O mandamento do amor

"Não, sem dúvida, não se pode dar ordens ao amor; ninguém pode comandá-lo nem obtê-lo pela força. Ninguém o pode, mas um único o pode. O mandamento do amor não pode senão advir da boca do amante. Só aquele que ama, mas veridicamente, pode dizer e de fato o diz: Ama-me. Em sua boca, o mandamento do amor não é um mandamento estranho, não é senão a voz do próprio amor. O amor daquele que ama tem como uma única palavra para exprimir-se o mandamento. O restante já não é mais a expressão imediata, mas explicação — explicação do amor. A explicação do amor é muito pobre, como qualquer explicação, vem sempre atrasada e, portanto, como o amor do amante está no presente, vem, no sentido próprio, sempre tarde demais. Se a amada não abrisse os braços com generosidade, na eterna fidelidade de seu amor, para acolhê-lo, a explicação cairia absolutamente no vazio."

ROSENZWEIG, Franz, *L'étoile de la Rédemption* (1921), Paris, Le Seuil, 1982, p. 210.

Percebe-se bem, neste contexto, a coincidência entre vínculo e solidão. O entrelaçamento entre os vínculos que nos precedem e que nós mesmos livremente fazemos existir — esquecemos esse misterioso paradoxo?[14] — poderia com efeito levar à paralisia, à própria desestruturação de que ele é também questão: como sabemos por experiência, pôr a própria vida em jogo não produz necessariamente uma relação e o vínculo não engendra forçosamente a capacidade do sujeito de se tornar vulnerável ao chamado do outro. Nada é evidente nesse domínio, e a ilusão que consiste em opor liberdade e vínculo não deixa de nos espreitar.

Há portanto, verdadeiramente, *desvelamento*, e desvelamento "milagroso", quando de súbito minha liberdade e minha relação com um

---

14. Cf. acima, p. 128 s.

próximo advêm ao mesmo tempo, a relação consigo e a relação com o outro passando doravante uma pela outra. Há desvelamento, e desvelamento "revelador", porque os sujeitos oscilam então — no instante de um piscar de olhos ou de um balbucio de voz — da indecisão à *prevalência* da face luminosa de sua existência. Há desvelamento, enfim, porque esse acontecimento põe de pé os interessados e os torna capazes de manifestar bondade e solicitude não só ao ser amado, mas a muitos outros — o que era, como nos lembramos, a primeira defesa verdadeira contra a desestruturação de nossos tecidos humanos. Tínhamos qualificado como primordialmente "milagroso" o fato de que *alguém se mantenha de pé* na abertura infinita do real, perguntando-nos em seguida que *acontecimento* — *"revelador"* — conseguiria produzir essa postura. A resposta nos veio do "milagre" de um tipo de encontro que torna o sujeito capaz de pôr sua existência em jogo. E quando esse encontro se inscreve na *duração*, a primeira aceitação de uma vulnerabilidade — pensemos na declamação de amor — aparecerá logo depois como antecipação da morte. Não era nossa intenção sugerir que aqueles e aquelas que vivenciam o caráter puramente provisório do amor careçam dele. Mas duração e fidelidade *podem* produzir um amadurecimento, intimamente ligado à nossa experiência de mortalidade, cujo cenário tentaremos agora compreender.

"SÓ TENHO UMA VIDA"

Com efeito, essa expressão resume perfeitamente a espécie de descoberta que podemos fazer quando enfrentamos de repente o limite que é a nossa própria morte. É preciso fazê-lo, de todo modo, para arriscar ou comprometer, aqui e agora, *toda* a sua vida. Às vezes, essa passagem é imediatamente vivida em toda a sua profundidade. Com freqüência, como veremos, ela exige um amadurecimento, ligado a uma espécie de "pesagem" que pode durar toda uma vida. Nesse caminho, voltamos a encontrar-nos com aqueles e aquelas que "se mantêm em pé", também denominados por nossa tradição "santos". Eles nos ajudarão a entrar, mais ainda, na experiência de "revelação" que já desponta em alguns encontros "reveladores" evocados até agora. Mas comecemos por examinar o enigma da morte.

O enigma da morte

Como seres biológicos, estamos de fato totalmente integrados à evolução do ser vivo. Nesse âmbito, a morte aparece ligada à "sexualidade" (quando os seres se reproduzem por cissiparidade ou gemiparidade, não se trata ainda verdadeiramente de questão de morte): a geração dos seres vivos continua; a morte é sua condição. Ora, o que caracteriza o homem é o fato de que ele *sabe* que é mortal. Nossa consciência é, por assim dizer, dupla: por um lado, sabemos que somos diferentes, "mais que" a vida biológica, porque conscientes de nossa mortalidade; e, por outro, sabemos também que a vida perderia todo o seu peso se pudéssemos indefinidamente recomeçá-la, repor sem cessar o contador em zero. O exemplar que sou existe tão-somente uma vez, ele é único; nascimento e morte são como selos apostos sobre ele que, juntos, lhe dão esse peso de unicidade.

Entretanto, não se pode esquecer a profunda ambivalência da experiência fundamental da vida. Em lugar de ser experimentados como dom, a consciência de nossa mortalidade e o chamado a deixar advir a própria unicidade* são com freqüência lugares em que se manifesta o "medo de ser", provocando inveja, até violência. Gostaríamos de comparar nossas vidas, o que pressupõe o imaginário de uma "medida" comum; embora devesse conduzir-nos à incomparável "desmedida" representada pela unicidade de cada indivíduo, essa comparação desliza sem cessar para a inveja e resulta na violência que se prevalece da vida do outro em benefício da própria; processo obscuro, sem dúvida, em que a unicidade de um pode provocar, sem sabê-lo, a inveja do outro, no qual o medo de ser do outro pode suscitar uma violência que se encarniça contra o único a seu redor.

Na raiz dessa terrível confusão, verificamos o que as Escrituras fustigam como mentira: a sugestão, a insinuação contínua de uma conivência entre os limites da vida — a morte — e uma inveja fundamental com referência ao mundo vivo, seu egoísmo de base com relação àqueles que dele são os beneficiários e os portadores.

Convém recorrer aqui, uma vez mais, ao vocabulário do "milagre" para fazer compreender a espécie de espanto que produz, nessa situação, o nascimento da "coragem de ser"[15] num sujeito: quando ele descobre de repente, e sempre graças ao encontro com o outro, que a "desmedida" de sua própria unicidade — aquela que lhe provocava medo — está na realidade "à sua medida"; ou — o que é a mesma coisa — quando, para ele, a perspectiva da morte perde seu fascínio. A morte torna-se então para ele a marca de um fim que transformará sua vida em *totalidade misteriosa*. Todos os dias, ele pode já recebê-la em sua unicidade, sem se deixar arrebatar por uma comparação mortífera deste ou daquele momento, deste ou daquele elemento de nossos percursos humanos.

A coragem de ser

"Toda tentativa de definir a coragem se encontra diante desta alternativa: ou o termo coragem designa uma virtude entre outras, integrando-se, no sentido amplo, à fé e à esperança; ou conserva seu sentido amplo e a fé é interpretada a partir de uma análise da coragem. Seguiremos [...] esta segunda via, em particular porque estou convencido de que a 'fé', mais do que qualquer outra noção religiosa, deve ser reinterpretada dessa maneira. [...]

A coragem de ser, sob todas as suas formas, detém por si mesma um caráter revelador. Ela mostra a natureza do ser, mostra que a auto-afirmação do ser é uma afirmação que supera a negação. [...] Eis por que descrevemos melhor o ser pela metáfora de 'potência do ser'. A potência é a possibilidade que um ser tem de atualizar-se contra a resistência dos outros seres. Se falamos da potência do próprio ser, queremos dizer que o ser se afirma a si mesmo contra o não-ser. [...] Mas onde há não-ser há finitude e angústia. Se dizemos que o não-ser pertence ao próprio ser, dizemos que a finitude e a angústia lhe pertencem igualmente. Todas as vezes que os filósofos ou os teólogos falaram da beatitude divina, mencionaram implicitamente — e às vezes de modo explícito — a angústia da finitude que é integrada eternamente à beatitude divina. [...]

É apenas porque o próprio ser possui o caráter da auto-afirmação a despeito do não-ser que a coragem é possível. A coragem é uma participação na

---

15. Tomamos de empréstimo esse conceito, já utilizado no capítulo 3, p. 73, de Paul Tillich (*Le courage d'être* [1952], Paris, Casterman, 1967), sem adotar a interpretação "ontológica" que o teólogo americano dá a esse termo.

afirmação de si do próprio ser, ele participa dessa potência do ser que o faz prevalecer sobre o não-ser. Aquele que acolhe essa potência num ato de fé místico, de fé pessoal ou de fé absoluta tem consciência da fonte de sua coragem de ser."

TILLICH, Paul, *Le courage d'être* (1952),
Paris, Casterman, 1967, p. 22 e 171-173.

A Epístola aos Hebreus é o único texto neotestamentário a decifrar a identidade de Jesus de Nazaré a partir desta "evidência" antropológica muito simples: "O destino dos homens é morrer uma só vez [*hapax*]" (Hb 9,27). Se faz parte da condição comum passar toda a vida numa situação de escravo por medo da morte (cf. Hb 2,14), e de súbito vem alguém, *por uma maneira inteiramente nova de viver e antecipar o acontecimento único de sua morte*, "reduzir à impotência aquele que detinha o poder da morte" e libertar aqueles que vivem no medo (Hb 2,14)... nesse caso, "uma só vez" (*hapax*) é transformado em "de uma vez por todas" *(ephapax)*. Compreende-se a partir disso que a maneira de Jesus de viver a morte em nossa humanidade "feita de sangue e de carne" se torna objeto de esperança para aqueles que o precederam; compreende-se que o desaparecimento do "medo de ser", experiência de "libertação definitiva" (Hb 9,12) e de "segurança plena" (Hb 10,19) faça de nós, como dele, os "herdeiros da criação" (Hb 9,12)[16].

Os santos

Nossa descoberta de não ter senão uma única vida — descoberta tornada possível pelo confronto com nossa mortalidade — é cercada por uma profunda ambivalência; ela está na raiz da tríade infernal — inveja, violência e mentira — que nos acompanha desde o início deste capítulo. Mas ela é também, e sobretudo, o lugar do qual pode emergir uma força de consciência capacitada a realizar a regra de ouro e a perceber, nessa circunstância, que o apagamento em benefício do

---

16. Aspecto que desenvolveremos mais detidamente no capítulo 7.

outro permite a este o acesso ao que ele é. Essa força ou essa coragem são desencadeadas, se assim posso me expressar, graças ao encontro com o outro; mas para chegar ao cerne de si mesmos, eles devem enfrentar a perspectiva da morte. É esse confronto que caracteriza os santos, quer se trate de Jesus de Nazaré ou de muitas outras figuras do passado e do presente, ultrapassando em muito algumas fronteiras do cristianismo instituído.

Basta recordar aqui a valiosa indicação da Epístola aos Hebreus[17] ou os critérios já estabelecidos no capítulo 4 quando relemos o Apocalipse: são considerados santos "aqueles que não amaram sua vida a ponto de temer a morte" (Ap 12,11), "aqueles cuja boca não conheceu a mentira" (Ap 14,5)[18]. Mas esses pontos de referência não nos são dados para pôr eventuais candidatos em um pedestal; não é seu caráter heróico ou excepcional que atrai a atenção do Novo Testamento, mas certa experiência de humanidade, vivida por uma inumerável multidão de seres humanos (Ap 7,9 e 19,1 ss.). É por isso que estamos interessados de imediato por essas mulheres e esses homens que "permanecem de pé" e que, embora vivendo nos bastidores de nossas sociedades, sustentam de fato toda uma rede de vínculos familiares e sociais.

Juntemos portanto as duas facetas inseparáveis dessa santidade, tais como as Escrituras no-las dão a discernir nessas existências, esperando que permitamos ser atingidos pelo espaço de irradiação ou de energia que eles deixam escapar da penumbra de uma vida comum.

Com efeito, encontramos nesse âmbito pessoas que se tornaram capazes de brilhar através tão-somente de sua presença, visto que nelas pensamentos, palavras e atos concordam absolutamente numa espécie de simplicidade de consciência que os Evangelhos designam pelo "sim que é sim" e "o não que é não". Se sua "autenticidade" constitui a vertente interior da santidade, esta resulta ao mesmo tempo de um contexto relacional que Lucas e Mateus explicitam com base na regra de ouro, já várias vezes evocada: "Tudo aquilo que quereis que os homens façam a vós, fazei-o vós mesmos a eles: esta é a Lei e os Profetas" (Mt 7,12).

---

17. Cf. página anterior.
18. Cf. acima capítulo 4, p. 111-112.

Longe de deixar-se reduzir à reciprocidade fundamental que regula nossas relações, essa regra faz um discreto apelo a uma atitude desmesurada, a capacidade paradoxal de "pôr-se no lugar do outro" sem deixar seu próprio lugar, sempre nesta ou naquela situação concreta; quando se trata de reunir-se ao outro por simpatia e compaixão ativa: "Quem é meu próximo?"... aquele de quem me acho próximo, segundo uma inversão excessiva, em absoluto exigível mas proposta nesta ou naquela situação inesperada (Lc 10,25-37); quando se trata de entrar na perspectiva do outro a ponto de tomar sobre si sua violência: "se te lembrares que seu irmão tem algo contra ti [...] vai primeiro reconciliar-te com o teu irmão", de acordo com a mesma inversão messiânica que conduz aqui à coragem de expor-se à violência do outro (Mt 5,23 ss.). A santidade é, pois, a realização *desmesurada* da regra de ouro. Ela põe à prova a concordância do sujeito consigo mesmo, a simplicidade de seu coração, e subordina seu irradiar à sua capacidade de apagar-se em benefício do outro.

A pesagem

Ninguém é obrigado a antecipar a própria morte e a pôr sua existência em jogo respondendo à inveja, à violência e à mentira pelo dom de sua vida. Pode-se legitimamente compreender o próprio itinerário como uma seqüência de episódios, tão provisórios, em sua totalidade, uns quanto os outros. O aparecimento de existências dotadas da estatura de "santos" é portanto, a cada vez, fruto de uma escolha de vida e, porque de maneira nenhuma exigível nem evidente, uma manifestação "milagrosa" de uma abundante gratuidade. O brilho dessas pessoas, ainda que apagadas, pode ser sua marca. Tudo se passa como se a aparente desmedida do que vivem lhes estivesse pregada no corpo, dando-lhes uma espécie de facilidade que os mantém à distância de todo heroísmo voluntarista. Esse apagamento faz aparecer a liberdade que eles têm com relação a si mesmos e abre ao mesmo tempo um espaço em que muitos outros podem encontrar asilo e sentir-se à vontade[19].

---

19. Cf. o que foi dito no capítulo 4, p. 89 s., acerca da posição de Jesus de Nazaré.

A Revelação

O brilho no rosto de alguém pode ser fugidio, ligado a um dos acontecimentos "reveladores" que se dão em toda vida. Existem até itinerários que se resumem e desembocam num acontecimento decisivo de um tipo em que todos os elementos evocados há pouco se ligam ao encontro: encontro e solidão, morte e dom de si, apagamento e irradiação. O acontecimento é então tão poderoso que coloca aquele que nele está envolvido diante de uma escolha crucial, já — ou quase já — tomada, de tal modo é grande sua disponibilidade interior; a tradição cristã reconhece aí a figura do mártir.

Mas há também inumeráveis caminhos destinados a um longo amadurecimento. Com efeito, tantas pessoas marcadas pelas dificuldades de suas condições de existência, buscando corajosamente orientar sua vida de maneira sensata, fazendo de sua solidão um lugar de comunicação e deixando-se despojar pelas circunstâncias até fruir, com grande modéstia, sua única riqueza verdadeira, que são os outros. O brilho não está ausente desses itinerários; pelo contrário, ele pode assumir múltiplas formas, mal esboçadas ou distintamente inscritas em corpos ou rostos que mostram ao mesmo tempo evidentes marcas de sofrimento.

O característico da duração é com efeito nos desapossar de nosso amadurecimento: submetidos à degradação, à dor e ao mal, nós não escapamos à lancinante questão do "por quê?", do "por que eu?". E, despossuídos progressivamente de todas as respostas exteriores, permanecemos finalmente sós com uma espécie de "pesagem" que ninguém pode fazer em nosso lugar, "ponderação" que portanto nos cabe e que, ao mesmo tempo, se realiza independentemente de nós, nesse desapossamento que é a última perspectiva da vida.

Aquilatar é comparar[20] o peso qualitativo das coisas e das experiências, ou registrar o que tem e o que não tem mais peso, e isso num ambiente em que as "medidas" não cessam de mudar. Esse processo tem seu peso e requer tempo: os sofrimentos da vida devem ser interpretados e, sobretudo, a mentira em nós e em torno de nós precisa ser detectada[21]. A interpretação costuma vir acompanhada de lamentações;

---

20. Cf. o que foi dito no capítulo 1, p. 27-28, sobre a comparação.
21. Cf. acima, p. 138.

acaso poder lamentar-se não é já o anúncio de uma superação, como se uma solidariedade com todo o mundo vivo se estabelecesse assim, aquém de uma palavra articulada e acima dos limites de nossa condição singular? Esse processo pode enfim desembocar na descoberta de um "sem medida", de uma "desmedida", como já sugeri anteriormente, descoberta do incomparável da vida.

É possível que tenhamos reconhecido, nesta trajetória, o percurso do capítulo 8 da Epístola aos Romanos, na qual todas as tentativas bíblicas de avaliação se renovam: "Eu *estimo,* com efeito" — diz Paulo — "que os sofrimentos do tempo presente não têm *proporção* com a glória que deve ser revelada em nós" (Rm 8,18). Para o apóstolo, no entanto, só a compaixão do Espírito de Deus que se lamenta em nós pode fazer a pesagem e mostrar-se crível a nossos olhos. Ela prepara a surpreendente *inversão de perspectiva*, quando o coração e a inteligência adotam subitamente — no vazio do desapoderamento — a avaliação da vida pelo próprio Deus, consignada neste simples provérbio: "tudo concorre para o bem dos que amam a Deus" (Rm 8,28).

BEM-AVENTURADO!

Examinamos detidamente o mistério de nossas relações sem nunca abandonar o chão de nossas experiências: deixando-nos sobretudo surpreender e seduzir por figuras humanas que permanecem de pé, portadoras às vezes alegres de vínculos parentais e sociais, não foi nossa intenção negligenciar o enigma de nossa mortalidade. Lugar de uma confusão difícil de desemaranhar, a perspectiva da morte se apresenta de fato, ao mesmo tempo, como oportunidade de poder, aqui e agora, pôr a integralidade da própria vida em jogo e como experiência de degradação que nos despoja daquilo que, num longo processo de amadurecimento, se terá tornado incomparável.

Graças a esse percurso, o conceito de "revelação", bem presente na linguagem comum (capítulo 1) e fixado pela tradição bíblica e cristã num certo sentido (capítulos 2 e 4), progressivamente assumiu inúmeras significações; várias vezes, nós o identificamos com o conceito de "milagre", simplesmente para atrair a atenção para o que, em nossas relações, não é em absoluto evidente. Assim, do olhar ainda global sobre o mistério de nossos vínculos, passamos aos acontecimentos decisivos de uma vida, dando-lhe sentido e orientação. Por fim, abordamos a globalidade de uma existência de "santidade" que se manifesta a um só tempo no dom de si e no apagamento, incluindo-se aí aquele que opera na prova da degradação. O brilho discreto dessas existências e a luminosidade ou a energia que delas emanam foram discernidos como traços de uma Revelação cuja figura humana se foi precisando, portanto, em todo o decorrer de nosso caminho.

O observador observado

"Todos os amigos de Deus [*theophileis*] ocupam-se de escapar ao turbilhão dos negócios constantemente transtornados pela agitação das ondas, para pôr-se no ancoradouro dos portos calmos e seguros. Não vê você, como é dito de Abraão, o sábio, que "permanece de pé diante do Senhor" (Gn 18,22)? Com efeito, quando é normal para a inteligência poder manter-se de pé sem mais oscilar como numa balança senão quando ela está diante de Deus, observadora e observada? Pois então seu equilíbrio vem de duas coisas: do fato de que ela vê o Incomparável e, em virtude disso, não é arrebatada em sentido contrário por realidades semelhantes a ela, bem como do fato de que é olhada, porque a alma que o julgou digna de Seu olhar, o Mestre a escolheu tão-somente por sua excelência, Ele próprio.

FÍLON de Alexandria, *De somniis II*, em *Les oeuvres de Philon d'Alexandrie 19*, Paris, Le Cerf, 1962, p. 226ss.

Mas é legítimo recorrer assim à auto-revelação de Deus? Tivemos razão de ter seguido o apóstolo Paulo, em sua pesagem das coisas da vida, a ponto de adotar seu ato de fé que *inverte* as perspectivas e adota o de Deus? É apenas me ouvindo, a mim mesmo, murmurar um "bem-aventurado és tu"[22] que posso suspeitar, no brilho do outro ou num clarão em seu rosto, a presença de uma palavra desse tipo. Ela deve ter vindo, para cada um de nós, de nosso âmago mais profundo

---

22. Cf. o que dito no capítulo 4, p. 114, sobre os sete "bem-aventurados" do Apocalipse de João.

para ter podido, um dia, con-vencê-lo definitivamente de sua legitimidade, a despeito dos sofrimentos e confusões evocados anteriormente; ela pode mostrar-se *ao mesmo tempo* como vinda de outro lugar — palavra de um Outro — quando se avalia que seu peso é *sem proporção* com aquilo que toda uma vida pode sustentar. Qual seria, além disso, a força de convicção de uma palavra que eu ouvisse *dizer* a mim mesmo sem *ouvi-la* ao mesmo tempo dita por um *outro*?

"Ressurreição"

Por conseguinte, há uma promessa escondida no mistério de nossos vínculos, uma promessa que não podemos exprimir sem utilizar o vocabulário da "ressurreição". Acaso já não descobrimos que, embora sendo "mais que" a vida biológica, cada uma de nossas existências recebe, pelo *bem-aventurado* limite da morte (e em primeiro lugar pelo do nascimento), sua unicidade incomparável?

Ora, é impossível representar essa vida em sua "consumação"[23], estado que antecipamos, entretanto, quando ouvimos realmente uma palavra de bondade. A terminologia da "ressurreição" nos induziria portanto a erro se nos levasse a prolongar indefinidamente, por nossa imaginação, o tempo e a contornar assim o fato brutal da morte; como se a eternidade fosse um simples prolongamento do tempo. A própria Escritura evita essa armadilha ao fazer uso de metáforas como a do grão de trigo que caiu na terra (Jo 12,24; 1Cor 15,36; também Mc 4,3) ou a da árvore da vida (Gn 2,9 e Ap 22,2). Essas imagens visam de fato nosso misterioso centro de amadurecimento que nos escapa sempre mais, à medida que avançamos nos caminhos, centro porém inteiramente aberto às nossas escolhas de vida.

O vocabulário da "ressurreição" designa então, por fim, o alcance da consumação que se apresenta como possível desde que escrutemos o mistério dos vínculos humanos em suas diferentes dimensões: *toda decisão que compromete a vida e a morte* é já uma presença de eternidade no tempo; o mesmo vale para *nossas relações, desde que impliquem duração*

---

23. Cf. acima, p. 136.

A Revelação

e fidelidade, como indicamos. Relação e unicidade manifestam harmoniosamente que afinal de contas o invisível ou o silêncio têm mais peso carnal do que vemos ou ouvimos: quando a silhueta do ser amado desaparece de meus olhos e sua voz se extingue — na experiência do luto, por exemplo —, a relação deixa sua marca carnal em mim.

Por esse tipo de experiência e muitos outros ainda, somos chamados a uma conversão de nossos sentidos, lenta descoberta — entabulada desde o começo de nosso percurso — do fato de que nossas relações nos precedem e de que estamos nesse âmbito como suspensos (como pilares suspensos de uma ponte ou, como diziam os medievais, uma árvore invertida cujas raízes estão no céu?) Mas como imaginar ainda vínculos quando os seres que se comunicam desaparecem na sombra da morte?

Esse paradoxo se estende a perder de vista quando situamos nossas relações na imensa rede dos seres falantes. Com efeito, é impossível encarar a perspectiva de realização, inscrita em nossos vínculos, sem considerar essa *solidariedade fundamental que une toda a humanidade*: a língua é um fato, imediatamente dado, num plural intransponível, como o que nos faz passar da natureza à cultura. Reencontraremos esse aspecto histórico no capítulo 6; mas não podemos já não avaliar o que implica o comprometimento, tão característico do "santo", de manifestar sua solicitude não apenas ao ser amado, mas a muitos outros ainda.

Essa abertura inteiramente simples que, apoiada numa justiça e numa bondade para com todos, reaviva e aguça ainda o *paradoxal entrelaçamento* dos vínculos que nos sustentam e de nós mesmos que os fazemos existir. O que seriam uma justiça e uma bondade para com todos que não implicassem aqueles e aquelas já mortos e que morrerão ainda por essa causa, sem ter visto com os próprios olhos o que todavia tinham inaugurado? Mas, perguntemos uma vez mais, como imaginar esse tipo de reencontros que a tradição cristã denomina "comunhão dos santos" diante do inexorável fato da morte?

Dar a entender, num balbucio, como um homem pode esperar o que deve vir

"Quando os anjos da morte tiverem esvaziado as moradas de nosso espírito de todos os vãos detritos que denominamos nossa história (ainda que a essência verdadeira da liberdade efetuada deva evidentemente subsistir); quando todos os astros de nossos ideais com os quais tínhamos presunçosamente envolvido os céus com a nossa existência deixarem de brilhar e se extinguirem; quando a morte tiver instalado um silêncio terrível de vazio e quando, na fé e na esperança, tivermos consentido silenciosamente com esse vazio como nossa essência verdadeira; quando o que tivermos conhecido até o fim da vida, por mais longa que tenha sido, não nos parecer mais que uma única e curta explosão de nossa liberdade, uma explosão que não teria duração para nós senão por um efeito de diminuição e na qual a questão se transformaria em resposta, a possibilidade em realidade, o tempo em eternidade e a libertação oferecida em liberdade realizada; quando, num imenso pasmo e num indizível júbilo, ele revelar então que esse vazio sem fundo e sem palavras que sentimos como uma morte é pleno, na realidade, do mistério primordial que chamamos de Deus, de sua pura luz, de seu amor que a tudo apreende e tudo oferece, que vem então, por acréscimo, sobre esse fundo de mistério sem figura, aparecer a nós e mostrar-nos o rosto de Jesus, o Abençoado, e que essa figura concreta revelar-se a oferta pela qual Deus transpõe por completo nosso consentimento, por mais autêntico que seja, fazendo prevalecer seu mistério inapreensível e sem figura, então, sim, é então, é aproximadamente desse modo que eu gostaria, não, a bem da verdade, de descrever o que vem, mas de dar a entender num balbucio como um homem pode esperar provisoriamente o que deve vir ao experimentar o ato devorador da morte como o surgimento, já, do que vem."

RAHNER, Karl, *Expériences d'un théologien catholique,* Paris, Carisprit, 1985, pp. 39-41 (conferência pronunciada alguns dias antes de sua morte, por ocasião de seus 80 anos, em LEHMAN, K. [org.], *Vor dem Geheimnis Gottes den Menschen verstehen. Karl Rahner zum 80.* Geburtstag, München-Zürich, 1984, 105-119, traduzido por R. Mengus).

Engendrado pelo Pai

Além do fato de que nossas Escrituras associam estreitamente "revelação" e "ressurreição"[24], esses dois termos partilham ainda a

---

24. Cf. o que foi dito a esse respeito no início do capítulo 4, p. 86-87.

condição de ser tomados de empréstimo pelos primeiros cristãos a seu ambiente cultural. Recordemos a surpreendente observação do apóstolo Paulo a esse respeito: "Se não há ressurreição dos mortos, também Cristo não ressuscitou..." (1Cor 15,13 ss.). Nós portanto nos interessamos, desde o primeiro capítulo, pelas experiências humanas de "revelação" em nossas sociedades e acabamos de fazer um percurso análogo com vistas à perspectiva da "ressurreição". Mas uma coisa é examinar, eventualmente à luz da fé, o que oculta o menor de nossos encontros; outra coisa é chegar a essa própria fé.

Aqui intervém por fim *a Revelação, no sentido pleno do termo*, como *auto-revelação de Deus*. Ela conjuga então várias facetas de nossa experiência, reatando-as, de uma única vez, numa coerência interna. A base é fornecida por nossos itinerários em constante relação; abordamos isso em detalhe neste capítulo. Mas já que eles são de imediato abertos ao brilho de outras existências, à presença de "barqueiros"[25] ou de "santos", não é inconcebível que o itinerário de Jesus de Nazaré esteja aí como "integrado", a partir de uma leitura atenta dos relatos evangélicos, tal como propusemos no capítulo 4.

Acaso não foi já percebido nesse contexto o trabalho da perspectiva da "ressurreição", precisamente em relações prometidas de imediato a um futuro que transcende a morte? Recordemos o momento em que o drama evangélico se ata e se desata ao mesmo tempo: quando a identidade messiânica de Jesus é expressa nos termos de uma maneira de ser ou de uma "forma de vida" e quando o despojamento de si — *perder sua vida... e assim salvá-la* — se manifesta como segredo de sua transfiguração[26]. Os relatos adquirem então uma função "inspiradora" ou "reveladora", unindo-se, por assim dizer, aos acontecimentos "reveladores" de nossas próprias existências, em particular a nossas decisões e nossos encontros, bem como à descoberta jubilosa[27] de que só temos uma vida.

Necessária para falar da Revelação no sentido cristão do termo, essa referência do discípulo ao itinerário de Jesus de Nazaré não é porém suficiente. O ato de fé se dirige ao próprio Deus: é seu Espírito, por si só, que pode convencer-nos da presença de Jesus ressusci-

---

25. Cf. acima capítulo 3, p. 75 s.
26. Cf. acima capítulo 4, p. 94 e 105 (quadro).
27. Cf. também as "bem-aventuranças" (Mt 5, 3-12 //).

tado na orientação interna de nossas vidas; já o sugerimos ao seguir a "pesagem paulina" na Epístola aos Romanos[28]. Quando essa convicção se produz de repente numa existência, é então, e somente então, que se pode falar de *auto-revelação de Deus*. Os relatos da aparição do Ressuscitado correspondem a esse momento; são relatos da Revelação, quer se trate da narração que o apóstolo Paulo faz de sua experiência[29] ou de episódios que se encerram nos quatro evangelhos. O próprio Deus aí se revela como O Vivente — "o-Deus-que-faz-viver-os-mortos-e-chama-à-existência-o-que-não-existe" (Rm 4,17)[30] — ao mesmo tempo em que nos faz adotar, do fundo de nós mesmos, sua perspectiva sobre Jesus *e* sobre a nossa vida.

Sem dúvida, sempre se poderia dizer que essa experiência da Revelação fica reservada à primeira geração e que não temos acesso a ela senão passando pelo testemunho dos apóstolos. Mas, olhando em detalhe a forma dos relatos da aparição, não tardamos a perceber que são compostos de tal maneira que todo leitor pode encontrar ali seu próprio lugar; pensemos nos discípulos-apóstolos sem nome — um dos dois companheiros que se dirigiram a Emaús, em Lucas (Lc 24,13-15), ou no "bem-amado" do Evangelho segundo São João (Jo 20,3-10) —, ou ainda em todas as outras figuras de identificação, como as três mulheres (Mc 16,1-8 //), Maria Madalena em sua solidão (Jo 20,1 ss. e 11-18), Pedro (Jo 20,3-10) e Tiago (Jo 20,24-29) etc. Trata-se ainda de relatos de "encontro" que dão lugar, amplamente, à dúvida e à lentidão dos corações. O jogo de presença e de ausência, de aparição e de desaparição do Ressuscitado provoca e acompanha sua "passagem" e sua "recepção" progressiva na interioridade dos fiéis[31], fundando doravante cada um *em sua unicidade e em seu vínculo com todos*.

---

28. Cf. acima p. 145; cf. também Rm 8,14-17: "Com efeito, os que são conduzidos pelo Espírito de deus, *esses* é que são filhos de Deus; vós não recebestes um espírito que vos torne escravos e vos reconduza ao medo, mas um Espírito que faz de vós filhos adotivos e pelo qual nós clamamos: *Abbá*, Pai. Esse Espírito é quem atesta a nosso espírito que somos filhos de Deus."
29. Cf. acima capítulo 4, pp. 86-87; cf. também as três versões da conversão de Paulo, dadas por Lucas: At 9,1-19; 22,4-21; 26,9-18.
30. Cf. acima capítulo 4, p. 94
31. Recordemos o que foi dito no capítulo 4, p. 87-88, sob a forma "eucarística" dos relatos evangélicos: relatos que narram não apenas o itinerário de Jesus, mas ainda o que ele se torna *nos* e para aqueles e aquelas que cruzam seu caminho.

Hoje ainda, um mesmo "acontecimento" espiritual deve pois produzir-se para tornar possível um ato de fé que dá realmente acesso à intimidade de Deus[32]. Naturalmente, esse acontecimento pode permanecer despercebido, embora fundado com freqüência nos acontecimentos "reveladores" de nossas vidas evocados anteriormente. Com efeito, ele não acrescenta nada ao que já foi dito de nossos itinerários em relação. E, porém, desde que ele emerge à superfície da consciência, já mudamos de perspectiva: ele nos fez adotar a incomensurável bondade do próprio olhar *de* Deus sobre as coisas da vida (Rm 8,18 e 31); levou-nos a dizer, com convicção, o Evangelho *de* Deus ou *o próprio* Deus como Boa Nova.

Para as Escrituras, que nunca deixam o chão sólido das relações, essa mudança de perspectiva representa um verdadeiro "engendramento" (Sl 2,7; Lc 3,22; At 13,33). Tirado do contexto parental ou filial, essa palavra designa aqui, do lado do beneficiário, a extraordinária "abertura" que o põe, ser único, em vínculo, superando muito sua linhagem e seu contexto social imediato, com toda a humanidade, multidão anônima de seres falantes e lamentadores. Supondo ainda, do lado da origem, a união do homem e da mulher, essa palavra está relacionada aqui à generosidade divina — feminina? masculina? —, bondade de todo modo *sem medida* visada pela terna denominação *Abbá* que Jesus utiliza para dirigir-se ao Pai[33].

A IGREJA NA GALILÉIA

É compreensível agora que não se pode conceber o menor de nossos encontros como lugar de uma eventual revelação sem considerar ao mesmo tempo a Igreja *em seu vir-a-ser "galileu"*? A referência à Galiléia nos conduz com efeito ao ministério que Jesus partilha de início com alguns de seus discípulos[34]; ministério que ele exerce no âmbito da misteriosa rede de relações, evocado em todo o decorrer deste capítulo, e portanto, primordialmente e antes de tudo,

---

32. Cf. acima capítulo 3, p. 78 s.
33. Voltaremos à revelação da Paternidade de Deus no capítulo 7.
34. Cf. acima capítulo 4, p. 91-93.

nos bastidores da sociedade, presente nas realidades humanas mais elementares. Aqueles e aquelas que exercem hoje o mesmo ministério — a "Igreja" — só têm portanto como tarefa fazer ressoar, por seu turno, o "bem-aventurado!" que está no âmago do Evangelho. Eles o fazem estando próximos dos acontecimentos "reveladores" que orientam cada vida e acompanhando essas "pesagens" difíceis que cadenciam o amadurecimento de toda existência humana, erguendo uma e remetendo outra aos relatos da vida de Jesus. No local onde estão, eles tornam possível o ato absolutamente singular de dar sentido à vida e de confiar livremente, cada um, no mistério de sua própria existência. Em suma, esses "reveladores" desejam que aqueles e aquelas cujo caminho é por eles cruzado possam chegar ao fundo da experiência de "revelação" que lhes é destinada: coisa impossível fora de um contexto relacional.

Por conseguinte, não há apenas "acontecimentos reveladores" numa existência e "textos inspiradores ou reveladores" que podem suscitar nossa capacidade de comprometer nossa vida. Há ainda "pessoas reveladoras" — "barqueiros", como dissemos — que permitem que, havendo necessidade, os textos se unam aos acontecimentos. Essas pessoas devem, por si mesmas, ter entendido a "bem-aventurança" evangélica; por conseqüência, estão entre aqueles e aquelas que milagrosamente "permanecem de pé" e estão qualificados como santos, embora ficando, por si mesmos, às voltas com a "pesagem" que só se encerra no fim de seu percurso. Indicamos aí as condições de sua credibilidade sobre a qual, de resto, ninguém se engana.

É preciso mesmo reconhecer que esses "barqueiros" são portadores da credibilidade de Deus, se é verdade que hoje a Revelação só tem como traço a fé dos fiéis em relação com outras existências[35]. Não esqueçamos aqui o que foi dito sobre a revelação como autocomunicação do Vivente que se entregou a si próprio — total e definitivamente — em nossas mãos e a nossas histórias[36]. Aquele que "se revelou" em seu mistério e se tornou assim vulnerável desempenha então — seria apreciável dizer contra a sua vontade ou sem desejá-lo ex-

---

35. Cf. o que foi dito no capítulo 3, p. 60 s., sobre "a objetividade" na cultura européia.
36. Cf. acima capítulo 2, p. 52 s.

pressamente — o papel de "revelador": sua maneira de ser revela seu próprio segredo no momento mesmo em que ela cria em torno de si um espaço-tempo de irradiação em que outros podem sentir-se convidados a descobrir-se em sua misteriosa identidade. O que a tradição cristã diz assim da Revelação *de Deus*, os portadores do Evangelho o tornam crível adotando essa mesma maneira, um estilo, seria possível sugerir, isento de todo cálculo estratégico mas caracterizado pela liberdade.

Gestos significativos

Percebe-se aqui o ponto até o qual a criação de relações significativas é decisiva para tornar possível toda a gama de aberturas designada neste capítulo pelo termo "experiências de revelação". Ilhotas na imensa rede humana, essas relações significativas não podem ser reduzidas aos vínculos familiares ou eletivos, que sem dúvida são lugares de decisivos despojamentos; elas se constituem também e sobretudo à medida de encontros inesperados, compromissos profissionais, associativos ou outros[37], sempre que alguém se torna vulnerável à existência do outro e tira de sua pessoa para sustentar o vínculo entre todos.

Ora, nossas relações *tornam-se significativas* graças a sinais ou a gestos significativos — recordemos o aleitamento do bebê ou a carícia que aflora na mão do moribundo. Nascemos e morremos, de fato, num mundo de sinais, em primeiro lugar no âmbito de uma língua, e nada escapa a isso, em razão do "véu" colocado sobre a totalidade do real[38]. Essa ausência de transparência faz, além disso, que a dissimulação e a revelação sejam ambas possíveis. Para manifestar-nos ou esconder-nos, aproximar-nos do outro ou escapar-lhe e... assim redescobrir de outro modo nosso próprio segredo, empregamos pois sinais, passamos por gestos e por tudo o que constitui a "carne" de nossa vida cotidiana. Pouco a pouco, avaliamos a amplitude dos mal-entendidos vinculados a essas manifestações sensíveis, tentando atravessá-los e

---

37. Falamos no próximo capítulo das relações históricas entre povos.
38. Cf. acima capítulo 1, p. 29 s.

desatá-los. Ao abordarmos, no último capítulo, a Revelação do mundo como criação, falaremos mais desses sinais.

Por ora, basta-nos observar que eles têm por meta tornar significativas nossas relações, desaparecer por conseguinte sem cessar em benefício *do* sinal que determinado ser se torna então para um outro. E quando essa significação entra na duração e a presença fiel de alguém ao lado de outra pessoa mostra ser palavra sustentada, seu próprio vínculo se transforma em "sinal", recobrindo a partir de então, de modo invisível, aqueles e aquelas que o estabeleceram e ainda muitos outros.

É exatamente isso que aprendemos com o Quarto Evangelho. Recordamos que João se interessa pelas estruturas fundamentais da "vida" e as relaciona a "situações elementares": casar-se, ter um filho saudável, comer... morrer[39]. Todas essas situações são fundamentalmente ambivalentes porque carregadas do desejo de viver. Sem dúvida, Jesus parece responder aos pedidos de seus interlocutores, mas só o "sinal" é enfim o encontro verdadeiro e gratuito entre ele e aquele ou aquela que cruza seu caminho.

Se portanto o menor de nossos encontros pode tornar-se um lugar de revelação, graças a gestos significativos, apreendemos sem dificuldade o interesse que há em insistir, com o Concílio Vaticano II, na *forma sacramental* da Revelação, compreendendo efetivamente "acontecimentos e palavras intimamente unidos entre si"[40]. Poderíamos ser tentados a identificar de imediato os sacramentos da Igreja com esses gestos significativos dos quais acabamos de falar. Estes mostram todas as características daqueles: sistema de sinais afiliado ao das Escrituras, os sete gestos sacramentais da Igreja pertencem com efeito à nossa própria "língua" ou tradição; modelados por nossos ancestrais para tornar habitável a "abertura" sempre mais radical do real, eles são fruto da capacidade humana de dar sentido à vida e de inscrevê-la em relações, cálculos e projetos, obras artísticas e ritos que o desvelam e o velam ao mesmo tempo[41].

---

39. Cf. acima capítulo 4, p. 99 s.
40. Cf. capítulo 2, p. 47, em que se encontra o conjunto da citação.
41. Cf. acima capítulo 3, p. 58-59.

Uma identificação desse tipo poderia contudo nos confrontar com "cristalizações" do sentido da vida, que, para muitos de nossos contemporâneos, não estão mais enraizadas em sua existência nem são mais recebidas como advindas de Deus, visto que perderam ao mesmo tempo seu poder "revelador" acerca de seus itinerários humanos e sua relação com a "Revelação" de Deus. É exatamente neste lugar que fazemos intervir o *vir-a-ser* da Igreja.

O rosto desvelado

"Fortalecidos por tal esperança, nós estamos cheios de segurança; não fazemos como Moisés, que punha um véu sobre o rosto para evitar que os israelitas vissem o fim de um resplendor passageiro. Mas a inteligência deles se obscureceu! Até o dia de hoje, quando se lê o Antigo Testamento, esse mesmo véu permanece. Ele não é retirado, pois é em Cristo que desaparece. Sim, até o dia de hoje, cada vez que eles lêem Moisés, há um véu sobre o coração deles. É somente pela conversão ao Senhor que o véu cai. Pois o Senhor é o Espírito, e onde está o Espírito do Senhor, aí está a liberdade.

"E nós todos que, de rosto descoberto, refletimos a glória do Senhor, somos transfigurados nesta mesma imagem, com uma glória sempre maior, pelo Senhor, que é Espírito".

2 Coríntios 3,12-18

O vir-a-ser da Igreja

Não é a fé de alguém que é percebida de imediato pelo outro nem a Revelação que o habita, mas seu resplendor[42], até sua presença significativa ou "reveladora" no interior da imensa rede de nossos vínculos. Todo o anterior nos permite distinguir aqui dois exemplos: a *solidez do vínculo* entre duas pessoas e/ou a *solidão evidente de determinada pessoa* podem tornar-se "sinais" para outras pessoas, muitas outras. Encontram-se nessas posturas duas situações sacramentais básicas da tradição cristã: o sacramento do matrimônio e o

---

42. Cf. acima, p. 143.

sacramento da ordenação apostólica. Alguns gestos ou sinais específicos cercam esses dois exemplos para constituí-los, sem dúvida, mas visando todos eles a transformar as próprias pessoas e seus vínculos em "sinais" expressivos[43].

Em nosso caminho, essas pessoas podem desempenhar o papel de "barqueiros" ou de "reveladores". Pelo que são e por seus gestos, elas ajudam de fato outras pessoas a acolher de modo tranqüilo, num ato de fé, seu próprio mistério, tal como se apresenta nos "acontecimentos" reveladores de sua vida. O *devir* pode beneficiar-se do serviço prestado por essas pessoas-sinais, sem que se compreenda necessariamente de que são elas portadoras. A leitura dos relatos evangélicos chegou a ensinar-nos que isso ocorre na maioria dos casos. Porém às vezes essas pessoas-sinais suscitam a pergunta acerca de sua própria identidade como crente; tem início uma *relação simétrica de companheirismo*. É então que elas podem "passar" a seus interlocutores os relatos evangélicos esperando que se produza a jubilosa inversão de todas as perspectivas, a experiência da Revelação e de "engendramento" de que nós nos aproximamos pouco a pouco neste capítulo.

O batismo é o sinal fundamental dessa prodigiosa passagem, momento em que *se revelam ao mesmo tempo a identidade* sacramental do barqueiro-apóstolo — fazendo aparecer o próprio Cristo — e *a identidade* do Deus vivo de que é portador. A imersão na água e a vestição de uma nova roupa, sinais elementares de toda passagem, exprimem de modo maravilhoso a relação nova com a morte e a presença do Ressuscitado no interior da existência daquele que, no acontecimento revelador da conversão de todas as suas perspectivas espontâneas, encontrou — também ele — sua *identidade* última. Freqüentemente esquecida, essa função "reveladora" do sinal batismal, porém bastante costumeira nos relatos do batismo de Jesus (Mc 1,9-11 //), foi particularmente enfatizada pelo canto da Epístola aos Efésios: "tudo o que é manifestado é luz ", escreve o apóstolo. "É por isso que

---

43. Pode-se recordar aqui a célebre distinção do Pe. Congar entre "sacramentos-coisas" e "sacramentos-pessoas": "Não são somente meios sensíveis inanimados, sacramentos-coisas, que Cristo emprega para realizar seu Corpo místico, mas são também — e pela mesma lógica — meios sensíveis animados, sacramentos-pessoas" (CONGAR, Y., Esquisse du mystére de l'Église, *Foi Vivante* 18, Paris, Le Cerf [1966], p. 32).

se diz: *Desperta, ó tu que dormes, levanta-te dentre os mortos, e sobre ti o Cristo resplandecerá"* (Ef 5,14)[44].

Ação, oração, perdão

A face pública e coletiva de nossa experiência "eclesial" de Revelação desponta aqui. Mas antes de abordá-la no próximo capítulo enfatizemos novamente o último discernimento que cerca as experiências de Revelação daqueles e daquelas que, no próprio interior da imensa rede de nossos vínculos, nos são dados como "santos", "barqueiros" ou "apóstolos". Trata-se, para concluir, de sua própria perspectiva "interior" que desejamos adotar.

A extraordinária vitória de sua vida é transpor toda separação, sem negar em nada a solidão última dos seres diante de Deus. Desse modo, pode-se ousar definir seus combates, de resto tão infinitamente variados. Eles sabem de fato que ninguém pode "abandonar seu próprio lugar". E contudo algo neles, força da alma, amplitude de visão, extensão de perspectiva e profundidade do sentir, lhes permite ao mesmo tempo "pôr-se no lugar do outro" e entrar numa troca de simpatia e de compaixão ativas com muitos. Levar alguém, deixar-se levar pelo outro, "carregar os fardos uns dos outros" (Gl 6,2) — eis a vitória sobre a separação. "Troca maravilhosa" (*admirabile commercium*) que a tradição cristã conhece sob três formas ao menos.

Em primeiro lugar, a ação voltada para outrem, o amor ao próximo e ao menos próximo, mesmo aos inimigos. Mas até que ponto? Até renunciar a seus próximos interesses, até mesmo à sua própria vida? Sim, com efeito! E se isso parece exorbitante basta olhar para ver que tudo é já operado no confronto cotidiano com a violência, em nossas simples reações espontâneas de simpatia e de antipatia. O discernimento assume aqui a forma da renúncia a qualquer recompensa e da certeza interior de encontrar o Pai precisamente no segredo que todo verdadeiro dom comporta (Mt 6,3 ss.).

---

44. Cf. também Hb 6,4 e 10,32.

Mas esse despojamento pode ir ainda mais longe, até pôr em jogo o que está no coração da vida dos santos apóstolos ou barqueiros, a intimidade com Deus. Alguns ousaram fazê-lo. Moisés desejou ser riscado do livro da vida juntamente com seu povo (Ex 32,32); Paulo quis ser separado de Cristo, rejeitado, por seus irmãos (Rm 9,3). Não se pode ser mais claro: o amor não visa primordialmente a comunhão. Ele não se interessa pelo outro senão por ele mesmo. Àquele que ama em verdade, a comunidade, que ele não buscava, é dada por acréscimo.

A atitude de Moisés e de Paulo anuncia portanto uma segunda forma de troca, a oração por outrem. Oração universal por todos os vivos, que é uma vitória ainda mais radical, em certo sentido, sobre a separação, porque a intercessão por outrem pressupõe, da parte do orante, um reconhecimento da incapacidade de ir pessoalmente a seu encontro e seu desejo de transpor por uma palavra interior os abismos que separam, uns dos outros, a multiplicidade dos seres humanos. Suponhamos que minha oração parta da necessidade e da pena de outrem, e que eu entre através disso em suas preocupações, suas alegrias, suas fragilidades ou sua falta; não é essa já uma maneira discreta de estabelecer uma comunicação com ele no próprio lugar do incomunicável? Mas que superação dos limites psicológicos quando a oração atinge as dimensões da humanidade ou desce ao enfrentamento da malevolência e do mal, intercedendo por aqueles que odeiam o orante!

Não apenas a caridade mas também a oração intrigam aqueles que dizem orar, mesmo sem uma fé explícita em Deus. Instintivamente, eles sabem que a intercessão em benefício de outro é a expressão mais pura da saída de si; pressentem que o ato de orar por outrem pressupõe entre os seres um vínculo invisível que escapa contudo ao domínio daquele mesmo que se apóia em sua solidez.

É no perdão, enfim, vitória última sobre a separação que vem do mal, que "a troca maravilhosa" atinge sua densidade mais forte. Sem dúvida, é normal que o perdão suponha a admissão da falta, tal como o cancelamento de uma dívida supõe também ter ele sido pedido. Mas o verdadeiro sentido do cancelamento ou do perdão aparece quando eles são combinados antes de toda admissão ou de todo pedido (Mt 5,23 ss. e 6,14 ss.). Manifesta-se aí a extraordinária força do perdão: na coragem do primeiro passo, na renúncia a toda reciprocidade e ao que é devido, na capacidade enfim de tomar a si a violência e a falta do outro. Risco mortal do perdão! Seu único apoio é a esperança de que a fragilidade, a vulnerabilidade daquele que se expõe sem armas venham a tocar o coração do adversário, encerrando-se assim o círculo infernal da violência que responde à violência. Além disso, de todo modo, em nenhum lugar se manifesta com mais clareza que a santidade é uma vitória — eminentemente discreta, mas (e como!) sólida — sobre a separação, e que o vínculo é uma graça sempre inesperada.

Nossos encontros vão aqui ao encontro da história da humanidade. Precisaremos portanto mostrar agora o impacto "revelador" dos santos e dos apóstolos-barqueiros nesse terreno.

CAPÍTULO 6

O "fim" da história

Quando nossos encontros, nos bastidores da sociedade, se tornam lugares de uma experiência de Revelação, não podem deixar de ter alguns efeitos sobre o cenário público da história: "Nada há de encoberto que não venha a ser descoberto, nada há de secreto que não venha a ser conhecido ", lemos no Evangelho de Mateus (Mt 10,26).

Por conseguinte, abordamos agora o segundo dos três domínios evocados anteriormente: o destino coletivo da humanidade. O próprio Jesus situa-se no seio da memória "profética" de seu povo, que ele conduz à sua realização. Como compreender então os 2 mil anos que nos separam dele, se de fato seu Evangelho introduziu um "fim" na história? Seria possível isolar a Revelação nesses começos, hipótese já evocada no início do capítulo 4. Mas se poderia afirmar também que ela inclui sua própria recepção histórica: ela seria sem dúvida fechada — "nenhuma nova revelação pública é desde então esperada" (Dei Verbum, 4); mas, pela história, todo homem se tornaria realmente seu contemporâneo.

Essa alternativa deve em primeiro lugar ser discutida antes que possamos considerar o caráter definitivo e último do anúncio evangélico como revelador de Deus e como convite a compreender nosso destino coletivo: iniciada no capítulo 2, a leitura teológica da história deve portanto ser buscada até o período mais recente. Como precedentemente, concluiremos com algumas reflexões sobre a Igreja em seu vir-a-ser histórico.

REVELAÇÃO E HISTÓRIA

Aquele que se interroga sobre as relações entre o começo da Revelação e as incertezas da história posterior, a partir de então duas vezes milenar, só pode constatar uma grande hesitação da parte da tradição cristã: incerteza teológica quanto ao lugar da história no "desígnio de Deus "[1] e perplexidade quanto aos efeitos históricos da pregação do Evangelho.

Se os escritos judeus — "a lei, os profetas e os outros escritos" — recorrem tão amplamente ao destino de Israel entre as nações, o Novo Testamento não contém senão dois livros de história, os Atos dos Apóstolos e o Apocalipse. Relativamente próximas no tempo, essas duas obras não lançam em absoluto o mesmo olhar sobre a sociedade; para perceber isso, basta comparar sua maneira de falar de Roma, relativamente confiante no caso dos Atos[2] e muito crítica no Apocalipse[3]. Além disso, o símbolo de Nicéia-Constantinopla vai diretamente da Ascensão ao juízo final, tal intervalo de tempo ocupado pela obra do Espírito e pela Igreja, sem que sua relação com a história receba um maior esclarecimento.

Portanto, a tradição teve de inventar, exposta a riscos e perigos, diferentes modos de situar-se e de situar a Revelação na história. Podem-se distinguir ao menos três modelos diferentes.

O modelo de cristandade

A mais longa etapa de história da Igreja no Ocidente[4] é estruturada pelo ideal de cristandade. Há hoje dificuldades para avaliar a

---

1. Cunhado pela literatura apocalíptica (cf. acima capítulo 4, p. 104-107), o conceito de "desígnio de Deus" foi adotado pelo apóstolo Paulo para expressar a relação entre a Revelação de Deus e a história da humanidade. Cf. Rm 8,28 ("Sabemos que tudo concorre para o bem dos que amam a Deus, *que são chamados segundo seu desígnio*"); cf. também Rm 9,11; Ef 1,11 e 3,11. Esse conceito não deve ser confundido com o de "providência" que freqüentemente foi compreendido num sentido fatalista ou finalista.
2. Cf. Lc 2,1-2; 23,13-25; At 25,1-12 e 28,16-31.
3. Cf. Ap 17 e 18.
4. Deixamos de lado aqui a rica tradição oriental, desejando simplesmente levar o leitor a compreender a abertura do dado bíblico e a pluralidade das interpretações e

onda de choque produzida, no Império Romano, pela conversão de Constantino e pelo édito de tolerância de Milão em 313. Este, pela primeira vez depois dos séculos de hostilidade, concede aos cristãos certo número de direitos na sociedade. O mundo novo parece enfim presente quando o poder político se põe a serviço dos ideais do Evangelho e, apressando a fraternidade há tanto esperada, antecipa na terra a paz da cidade celeste. Será preciso tempo, em particular a experiência da destruição de Roma em 410, para que a difícil articulação entre o poder civil e o poder religioso, entre o império e o papado, possa ter sua célebre teorização (ver quadro) pelo papa Gelásio (492-496).

Nem confusão, nem separação

"Houve de fato, *antes da vinda de Cristo*, alguns homens, figuras simbólicas embora comprometidas nas atividades carnais, que foram ao mesmo tempo reis e sacerdotes; dá-se na História Sagrada um exemplo na pessoa do bem-aventurado Melquisedeque (Gn 14,18). O próprio diabo, por exemplo, seguiu esse exemplo em suas criaturas, visto que busca sempre apropriar-se, à maneira de um tirano, do que convém ao culto divino; era assim que os imperadores *pagãos* se denominavam 'soberanos pontífices'. Mas, desde a vinda de Cristo, do único verdadeiro rei e pontífice, mais nenhum imperador se atribuirá o título de pontífice, mais nenhum pontífice reivindicará a dignidade real; é dito que os membros do corpo de Cristo, verdadeiro rei e verdadeiro pontífice, em razão de sua participação em sua natureza gloriosa, assumiram uma e a outra dignidade, em sinal de nobreza e de santidade; eles são ao mesmo tempo uma raça real e um sacerdócio (1Pd 2,9).

Eis por que Cristo, lembrando-se da fraqueza humana, através de um desígnio grandioso e para a salvação dos seus, manteve uma justa avaliação, separou as funções dos dois poderes em esferas de atividades próprias e em dignidades distintas, pois desejava que os seus se salvassem pelo remédio da humildade, e não que fossem ainda vítimas do orgulho humano. Isso embora os imperadores cristãos *tenham necessidade* dos bispos para

---

modelos, cada um baseado numa maneira própria de considerar a relação entre Revelação e história.

sua vida eterna e os bispos *façam uso* das disposições imperiais para a vida aqui na terra."

> GELÁSIO, *Quatrième traité sur le Lien de l'Anathème*, cap. 11, em RAHNER, Hugo, *L'Église et l'État dans le christianisme primitif*, Paris, Le Cerf, 1964, p. 208 ss.

O papa Gelásio estabelece uma distinção de princípio entre o religioso e o político, ainda que o poder político esteja claramente subordinado ao poder religioso[5]. Além disso, é preciso observar que a utilização do político a serviço do Evangelho conduz inevitavelmente a exprimir o conteúdo da Revelação e a identidade de seus portadores[6] em termos de *poder*. Sem talvez perceber sempre essa mudança interveniente desde a época neotestamentária, a Igreja — o que ela é e aquilo em que acredita — se encontra subitamente no cenário político; a humildade que caracteriza Cristo não desaparece necessariamente nessa evolução, mas passa a traduzir-se sobretudo em termos de limitação dos poderes.

A melhor análise dessas ocorrências do modelo de cristandade foi sem dúvida a de Santo Agostinho (354-430), que, em virtude disso, se transformará no teólogo mais importante do Ocidente. Sem negar as distinções entre o religioso e o político, ele insiste no caráter absolutamente invisível da fronteira que as permeia a todas — que se observem os tímpanos de nossas catedrais — e que separa "aqueles que pertencem ao partido do diabo e aqueles que não pertencem a ele". Sua referência principal é a parábola do joio e do senhor que proíbe seus servos de colhê-lo: "Deixai que ambos cresçam até a ceifa, e na época da ceifa direi aos ceifeiros: apanhai primeiro o joio e amarrai-o em molhos para queimá-lo, mas o trigo, recolhei-o em meu celeiro" (Mt 13,30).

Quer se trate da Igreja ou da sociedade, elas são submetidas *ao mesmo ensinamento:* a história da humanidade é esse campo onde bem e mal crescem juntos; é portanto impossível antecipar a última

---

5. O Papa Leão XIII (1878-1903) citará ainda Gelásio em suas encíclicas políticas.
6. Cf. o que foi dito acima, capítulo 4, pp. 91-92 e 110-112, sobre o vínculo entre Revelação e sujeitos portadores.

Revelação — o juízo final —, porque "o homem só vê o homem no momento presente (embora veja aquele de que não se vê o coração), mas o que será o homem no futuro, ele não o vê, mesmo por sua própria conta"[7].

Compreende-se que é impossível, nesse modelo, dar uma significação teológica a este ou àquele acontecimento profano? Sem dúvida, a destruição de Roma desencadeia uma escritura da história tal como se encontra na *Cidade de Deus* de Santo Agostinho. Mas essa releitura só pode encarar o destino da humanidade sob o ângulo do bem e do mal, do pecado e da graça; a queda da "grande cidade" (Ap 16,17-21) é então atribuída à sua imoralidade. É difícil, até impossível, nesse modelo, formular uma reflexão sobre os efeitos históricos, ou a pequena quantidade de efeitos, da pregação do Evangelho, e ainda menos sobre as violências que o acompanham quando o poder a ele se mescla.

Logo, não é de espantar ver Agostinho resistir a toda antecipação "carnal" do fim da história — antecipação que introduziria cesuras definitivas diferentes da vinda de Cristo e da ressurreição final e que contaria com um progresso espiritual da humanidade. Em seguida a outros teólogos, ele denomina "milenaristas" os defensores dessa corrente (ver quadro a seguir). O nome dessa heresia é forjado a partir dos "mil anos" do célebre capítulo 20 do Apocalipse (ver quadro, p. 186). Já falamos disso no capítulo 4 quando apresentamos esse livro[8]. Recordemos que ele apresenta a história da humanidade em quatro atos; o último desperta o leitor para o que chega "depressa" (Ap 19–20): a ceia das núpcias do Cordeiro e um tempo de "mil anos" com Cristo.

Os "milenaristas"

"Há portanto duas regenerações [...]: uma segundo a fé que se realiza agora pelo batismo, a outra segundo a carne que se cumprirá na incorruptibilidade

---

7. AGOSTINHO, Santo, *La Cité de Dieu*, Livro XX, 7, em *Bibliothèque Augustinienne* 37, Paris, DDB, 1960, p. 219.
8. Cf. capítulo 4, p. 103.

e na imortalidade por meio do grande e supremo julgamento; assim, há também duas ressurreições: uma 'primeira' que ocorre agora e é *a das almas*, que impede a queda na segunda morte; a outra, 'segunda', que não pertence ao agora, mas acontecerá no fim do século; não se trata daquela das almas, mas *dos corpos*, e pelo juízo final envia alguns para a segunda morte, os outros para a vida isenta de morte.

Dessas duas ressurreições, o próprio João Evangelista, no livro denominado *Apocalipse*, falou de tal maneira que a primeira das duas, incompreendida por alguns dos nossos, transformou-se além disso em fábulas ridículas [ver o texto de Ap 20,1-6, p. 186]. Aqueles que, depois das palavras desse livro, conjeturaram que a primeira ressurreição seria corporal ficaram acima de tudo fortemente impressionados pelo número de mil anos, como se devesse haver aí para os santos uma espécie de repouso sabático de extensíssima duração, isto é, um santo lazer depois dos labores dos seis mil anos decorridos desde o dia em que o homem foi criado, em razão de seu grande pecado, precipitado da felicidade do paraíso nas tribulações desta vida mortal. Isso dado o que está escrito: *Um dia para o Senhor é como mil anos, e mil anos como um único dia* (2Pd 3, 8), em seguida aos seis mil anos, um sétimo dia, como *sabbat*, sendo para celebrá-lo que os santos ressuscitarão.

Essa opinião poderia de algum modo ser tolerada caso pudesse admitir que os santos obtêm, nesse *sabbat*, mediante a presença do Senhor, *alguns deleites espirituais*. Pois também nós partilhamos outrora essa opinião. Mas quando se ouve dizer que aqueles que então serão ressuscitados se dedicarão aos festins carnais mais excessivos, nos quais comida e bebida transbordariam ao ponto de, longe de manter alguma ponderação, ultrapassar a própria medida do que se poderia crer, sem dúvida, não pode haver nesse âmbito senão *homens carnais* para acreditar em coisas desse tipo. Quanto aos que são espirituais, designam por uma palavra grega os defensores dessas opiniões *quiliastas*, o que podemos, tomando palavra por palavra, denominar milenaristas."

SANTO AGOSTINHO, *La Cité de Dieu*, Livro XX, 6 e 7, em Bibliothèque Augustinienne 37, Paris, DDB, 1960, p. 209-213.

Lembremo-nos então de que a recusa do "milenarismo" corresponde por inteiro à imagem homogênea que a "cristandade" faz da história da Igreja e das sociedades *entre* os dois momentos principais da Revelação, a Encarnação e o juízo final; não há dúvida de que acontecimentos de grande amplitude podem ocorrer, mas sua meta espiritual permanece sempre a mesma. No entanto, outras concepções da história se inspiram, por sua vez, no capítulo 20 do Apocalipse; a recusa do "milenarismo" não lhes faz justiça: uma é bem anterior à "virada constantiniana " e a outra prepara, em plena Idade Média, as interpretações que marcarão as épocas da modernidade e da atual pós-modernidade.

O *sabbat* na história

Com efeito, um segundo modelo, bem anterior ao da cristandade, acha-se consignado no quinto e último livro do tratado *Contra as heresias*, de Ireneu de Lião (~ 140-200) — livro pouco considerado pela maioria dos intérpretes porque, segundo eles, maculado pela tara do "milenarismo ".

Ora, nessa obra Ireneu propõe uma concepção histórica da Revelação e faz uso para isso de um *acontecimento* de referência a partir do qual relê o conjunto da história da humanidade; não se trata do incêndio do templo, como para a primeira geração cristã[9], nem da destruição de Roma, como mais tarde para Agostinho, mas do limiar pela primeira vez transposto pelo mal na pessoa daqueles que denomina *"gnósticos"*, daqueles que separam o Pai de Jesus Cristo e o Criador do mundo, acusando este último de não se preocupar em absoluto com os assuntos humanos[10]. Se Satã nunca ousou blasfemar contra Deus por si mesmo e claramente, afirma Ireneu, ele o faz desde a vinda de Cristo pela boca desses "gnósticos". É portanto a identidade do Criador, autor de nosso ser segundo a carne, e o Pai de Jesus Cristo, por quem vencemos a mentira e a morte, que eles questionam. Por fim, duvidam da fidelidade de Deus com relação à "obra moldada por ele": Deus tem palavra? — já nos interrogamos no capítulo 4[11].

---

9. Cf. acima capítulo 4, p. 106-107.
10. Cf. IRINEU, Santo, *Contre les Hérésies*, Livro V, 26,2, em SC 153, Paris, Le Cerf, 1969, pp. 335-339; a partir daqui as referências serão indicadas no texto.
11. Cf. acima capítulo 4, 107 s.

A Revelação

A partir desse acontecimento extremo da blasfêmia, Ireneu relê portanto as Escrituras e a história da humanidade; uma vez mais o Apocalipse[12] fornece sua trama. Mas, enquanto Agostinho concebe a história entre a Encarnação e o retorno de Cristo como um tempo em que o procedimento espiritual permanece sempre o mesmo, distinguindo o que ocorre no princípio, a ressurreição das *almas* pelo batismo, do que acontecerá no juízo final, a ressurreição dos *corpos*, Ireneu ignora esse gênero de distinção[13]. Ele introduz, no mesmo local, a idéia da *"ordem* segundo a qual os justos deverão *progredir"* e a do *"ritmo* segundo o qual *eles se exercitarão* para a incorruptibilidade" (V, 31, 1, p. 389). O Criador e Redentor *respeita* integralmente sua criação; eis o procedimento levado a sério por aqueles que crêem que o próprio Deus adota a forma carnal da obra moldada por ele e *vai até o final por ela* a fim de transformá-la em sua própria novidade[14].

Pensar o tempo da história em termos de ritmo e de progresso — isso decorre portanto da própria identidade daquele que assim se revela como Pai *e* Criador. A última frase do *Contra as heresias* (cf. quadro, p. 169) recapitula-o admiravelmente ao distinguir quatro *tempos* na história de Cristo com a humanidade: o Verbo primogênito desce até a criatura *(1)* e é apreendido por ela — Jo 1,12-14; *(2)* a criatura, por seu turno, apreende o Verbo e *(3)* se eleva a Deus, superando assim os anjos e tornando-se à sua imagem e semelhança *(4)*. Nessa lógica, a distinção entre o segundo e o terceiro tempos é absolutamente essencial; com efeito, uma coisa é acolher a Palavra de Deus do exterior, outra é "acostumar-se pouco a pouco a apreender o próprio Deus" (V, 32, 1, p. 397). É compreensível por que Ireneu distin-

---

12. O leitor deve remeter-se à nossa apresentação no capítulo 4, p. 107 s.
13. Os historiadores ensinam-nos que Santo Agostinho continua marcado por sua cultura neoplatônica.
14. O leitor deve lembrar-se do que Ireneu diz da doutrina gnóstica e como se opõe a ela: "Se portanto o próprio Senhor observou a lei dos mortos, para tornar-se o Primogênito dos mortos, se permaneceu três dias nas regiões inferiores da terra, se em seguida ressuscitou em sua carne, de modo a poder mostrar a seus discípulos as próprias marcas dos pregos, e se só depois de tudo isso subiu para seu Pai, como não se encolerizam aqueles que pretendem que os infernos se identificam com nosso mundo e que seu 'homem interior', deixando na terra o corpo, deve subir ao lugar supraceleste?" (*Contre les Hérésies*, Livro V, 31, 2, em *SC* 153, 393). O que dizer das concepções da "ressurreição" que circulam no imaginário contemporâneo?

gue, com Apocalipse 20, um "tempo do Reino" — o sétimo milênio, *sabbat* na história — em que "os justos se exercitarão para a incorruptibilidade, depois de terem renovado a criação por si"?

A *primeira ressurreição*

"Assim, de modo preciso, João viu de antemão a primeira ressurreição, que é a dos justos, e a herança da terra que deve realizar-se no reino; por sua vez, em pleno acordo com João, os profetas tinham já feito profecias sobre essa ressurreição. É exatamente isso o que o próprio Senhor ensinou, quando prometeu beber a mistura nova da taça com seus discípulos no reino, e também quando disse: 'Virão os dias em que os mortos que estão nos túmulos escutarão a voz do Filho do homem, e ressuscitarão, aqueles que praticaram o bem para uma ressurreição de vida, e aqueles que praticaram o mal para uma ressurreição de julgamento' (Jo 5,25 e 28-29). Ele diz com isso que aqueles que tiverem feito o bem serão os primeiros a ressuscitar a fim de ir para o repouso, e que em seguida ressuscitarão aqueles que devem ser julgados. Isso já pode ser encontrado no livro do Gênesis, de acordo com o qual a consumação desse século ocorrerá no sexto dia, isto é, sexto milésimo ano (Gn 1,31– 2,1); depois disso se dará o sétimo dia, dia do repouso, a respeito do qual diz Davi: "Aí está o meu repouso, os justos nele entrarão" (Sl 131,14 e 117,20); esse sétimo dia é o sétimo milênio (Ap 20,4-6), o do reinado dos justos, no qual eles se exercitarão para a incorruptibilidade, depois que a criação tiver sido renovada para aqueles que tiverem se mantido nesse objetivo. [...]

Esses mistérios, 'os anjos aspiram a contemplá-los' (1Pd 1,12), mas não podem escrutar a sabedoria de Deus, por cuja ação a obra por ele moldada se tornou harmoniosa e con-corporal[15] ao Filho; pois Deus quis que a Progenitura, o Verbo recém-nascido, descesse para a criatura, isto é, para a obra moldada, e fosse apreendido por ela, e que a criatura, por sua vez, apreendesse o Verbo e subisse até ele, ultrapassando assim os anjos e tornando-se à imagem e à semelhança de Deus."

SANTO IRENEU, *Contre les Hérésies,* Livro V, 36, 3, em *SC* 153, Paris, Le Cerf, 1969, p. 461-467.

---

15. Essa expressão singular significa que a conformidade das criaturas com Cristo diz respeito a todo o ser, inclusive ao corpo humano.

Aquele que acertadamente foi considerado o primeiro teólogo católico[16] não se contenta, por conseguinte, com um tempo da Igreja na expectativa do juízo final. Com o Apocalipse, ele percebe, no próprio paroxismo do mal, um retorno preparado desde a fundação do mundo. As *promessas messiânicas das quais o judaísmo é portador* devem ser levadas a sério até o final: num conciso e surpreendente relato, Ireneu liga a promessa da terra feita a Abraão — promessa ainda não cumprida —, o anúncio por Cristo, quando da Ceia, do dia em que beberá de novo da vinha com seus discípulos no Reino de seu Pai, e os mil anos da primeira ressurreição: "Sem dúvida, é na herança da terra que ele o beberá — dessa terra que ele mesmo renovará e restabelecerá em seu estado primeiro para o serviço da glória dos filhos de Deus [...]. Prometendo beber ali do fruto da vinha com seus discípulos, ele mostrou estas duas coisas: a herança da terra, na qual será bebido o fruto novo da vinha, e a ressurreição corporal de seus discípulos. Pois a carne que ressuscitará numa condição nova é também a mesma que participará da nova união. Com efeito, não é no momento em que estará num lugar superior e supraceleste com seus discípulos que o Senhor pode ser concebido como bebendo do fruto da vinha; e não são mais seres desprovidos de carne que poderiam beber, pois a bebida tirada da vinha liga-se à carne, não ao espírito" (V, 33, 1, p. 407-409)[17].

Por conseguinte, não é espantoso que Ireneu volte à Galiléia — "quando ofereces um jantar ou uma ceia..." — e ponha o conjunto de seu desenvolvimento sob o signo da segunda beatitude: "bem-aventurados os mansos: seu quinhão será a terra" (Mt 5,5). Ele designa assim a prodigiosa transformação *histórica*, inaugurada pelo reinado não-violento dos santos, na Igreja e nas sociedades humanas da terra, impossível de traduzir em termos de poder. Ela é tal — diz Ireneu — que "o homem, vivendo com justiça na terra, esquecerá de morrer" (V, 35, 2, p. 461).

Antes de retomar a atualidade desse modelo, exploremos ainda um terceiro tipo de leitura do *Apocalipse*, a do abade Joaquim de Fiori (1135-1202), prometido a uma grande posteridade.

---

16. Cf. quadro, p. 31-32.
17. Outros textos messiânicos — como, por exemplo, Is 11,6-9 e 65,25 — são retomados neste final do livro V.

As três idades do mundo

É efetivamente em plena cristandade que aparece esse terceiro modelo. Sem dúvida seria possível vinculá-lo, por seu turno, com um acontecimento de referência, isto é, a tomada de Jerusalém por Saladino em 1187; de fato, vê-se o abade calabrês — viajante entre o Oriente e o Ocidente, e entre os monges cistercienses e gregos — tomar consciência do surpreendente progresso do islamismo e da fragilidade da cristandade, perguntando-se se o futuro que alguns buscavam assegurar por meio das cruzadas não se encontraria sobretudo no próprio âmago do Ocidente cristão.

Mas o eixo de sua busca não se situa no plano político. Voltando-se, nos anos 1190, para o eremitismo e seus antecedentes egípcios, ele exalta — até em suas críticas mais virulentas ao clero e aos doutores da universidade — a vida monástica e os "homens espirituais" da era do Espírito a vir. Joaquim não se apresenta como profeta, mas sabe ter recebido a compreensão das Escrituras pela iluminação do Espírito Santo, tal como os profetas receberam o dom da profecia. Logo, ele é o exegeta que compreende os acontecimentos contemporâneos por meio do texto e o texto em sua relação intrínseca com os sinais dos tempos.

Enquanto a exegese de Ireneu se baseia no *cumprimento literal* das promessas do Antigo Testamento[18], Joaquim inventa todo *um sistema de correspondências ou de semelhanças* entre os textos dos dois Testamentos, pondo em paralelo lugares, figuras, alianças e acontecimentos, mas sempre com vistas a esclarecer o presente; a Escritura foi, com efeito, composta para predizer *toda* a história; e o trabalho do exegeta-visionário consiste em decifrar seu desenvolvimento até seu término. Resulta daí o duplo eixo do modelo joaquimista.

De um ponto de vista propriamente teológico, Joaquim divide por fim a história da humanidade em três eras. De uma etapa a outra,

---

18. Cf. V, 35, 2, p. 451: "Assim como é realmente Deus que ressuscitará o homem, assim também é realmente o homem que ressuscitará dos mortos, e *não alegoricamente* [...]. E assim como ele ressuscitará realmente, é realmente também ele que se exercerá na incorruptibilidade, que crerá e que chegará à plenitude de seu vigor nos tempos do reino, até tornar-se capaz de apreender a glória do Pai".

o mistério da Trindade vai sendo elucidado: a era do Pai corresponde ao Antigo Testamento e à letra da lei; a idade do Filho, ao Novo Testamento e à letra do Evangelho; a idade do Espírito, à compreensão espiritual da história e à experiência da liberdade; a "etapa" da visão de Deus na Jerusalém celeste (Ap 21 e 22) nos escapa[19].

Entre as características de cada era da história, o aspecto sócio-religioso é determinante; trata-se do outro eixo da leitura joaquimista: o primeiro estado é marcado pela ordem conjugal, o segundo, pela ordem clerical e o terceiro, pela ordem espiritual dos monges. Encontramos aqui a crítica da Igreja institucional — devendo a passagem de Israel a Roma não tardar a ser ultrapassada por uma espiritualização da cristandade. Essa "terceira era" será portanto marcada pelos "espirituais" em comunidade, cuja existência é descrita por Joaquim em termos de revelação (cf. quadro a seguir): assim como Cristo retira o "véu" posto no rosto de Moisés[20], assim também o Espírito Santo retirará o "véu" posto sobre o rosto de Paulo quando a experiência que descreve em sua Segunda Carta aos Coríntios (2Cor 12,1-5) se tornar a mola de toda a cristandade: "Conheço um homem em Cristo que, faz quatorze anos — estava no meu corpo? não sei, era fora do meu corpo? não sei. Deus o sabe — este homem foi arrebatado ao terceiro céu...".

As três "idades" do mundo

"Assim como a ordem dos doutores, pela própria essência dos mistérios, está vinculada com Cristo, a ordem dos contemplativos o está com o Espírito Santo. Sua origem remonta a Elias e a Isaías, como o demonstrarei no fim desta obra, em que se falará das genealogias espirituais. E verdadeiramente porque o Espírito Santo procede do Filho, era necessário que o terceiro estado tivesse sua ordem particular — ordem todavia unida a seu predecessor na glorificação do Criador de todas as coisas, e cuja origem, pela instituição dos monges ocidentais fundada por Bento, precedeu a vinda do Espírito Santo.

Os homens ouvem essas coisas aproximadamente e se escandalizam. Dizem eles: a nós os monges dão a prata mas reservam o ouro para si. É preciso

---

19. O leitor deve retomar sempre nossa apresentação do capítulo 4, p. 81.
20. Cf. capítulo 1, no quadro da p. 31, e capítulo 5, no quadro da p. 156.

entretanto espantar-se que Paulo tenha sido arrebatado ao terceiro céu (2Cor 12,1-4), que simboliza a vida dos contemplativos? O apóstolo diz ter ouvido lá palavras secretas que não podem ser ditas ao homem. Mas até onde? Até a eternidade? Não importa. *Mas até o tempo que está prestes a acabar.* E assim como Moisés pôs um véu na face para que os Filhos de Israel não pudessem ler nele, assim também, nessa passagem de seu texto, Paulo põe um véu no rosto. No entanto, como o véu de Moisés foi anulado por Cristo, do mesmo modo o véu de Paulo será anulado pelo Espírito Santo. Pois o primeiro céu foi o Antigo Testamento, composto pelos patriarcas; o segundo céu é o novo Testamento, composto pelos apóstolos; o terceiro céu é o da compreensão espiritual, que nos ensinará a sair do Egito, do tempo presente, e passar pelo difícil caminho do deserto que conduz à vida verdadeira, para chegar enfim à Jerusalém celeste."

Joaquim de FIORI, *Le psaltérion à dix cordes*, p. 156-158[21].

O modelo da história forjado pelo abade Joaquim assinala portanto descontinuidades profundas entre as eras. O termo "revolução", até então utilizado somente em astronomia, aparece pela pena do abade: "O céu se retirará como *um livro que se enrola*" (Ap 6,14); é o que Joaquim vê realizado para seu tempo no qual o livro das Escrituras se enrola, deixando desenrolar-se o da história: radicais mudanças sociais se produzem, os pequenos prevalecem sobre os orgulhosos e "o povo dos santos" recebe a realeza (Dt 7,27). Essas descontinuidades não excluem de resto continuidades, até comparações entre períodos, como na época de Jesus e de João Batista e como entre o tempo de Joaquim e o do fundador dos monges do Ocidente, São Bento.

De todo modo, a abertura do sétimo selo (Ap 8–11,19) é anunciada para 1260, a hora da passagem de uma Igreja institucional a uma Igreja espiritual, começo da "terceira era" e Revelação no Espírito da obra de Cristo. Essa Revelação implicará o retorno dos gregos à Igreja e a conversão dos judeus, enquanto o destino da Terra Santa e o do império serão regulados!

---

21. Texto citado por Ph. Lécrivain em SIMOENS, Y.; THEOBALD, C., *Sous le signe de l'imminence*. L'Apocalipse de Jean pour penser l'histoire, Paris, Médiasèvres, 2001, p. 140ss.

A Revelação

Foi freqüente a surpresa diante da imensa posteridade de Joaquim de Fiori. "Ironia da história", chegou-se a escrever, que fez desse homem, essencialmente conservador e preocupado com uma vida monástica fiel a suas origens, o pai de certo número de movimentos sociais contestatários e o ancestral do esquema das três eras, que subentende várias interpretações da modernidade, como já sugerimos no capítulo 2[22].

A recepção histórica da Revelação

Os três modelos que acabamos de apresentar se distinguem pela maneira de compreender a história entre a Encarnação e o retorno de Cristo. No modelo de cristandade, o tempo é considerado um campo em que bem e mal se desenvolvem juntos; o contexto espiritual permanece então sempre o mesmo. Santo Ireneu, em contrapartida, conta com um verdadeiro progresso espiritual, e o abade Joaquim chega a distinguir "eras" espirituais. Observando-se hoje esses três modelos, percebe-se em primeiro lugar a incerteza quanto ao lugar da história na Revelação. Relendo as Escrituras, os cristãos precisaram inventar, pois, sua maneira de situar-se com relação aos acontecimentos e de inscrevê-los eventualmente no que percebiam do desígnio de Deus. Enquanto a Igreja da cristandade é mais reservada no que diz respeito a ampliar o conceito de Revelação para além dos dois pontos de referência do começo em Jesus de Nazaré e do fim dos tempos, outras introduzem cesuras intermediárias baseadas na idéia de uma progressão.

De Santo Ireneu e do abade Joaquim — poderíamos nomear muitos outros — aprendemos com efeito que não é possível separar a Revelação de sua *recepção na história*. Acaso já não o tínhamos percebido no capítulo 3, quando falamos da força criativa da fé?[23] Sem dúvida, em Jesus, o Santo de Deus, reside a totalidade da Revelação; mas se Jesus nunca está sozinho, o papel do Espírito Santo — a energia (*dynamis*) que passa a outras pessoas, aí produzindo "peso" e trans-

---

22. Cf. capítulo 2, p. 51.
23. Cf. capítulo 3, p. 61 s. e 78.

figuração[24] — é então fazer de todo ser humano um contemporâneo possível do Nazareno, a cada vez de maneira única e, portanto, nova.

É possível contudo falar de progresso, introduzir limiares na história, até discernir uma era do Espírito? Para responder a essa pergunta, não se deve esquecer, em primeiro lugar, o que foi longamente desenvolvido acerca de nossa capacidade de habitar um mundo radicalmente aberto dando sentido à vida; assim como relemos sem cessar nossa história individual a partir do ponto em que estamos[25], assim também *interpretamos*, individual e coletivamente, *a história de nossas sociedades*. Fazê-lo numa perspectiva de Revelação supõe sem dúvida a experiência de fé de que falamos detidamente no capítulo anterior.

Os exemplos de Ireneu e de Joaquim ensinam-nos então que, para fazer uma leitura teológica da história, é preciso, à custa de riscos e perigos, eleger um "acontecimento de referência" que se situa na atualidade, acontecimento discernido como participando de um "tempo do fim". É necessário compreender com clareza a diferença entre o "fim dos tempos" e esse "tempo do fim"! O próprio fim da história (como de resto o fim de uma vida) está por princípio livre de qualquer domínio[26]. Mas podemos viver nosso presente em certa proximidade com relação a esse fim; podemos vivê-lo como o "tempo do fim" em que "nos exercitamos na incorruptibilidade", como diz Ireneu. O texto do Apocalipse sobre o sétimo milênio intervém exatamente nesse lugar.

Os sinais dos tempos

"Movido pela fé, conduzido pelo Espírito do Senhor que enche o orbe da terra, o povo de Deus esforça-se por discernir nos acontecimentos as exigências e as aspirações de nossos tempos, em que participa com os outros homens, quais sejam *os sinais verdadeiros da presença ou dos desígnios de Deus*. A fé, com efeito, esclarece todas as coisas com luz nova. Manifesta o

---

24. Trata-se aí das três funções do Espírito Santo na tradição cristã: manifestação de poder, julgamento e transfiguração; cf. capítulo 5, p. 141-145.
25. Cf. capítulo 3, p. 58-60, e capítulo 5, p. 133-136
26. Cf. capítulo 4, p. 112 s.

plano divino sobre a vocação integral do homem. E por isso orienta a mente para soluções plenamente humanas."

VATICANO II, Constituição Pastoral sobre a Igreja no mundo deste tempo, *Gaudium et spes*, nº 11, § 1 *(Compêndio do Vaticano II, p. 153)*.

É possível então perguntar-se que pontos de referência escolher hoje para uma releitura desse tipo. Parece-nos que é preciso indicar duas espécies deles.

O recurso à consciência na Igreja e na sociedade constitui incontestavelmente *um avanço importante* da modernidade ocidental, ainda que inumeráveis resistências tenham tido de ser vencidas[27]. Mas o Evangelho semeou as terras da Europa durante dois séculos; essas terras ficaram pouco a pouco acostumadas à liberdade assim proposta — exercitaram-se nela, poder-se-ia dizer com Ireneu —, a ponto de passar a considerá-la seu próprio bem, mesmo independentemente da matriz que a engendrou. Para a própria fé, esse avanço cria em grande escala condições espirituais de liberdade e de experimentação outrora reservadas a uma pequena elite[28], condições do que poderia de fato ser visado pelos "mil anos" do Apocalipse.

Mas é possível permanecer nesse progresso oculto, dificilmente localizável no cenário público da história? É legítimo designar "acontecimentos, exigências e aspirações de nossos tempos" como "sinais da presença ou dos desígnios de Deus" (cf. quadro anterior)? Em outras palavras, é possível localizar efeitos *históricos* da pregação do Evangelho que tornem crível — para aquele que crê — a promessa de realização "carnal" implicada na Revelação? Essa interrogação acerca de um segundo tipo de indícios nos convida de fato a considerar agora a época moderna e contemporânea em sua globalidade, a prosseguir portanto nossa releitura teológica da história iniciada no capítulo 2.

---

27. As dificuldades encontradas quando da redação da *Declaração sobre a liberdade religiosa* no Vaticano II dão um eloqüente testemunho disso. Mas lê-se nesse texto: "O que o Concílio do Vaticano declara sobre o direito do homem à liberdade religiosa tem por fundamento a dignidade da pessoa *cuja experiência, no decorrer dos tempos, manifestou sempre de maneira mais plena as exigências*. Além disso, essa doutrina da liberdade tem suas *raízes na Revelação divina*..." (nº 9).

28. Cf. capítulo 2, p. 54, capítulo 3, p. 57, e capítulo 5, 150 s.

OS "FINS" DA HISTÓRIA

Comecemos por constatar a prodigiosa ampliação da paisagem religiosa para a consciência européia a partir dos acontecimentos da Antiguidade e da Idade Média evocados precedentemente. A antiga divisão religiosa, tripartite — monoteísmo judeu, paganismo politeísta, cristianismo trinitário —, já se abrira ao islamismo, antes de se estilhaçar, a partir do século XVIII, em benefício de um pluralismo crescentemente radical. Em paralelo, a crítica da religião tornou possível — nós o observamos no capítulo 3 — a atitude atéia, até agnóstica, na expectativa de nossa configuração atual, em que convivem, de maneira inextricável, uma total indiferença em termos de religião, recomposições religiosas múltiplas e a lancinante pergunta: como viver juntos num planeta de cores tão confusas e ameaçado por violências sem nome?

O europeu não pode deixar de encarar essa história da perspectiva do "fim". Aquele que não quer contentar-se com alguns fragmentos de história, mas avançar, aos poucos, rumo a uma interpretação global, sem com isso construir uma "lógica da história"[29], tem a obrigação de entrar num debate sobre os princípios de sua leitura: acaso se inspirará num darwinismo histórico que lê o destino da humanidade em termos de "choque das civilizações"?[30] Raciocinará, como bom liberal, acerca do "fim da história", provocado pela mundialização técnica, econômica e cultural[31] etc.? Ou dará ainda alguma oportunidade a uma leitura "ética" das evoluções em curso?

Vimos que a literatura apocalíptica, em particular o último livro da Bíblia, serviu, no Ocidente, de matriz para uma interpretação tal que chega a permitir pensar na recusa de toda coerência, assim como no desencadeamento da violência. Uma leitura teológica da história

---

29. Hegel (1770-1831), a quem devemos a compreensão moderna do conceito de "Revelação" (cf. capítulo 2, p. 50), inscreveu-a ao mesmo tempo numa "lógica da história" que conduz os europeus a se ver investidos de um absoluto, situando-os na ponta da história da humanidade.

30. O darwinismo vê o mundo como um conjunto de "populações" e encara seu futuro em termos de "seleção" do mais forte; cf., por exemplo, HUNTINGTON, Samuel P., Le choc des civilisations?, em *Commentaire*, nº 66 (verão de 1994).

31. Cf., por exemplo, FUKUYAMA, Francis, *La fin de l'histoire et le dernier homme*, Paris, Flammarion, 1992.

que deseje compreender o vínculo entre esta última e Deus deve portanto continuar a desenrolar-se nos passos do Apocalipse, até na trama global da Bíblia em confronto com os grandes textos do Ocidente e de outros lugares.

Um rápido olhar para a história religiosa destes últimos séculos permite então distinguir três "fins", discerníveis como "fins" nos traços de nossas Escrituras cristãs. Denominamos "fim" neste âmbito o fechamento de todo um ciclo histórico ou de uma época que, uma vez acabada, permite a vinda de algo "radicalmente novo", o que não exclui mas, pelo contrário, implica sobrevivências do "antigo". Para antecipar um pouco o conjunto do argumento, digamos que esses três "fins" nos conduzem hoje a uma experiência completamente inédita da Revelação de Deus.

O fim da "religião"

O primeiro "fim" a considerar é o da "religião", o que também se chama de "secularização" ou "desencanto do mundo". Sem entrar num debate sobre as diferentes teorias da modernidade ocidental, designamos com isso o inédito acontecimento que marca o começo da modernidade ocidental e que leva simplesmente a sério o fato de que, na tradição judeu-cristã, Deus e sua criação não fazem número; eles são in-comparáveis. Pouco importam as datas e os detalhes do processo de diferenciação da racionalidade moderna; o aspecto já observado no capítulo 2 é o seguinte: Deus nada revela do que podemos ou poderemos um dia saber por nós mesmos. *Ele Se revela a Si Mesmo como mistério* absolutamente discreto — "voz", seria possível dizer, no âmago mesmo da eclosão de nossa própria liberdade de consciência. Quando Deus disse e revelou tudo (cf. quadro a seguir), há a chegada de um fim que só pode ser seguido por seu silêncio e pelo crescimento da liberdade humana, até o homem tornar-se capaz de manter-se em pé diante desse mistério.

Nenhuma religião — mesmo a religião cristã — entra facilmente nessa experiência. Disso decorrem os "retornos religiosos" e os debates com freqüência violentos, na sociedade e na Igreja, provocados há dois séculos por esse acontecimento. Não podemos mais que compreender a in-quietude na qual esse "acontecimento" nos mergulhou ao remeter Deus definitivamente à in-evidência e ao silêncio. Aí está, no entanto, a ponta de nossa *fé* em Deus, ponta que resiste a toda redução a uma mitologia entre outras.

Deus nada mais tem a falar

"Ao dar-nos, como o fez, seu Filho que é sua única Palavra — pois não há em absoluto outra —, ele nos disse e revelou todas as coisas numa única vez por essa Palavra única e nada mais tem a falar. E é esse o sentido do texto por meio do qual São Paulo deseja induzir os hebreus a abandonar essas primeiras formas de tratar com Deus segundo a lei de Moisés, e a dirigir os olhos tão-somente a Cristo, dizendo: *Aquilo que Deus outrora disse a nossos pais por seus profetas de muitos modos e maneiras, agora nestes últimos dias, ele no-lo disse em seu Filho* (Hb 1,1-2), tudo de uma única vez. Nisso, o Apóstolo dá a entender que Deus permaneceu quase mudo e que nada mais tem a dizer, porque o que dizia então pouco a pouco aos profetas, disse-o tudo nele, ao dar-nos o Tudo, que é seu Filho.

Eis o motivo pelo qual aquele que dirigisse agora uma pergunta a Deus ou que quisesse uma visão ou uma revelação não apenas faria uma tolice, mas também injuriaria a Deus ao não pôr inteiramente os olhos em Cristo, sem desejar nenhuma outra coisa ou novidade. Pois Deus poderia responder-lhe: '[…] Mas quem hoje me interrogasse sobre isso e desejasse que eu lhe respondesse ou que lhe revelasse alguma coisa, essa atitude consistiria, de algum modo, em voltar a me questionar Cristo e a me pedir mais fé e dizer que há falta nela, que já é dada em Cristo; e assim essa pessoa muito injuriaria meu Filho bem-amado; porque não apenas nisso careceria de fé, mas também o obrigaria a encarnar-se de novo e a passar por sua primeira vida e sua primeira morte. Nada tens mais a perguntar-me, nem deves pedir revelações ou visões de minha parte'."

SÃO JOÃO DA CRUZ, *La montée au mont Carmel*, Livro II, cap. 22, em *Oeuvres complètes*, Paris, DDB, 1967, 4ª ed., p. 209 ss.

Uma fraternidade não subvertida pelo mal radical

O segundo "acontecimento" se enxerta no primeiro e se caracteriza essencialmente pela tentativa do espírito humano de ocupar o lugar vazio deixado pelo desaparecimento da "religião", bem como de realizar historicamente — por meio da economia e da política — o absoluto na história. Que se acabasse com a história e se instaurasse a utopia da felicidade para todos! O Ocidente fez, no século XX, duas tentativas desse tipo, duas maneiras aterrorizantes de imitar a religião cristã: o totalitarismo nazista e o comunismo stalinista. Não se trata aqui de analisar sua emergência e seu desaparecimento. Mas é possível sem dúvida afirmar que cada um desses dois totalitarismos foi vencido em seu próprio terreno: o nazismo em 1945, no terreno militar, e o comunismo em 1989, no terreno da economia. É o que já pressentiam, nos anos 1930, alguns filósofos e o que anunciava o padre Gaston Fessard em 1945[32].

Qual o princípio da vitória sobre o que muitos europeus, alguns de nossos pais e avós, vivenciaram como manifestação do mal radical?[33] Nesse desencadeamento trágico de uma violência inaudita, a consciência de alguns resistiu. O Apocalipse os chamaria de santos: "não foi em sua boca encontrada nenhuma mentira" (Ap 14,5); "... eles não amaram sua vida a ponto de temer a morte" (Ap 12,11)[34]. Ou, nas palavras de Jorge Semprun: "Todos nós que íamos morrer escolhêramos a fraternidade dessa morte pelo gosto da liberdade"[35]. Essa prova — a experiência do mal radical e da fraternidade — levou muitos cristãos a questionar o axioma tradicional da impassibilidade divina: acaso não impedia ela de ouvir, no silêncio de Deus, sua paixão em todos os sentidos da palavra?

---

32. FESSARD, Gaston, *Autorité et bien commun* (1945), Paris, Aubier-Montaigne, ²1969, pp. 91, 95-97, e o Posfácio de 1969.
33. A utilização da expressão "mal radical" faz intervir no diagnóstico a prática planejada daquilo que os nazistas denominaram, em termos apocalípticos, a "solução final da questão judaica".
34. Cf. capítulo 4, p. 111.
35. SEMPRUN, Jorge, *L'écriture ou la vie*, Paris, Gallimard, 1994, p. 34 (cf. também ibid., 49 ss., 55, 65 e o quadro da página seguinte).

*A região crucial da alma em que o Mal absoluto
se opõe à fraternidade*

"O sobrevivente do *Sonderkommando* de Auschwitz, o judeu polonês que não tinha mais nome porque podia ser qualquer judeu polonês, qualquer judeu mesmo de qualquer lugar em que, não há dúvida, o sobrevivente de Auschwitz permaneceu imóvel, as mãos espalmadas sobre os joelhos: estátua de sal e de desesperança da memória.

Também nós permanecemos imóveis.

[...] Pareceu-me então, no silêncio que seguiu o relato do sobrevivente de Auschwitz, cujo horror pegajoso nos impedia ainda de respirar com facilidade, que uma estranha continuidade, uma coerência misteriosa mas radiante regia o curso das coisas. De nossas discussões sobre os romances de Malraux e o ensaio de Kant, em que se elabora a teoria do Mal radical, *das radikal Böse*, ao relato do judeu polonês do *Sonderkommando* de Auschwitz — passando pelas conversas dominicais do bloco 56 do Petit Camp, em torno de meu mestre Maurice Halbwachs —, tratava-se de uma meditação que se articulava de modo imperioso. Uma meditação, para dizê-lo com as palavras que André Malraux escreveria apenas trinta anos mais tarde, sobre 'a região crucial da alma em que o Mal absoluto se opõe à fraternidade'."

SEMPRUN, Jorge, *L'Écriture ou la vie*,
Paris, Gallimard, 1994, p. 61 e 65.

O fechamento de um espaço sem céu

Poderíamos ser tentados a aplicar a 1945 e à derrubada do muro de Berlim em 1989 o "nunca mais!" do Apocalipse (Ap 16,17-19): "a grande cidade se quebrou..."[36]. Levaríamos então muito pouco a sério um terceiro "fim" da história, difícil de discernir porque situado em nossa estrita atualidade: o fenômeno da mundialização, ligada à globalização do neoliberalismo ocidental. Algumas pessoas enfatizam a ausência de regulação e de alma, de um ponto de vista cultural e humano, nesse processo inelutável de efeitos destruidores; outras se

---

36. Cf. capítulo 4, p. 115 s.

preocupam mais com a estranha anestesia produzida pela redução neoliberal do homem à sua condição de produtor e de consumidor — anestesia tornada mais profunda ainda pela repetida agressão a nosso imaginário e à nossa sensibilidade por um "acréscimo" de tragicidade. Lembram-nos que nenhuma geração pode transmitir suas experiências de aprendizagem à "nova". Acaso se quer dizer que 1945 e 1989 não foram verdadeiros "fins", que as experiências totalitárias podem ser repetidas?

Se efetivamente é difícil de transmitir, em nossas sociedades pós-modernas, uma verdadeira consciência histórica — um "nunca mais!" —, a mundialização progressiva de todas as trocas de bens, de idéias e de valores parece engendrar ainda um estado de consciência inteiramente diferente. O fim da história, tal como foi encarado pela primeira modernidade, passa a traduzir-se em termos de fechamento de um espaço terrestre — sem céu —, globo indefinidamente estendido mas fechado sobre si mesmo e submetido à dominação sistemática da civilização técnica e midiática do Ocidente, assim como à violência exercida pelo neoliberalismo econômico. Ao mesmo tempo, impõe-se progressivamente a consciência de que nosso mundo é o único de que dispomos; assim como cada um de nós experimenta sua própria unicidade visto que a aproximação da morte o faz compreender que há tão-somente uma vida, assim também tomamos coletivamente consciência da unicidade de nosso globo, e isso tanto mais claramente na medida em que ameaças de todos os tipos pesam sobre sua sobrevivência. Eis a razão por que nossos sonhos buscam de boa vontade outros exemplares dela!

Já é difícil para o homem comum — não apenas para aquele que é confrontado com a experiência do mal radical — entender, nos limites inexoráveis de sua existência, um "bem-aventurado és tu" (Ap 1,3 etc.)[37] que o convence a partir do interior de si mesmo do sentido de sua existência, pois o fechamento do céu aguilhoa e atiça a questão lancinante para todo indivíduo: "como ter êxito em minha vida?". Mas, quando pretende dirigir-se ao mundo inteiro, uma palavra de felicidade parece ainda mais comprometida. E entretanto podemos ignorar

---

37. Cf. capítulo 4, p. 114 s.

que o globo se transformou numa vasta aldeia e que a felicidade de cada um e de cada grupo se acha a todo momento ameaçada ou alterada pela infelicidade dos outros, podendo esses outros ser também as gerações futuras, aquelas que fomos com relação às que nos precederam? De modo bastante lento, um novo estado de espírito parece atuar nos seres humanos: eles tomam consciência — mais solidariamente — de surpreendentes fontes de vida ocultas na matriz que é sua história e da terra que os sustenta.

Esse trabalho subterrâneo atinge também as religiões, colocando todas numa situação "última", mesmo se cada uma vive esse estado de fato a seu modo (o budismo, por exemplo, de forma definitivamente diversa dos "monoteísmos" mediterrâneos). Em sociedades de comunicação e de mestiçagem, seus adeptos se acham postos numa relação amiúde difícil, às vezes até violenta. A opinião pública os interroga de maneira impiedosa sobre o potencial de violência que seu imaginário veicula e sobre os recursos de paz e de comunicação entre os seres que elas podem suscitar a partir de seu próprio patrimônio. Às vezes seus representantes se questionam mutuamente sobre a contribuição de cada uma à paz mundial (a reunião de Assis de 1986 foi um desses momentos); mais raramente, assiste-se a um retorno interrogativo de uma delas sobre si mesma, entrando numa busca de adequação crítica com relação à sua própria tradição.

Seria possível pensar que esse trabalho retoca as religiões, identificando-as progressivamente com uma ética mundial. Mas é possível que elas sejam sobretudo reconduzidas, cada uma à sua própria identidade, chamada a buscar a "fonte" de seu jogo de comunicação, que conjuga doravante uma relação consigo *e* com o outro, no mais profundo de sua própria tradição. Tal como se cada uma delas se confrontasse com uma metamorfose imprevisível, provocada, pouco a pouco, pelo acontecimento designado anteriormente como fim da "religião". Essa experiência leva, de todo modo, alguns cristãos a corrigir a idéia de um Deus criador que interviria, a todo momento e a partir do exterior, em sua obra. Não seria necessário entender hoje em seu silêncio que, com nosso globo, *tudo nos é enfim confiado,* não apenas à nossa capacidade, mas também à nossa possibilidade ética de comunicar-nos com o outro e, sobretudo, ao nosso desejo de felicidade? Mas não antecipemos a abordagem desse terceiro domínio no capítulo 7.

"Deus" na pós-modernidade

Se nos deixamos guiar pelo anjo do Apocalipse que nos exorta a avançar retornando a nós mesmos, o que vemos? Tudo parece ter ocorrido como se tivéssemos aproximado coletivamente estes três "limites", durante o século XX, num ritmo sempre mais acelerado: o silêncio de Deus, a experiência do mal radical e de uma fraternidade conservada, o fechamento de um espaço que parecia ilimitado e a consciência de que o único mundo e a unicidade de cada um — determinado povo e determinado indivíduo — nos são confiados.

A menos que se permaneça na anestesia ou na opção pelo cinismo, no consentimento da fragmentação última do real ou na satisfação com um comunitarismo tribal, a condição pós-moderna não provoca necessariamente a anulação da modernidade. Esta soube isolar progressivamente uma ética universalista. Ela se opôs violentamente, num primeiro momento, a toda religião, mas suscita na atualidade, ao menos em alguns casos, sua transformação em nome, propriamente falando, de uma utopia ética de pacificação de todo o mundo. Falar de três "fins" é portanto enfatizar a ancoragem da pós-modernidade na modernidade e discernir uma continuidade histórica da qual seria possível censurar o caráter teológico referente aos traços das Escrituras cristãs.

Os três limites que acabamos de aproximar põem com efeito nossa liberdade diante de um desafio último: ninguém nos obriga mais a fazer Deus intervir na gestão de nossas existências individuais e coletivas; sua in-evidência remete cada um à liberdade de sua consciência; nós já o mostramos no capítulo 3. Mas se nos referimos a Ele não podemos fazê-lo fora de um compromisso numa história da humanidade cujos "limites" passam a ser marcados.

A palavra "Deus" recebe então, para aqueles que se arriscam a nomeá-Lo, uma significação singular — propriamente falando, inaudita; uma significação que se forma, na história e graças a ela, no cruzamento da prova do silêncio divino, da presença da santidade em nosso mundo e de um desenraizável desejo de felicidade para cada um de nós e comum a todos. "Deus" terá nos confiado tudo em sua auto-revelação, inclusive a Si-mesmo, sua própria santidade, para que pudéssemos — graças a seu silêncio — ter acesso *em nós e por nós mesmos* à fonte de sua beatitude? Dizer "Deus" será uma maneira de designar a santidade como mistério messiânico do mundo e da história?

O Apocalipse[38] estabelece com efeito um íntimo vínculo entre o destino coletivo da humanidade e "a realização do mistério de Deus" (Ap 10,7); essa realização é sua própria Revelação, tornando-se *historicamente localizável* pelo fiel que chega a uma compreensão interior do destino humano. Essa visibilidade é a de *acontecimentos;* não é preciso excluí-la, de acordo com o último livro da Bíblia, que acompanha o momento da autodestruição da violência e do mal por meio da exclamação mitigada de um "nunca mais!".

Mas a realização revela-se sobretudo positivamente na misteriosa aplicação de um *jogo de relações entre indivíduos e entre povos*, relacionado à doçura e à não-violência; Santo Ireneu o sugerira, ao falar dos herdeiros da terra, e foram dados numerosos exemplos de alianças amigáveis entre seres e coletividades. A metáfora do "banquete das núpcias do Cordeiro" para uma imensa multidão (Ap 19,6-8) exprime com clareza essa transformação de nossas relações de escravidão, de subordinação ou de submissão em relações amigáveis ou amorosas, "revolução" que se realiza durante os "mil anos" de que fala o capítulo 20 do Apocalipse (cf. quadro da página seguinte).

Acaso esse texto não se tornou hoje infinitamente mais crível do que outrora?[39] Sair — *com* outros, muitos outros — do medo que

---

38. O leitor deve continuar a remeter-se à nossa apresentação no capítulo 4, p. 107 s.

39. Leiamos ainda uma vez Jorge Semprun: "De repente, aquilo me intrigara — até me excitara —, que a morte não estivesse mais no horizonte, bem diante de mim, como o limite imprevisível do destino, aspirando-me para sua indescritível certeza. Que ela estivesse já em meu passado, usada até o fim, vivida até a intimidade, seu sopro cada vez mais fraco, mais afastado de mim, em minha nuca. Era excitante imaginar que o fato de envelhecer, doravante, a contar deste fabuloso dia de abril, não ia me aproximar da morte, mas, muito pelo contrário, afastar-me dela. Talvez eu não, de maneira muito tola, tivesse sobrevivido à morte, mas na verdade ressuscitado; talvez eu fosse imortal, a partir de então. Em *sursis* ilimitado, ao menos, como se tivesse nadado no rio Styx até a outra margem" (*L'Écriture ou la vie*, 25).

pode invadir-nos quando estamos na proximidade do fim, rumo aos três sentidos evocados há pouco, pressupõe que voltemos a ouvir, individual e coletivamente, o "bem-aventurado" que corresponde ao "vem" do Espírito no cerne de uma humanidade simbolizada pela esposa (Ap 22,17).

É possível que a travessia dos três limites nos tenha levado a compreender, como nunca antes, que essa Palavra bem-aventurada não faz desaparecer o enigma que cerca a realidade e que faz de nós seres humanos. Algumas interpretações da "era do Espírito" ou dos "mil anos" teriam podido levar à crença nele. Mas essa Revelação introduz em nossas histórias individuais e coletivas um "logo" intransponível, condição de uma novidade sem cessar renovada: a iminência da imanência* de Deus. Não se trata em absoluto de um jogo de palavras! Devemos ter presentes, juntos, estes dois termos: a iminência e a imanência. Sem "a imanência" de Deus, sem sua presença em sua criação, o que é "iminente" é temor tal como se teme uma ameaça, reflexo de um medo "religioso" que ainda não foi curado; sem a expectativa de um encontro "iminente", "a imanência" de Deus em nossa história degenera em banalidade sem desejo. É seu vínculo que constitui o desemaranhar definitivo da intriga humana porque mantém *aberta* a novidade sem fim na qual se abriga o "vem" da esposa — símbolo de nossa humanidade —, jamais apagado em virtude do canto da união nupcial.

Eles reinaram com Cristo

"Vi então um anjo que descia do céu. Tinha na mão a chave do abismo e uma pesada corrente. Apoderou-se do dragão, a antiga serpente, que é o Diabo e Satanás, e o acorrentou por mil anos. Precipitou-o no abismo, fechando-o e lacrando-o com um selo, para que não seduzisse mais as nações até que se completassem os mil anos. É necessário, depois disto, que ele seja solto por um pouco de tempo.

Vi, também, tronos. Aos que neles se sentaram foi concedido que exercessem o julgamento. Vi ainda as almas dos que tinham sido decapitados por causa do testemunho de Jesus e da palavra de Deus, e os que não tinham adorado a besta nem sua imagem e não tinham recebido a marca na fronte nem sobre as mãos. Eles tornaram à vida e reinaram com Cristo durante mil anos.

Os outros mortos não tornaram à vida antes que se completassem os mil anos. Esta é a primeira ressurreição! Felizes e santos os que têm parte na primeira ressurreição! Sobre estes, a segunda morte não tem poder: eles serão sacerdotes de Deus e do Cristo, e reinarão com ele durante mil anos."

Apocalipse 20,1-6

A IGREJA NA CENA PÚBLICA

Seria ingênuo pensar que a Igreja fosse intocada pelos três fins da história; uma hipótese desse tipo chegaria a contrariar o texto do Apocalipse: o julgamento usado na história da humanidade se exerce também nela; as sete cartas dirigidas às sete Igrejas da Ásia Menor (Ap 2 e 3) são um vivo testemunho desse fato.

A Igreja do Vaticano II adotou progressivamente esse estado de espírito; é preciso afirmá-lo, mesmo que tenhamos dificuldade para identificar o ponto exato em que os "três fins" o afetam. Percebemos sobretudo que ela está sujeita, por sua vez, a uma desestruturação sem precedentes justamente nos países do hemisfério Norte de nosso globo, que são os mais atingidos pela história da modernidade e da pós-modernidade. Ora, não deveria ela se situar no *tempo do fim* de que se acaba de falar? Algo parece impedi-la de entrar nesse âmbito e de fazer entrar outros nele. Acrescentemos que nem mesmo é certo que percebêssemos com ela já claramente a novidade desse tempo. A história da leitura do Apocalipse, brevemente evocada neste capítulo, pode alertar-nos para isso.

A forma política da Igreja

Reconhecida essa hesitação, pode-se apesar de tudo dizer que, a despeito dos avanços do Vaticano II, a Igreja permaneceu no interior de uma consciência global de si mesma como de uma "sociedade perfeita" ou hierárquica, fundada num direito divino que regula sua vida sacramental, suas instituições, suas práticas e seus preceitos. Essa forma política é o impedimento por excelência de sua entrada no tempo do fim. O modelo de cristandade, apresentado no início deste capítulo, traz latente a distinção, a própria separação moderna entre o poder e o religioso, implementada desde Leão XIII; por conseguinte, ele pôde transpor o umbral da modernidade. Não obstante, esse modelo pode nos levar a esquecer hoje que continua a exprimir a identidade dos portadores da Revelação e o conteúdo desta exclusivamente em termos de *poder*.

Ora, a *forma* da Igreja veicula, queira-se ou não, uma *imagem de Deus*. Que imagem? A imagem de um Deus "sempre mais diferente". "Pois, por maior que seja a semelhança entre o Criador e a criatura, deve-se ainda observar uma maior dessemelhança entre eles", afirmava o Concílio Latrão IV em 1215 contra o abade Joaquim de Fiori[40]. E o que se aloja nesse espaço de dessemelhança é a virtude fundamental da obediência, compreendida como submissão, que sustenta o conjunto da construção jurídica desse concílio e que, a partir do Vaticano I, organiza hierarquicamente a totalidade do espaço entre "aquele que é" e o último dos fiéis.

A teologia do século XX fez grandes esforços para corrigir essa imagem de Deus, construída sobre a conivência entre o que a filosofia — a ontologia — grega diz da totalidade do real e a tradução grega do nome bíblico de Deus: "Eu sou aquele que *serei*" (Ex 3,14). Foi a experiência do mal radical — Auschwitz e a fraternidade mantida de algumas pessoas — que obrigou os teólogos a questionar o axioma grego da "impassibilidade de Deus", graças a uma teologia da cruz que, em seu silêncio, entende sua Paixão em todos os sentidos do termo.

Mas não é seguro que a teologia tenha de fato encaminhado o outro pressuposto da ontologia teológica da Igreja latina: a concepção da obediência que alicerça sua imagem de Deus e sua própria estrutura. Ora, o conjunto dos evangelhos — primeiramente o Quarto Evangelho, e sobretudo o Apocalipse — propõe uma imagem inteiramente diversa, uma outra *forma:* a de uma amizade, de uma igualdade que põe cada um dos parceiros numa mesma altura, e esses textos não

---

40. *Symboles et définitions de la foi catholique*, 295.

falam apenas de parceiros humanos, mas — e isto é, propriamente falando, inaudito — do caráter de parceiros entre Deus e o homem: "eu *com* ele e ele *comigo*. Farei o vencedor sentar-se *comigo* em meu trono" (Ap 3,20 ss.). Que singular subversão do conceito de trono! Dois, até três num mesmo trono! Não será em nossas catedrais que esse estilo será adotado.

Ora, ainda uma vez, é sua forma política com sua justificação teológica que pode impedir a entrada da Igreja no tempo do fim. É necessário entender com clareza o que é designado aqui pelos termos "forma" ou "estilo": trata-se da maneira de Deus que não deseja senão uma coisa, que o homem possa compreender a partir de si mesmo, a partir do interior de si mesmo — como verdadeiro parceiro —, seu próprio mistério de Deus, de um Deus que eleva sua realização à história humana. É essa — a nosso ver — a significação do banquete do fim dos tempos (Ap 3,20ss e 19,6-9)[41], banquete em que Deus e a humanidade partilham realmente com o Cordeiro a sabedoria e a compreensão do que lhes acontece: sua mútua realização.

O incógnito de Cristo

A história torna eminentemente plausível o desaparecimento da forma política da Igreja, sobretudo se se leva em conta a considerável mutação que teve de viver a própria cidade quando se emancipou progressivamente do modelo de cristandade, sem evitar de resto danos por várias vezes evocados. Hoje, sua opinião pública não cessa de interrogar-se sobre o "vínculo político e social", sobre o que leva a sociedade a manter-se unida. Esse questionamento é tanto mais inquietante na medida em que o vínculo da sociedade enfrenta dificuldades como nunca antes por parte das dinâmicas pluriculturais e supranacionais, e exposto a ser confiscado por determinada religião ou algum extremismo.

Ora, esse vínculo se tornou não-delimitável e não-controlável numa sociedade que, tendo definitivamente perdido o mediador real no qual

---

41. Cf. capítulo 4, p. 116-117.

ela se encarnou, deixou de saber relacionar-se consigo mesma em todos os seus elementos e de se representar como um único corpo. Ninguém pode nunca monopolizar a interpretação desse vínculo, pretender responder sozinho ao "imperativo contínuo", característico de nossa modernidade política e social, "de um deciframento da sociedade por si mesma"[42]. Foi entretanto isso o que o cristianismo pôde fazer a partir do século IV, dando ao Cristo Rei o lugar central no imaginário político e social do Ocidente, assim como estabelecendo nesse fundamento uma primeira distinção dos poderes espirituais e temporais.

A "secularização", já evocada, e o aparecimento das democracias deixaram vago o lugar público do Cristo Rei. Ocupado temporariamente pelo pseudo-sujeito do Estado jacobino e usurpado, no século XX, pelas terrificantes figuras do Estado totalitário, essa retirada para *o incógnito* abre um espaço espiritual ilimitado em nossas sociedades.

Evocamos anteriormente esses acontecimentos, a cujo grau se adaptou lentamente a distinção entre uma consciência difusa da justiça e da reciprocidade, pilar do vínculo político e social[43], e a objetivação de alguns direitos fundamentais cuja formulação não pode ser confiscada por ninguém. Num jogo de oposições ao poder, essencial a nossas democracias, nosso patrimônio jurídico se enriqueceu progressivamente com novos direitos, indo, por exemplo, da legitimação da greve ao direito ao trabalho ou à seguridade social. Constituiu-se assim uma história dos "direitos do homem", tecida pelos relatos de lutas em favor do reconhecimento desta ou daquela categoria da população. Nenhuma globalização prematura desses direitos é possível, na medida em que seu desenvolvimento permanece ligado às histórias particulares das sociedades, e sobretudo a eventos que, como a Segunda Guerra Mundial, foram experimentados como ameaça absoluta para a humanidade e, nesse sentido, como um fim.

Esse grande relato multiforme de nossas sociedades modernas constitui portanto o lugar de uma experiência de Revelação de algum modo anônima: "leitura do jornal como oração matinal", como sugeri muitas vezes. Participar ativamente do questionamento da sociedade

---

42. Cf. LEFORT, Claude, *L'invention démocratique*. Les limites de la domination totalitaire, Paris, Fayard, 1981, p. 63-70.
43. Cf. Capítulo 3, p. 61 e 70-71, capítulo 4, p. 89, e capítulo 5, p. 131-133.

acerca do que a mantém unida, permitir-se até esperar, por ocasião de determinado evento, pelas dores do parto do corpo social uno e contudo incapaz de representar-se a si mesmo o vínculo que o constitui é vivenciar o trabalho do Espírito. A Epístola aos Romanos no-lo ensina quando evoca o "gemido de toda a criação", relacionando-o com o "gemido do homem interior" e com o "gemido do Espírito" (Rm 8,22,23 e 26),

No tocante à fé, há não apenas uma simples relação de conveniência, mas sobretudo uma identidade estrutural entre o caráter não delimitável e enigmático do "vínculo de sociedade" e a função relacional do Espírito[44]. Um e outra, até mesmo um identificado com a outra, indicam com efeito o que "mantém" misteriosamente em e entre nossas sociedades — apesar de todas as forças destruidoras que as permeiam — aquilo que precede sempre toda interrogação a seu respeito ou adianta-se sempre a todos os nossos esforços de interpretação. O "peso" do que vale a pena ser vivido não cabe tão-somente aos sujeitos[45]; ele é também efetuado por corpos sociais inteiros e se realiza neles, com freqüência sem a interferência de sua vontade.

A visibilidade da Igreja

Esse deciframento da sociedade por si mesma acaba por tornar-se — graças à mundialização — questionamento mútuo das grandes tradições e grupos religiosos, e movimento das comunidades cristãs sobre si mesmas[46]. Esse novo questionamento se funda nos critérios que permitem discernir, no próprio interior do vínculo político-social, entre o que conduz à morte ou à des-criação e aquilo que o orienta para a re-criação ou o parto de um futuro comum. Reencontramos aqui tudo o que foi dito sobre a regra de justiça e sua realização na infinita diversidade das figuras de "santos".

A Igreja não pode impor seus critérios de julgamento ao conjunto da sociedade pluralista, sob pena de contradizer-se; ela só pode

---

44. Cf. capítulo 4, p. 84.
45. Cf. capítulo 5, p. 101-103.
46. Cf. acima, p. 187 s.

viver a partir deles remetendo-se a si mesma a um movimento de reforma contínua; orientação evangélica que o Concílio Vaticano II voltou a valorizar[47]. Mesmo enraizando-se, por conseguinte, nas relações que constituem o tecido "espiritual" de nossa humanidade, ela se atribui uma figura messiânica; ela só pode fazê-lo identificando-se a Jesus, o Santo de Deus, deixando-se remeter por ele àqueles e àquelas que, mesmo sem fazer parte de sua própria tradição, lhe mostram uma santidade multiforme e sempre inesperada.

Logo, é esse trabalho espiritual que a Revelação exorta as comunidades a realizar no seio da sociedade, em seu *estilo* de vida e de comunicação. Só um trabalho desse tipo pode tornar possível uma autêntica experiência de Revelação. Questão de *forma*, como dissemos anteriormente!

Se a aspiração à paz universal é de fato comum ao judaísmo, ao cristianismo e ao islamismo, até a todos os seres humanos, as comunidades cristãs se transformam em suas artesãs mediante uma experiência singular de desprendimento. Elas se identificam não apenas com o Messias, cujo rosto é feito de todos os rostos da humanidade ("Senhor, quando é que nos sucedeu ver-*te* com fome ou com sede, estrangeiro...?"), mas também buscam o perdão e esperam uma regeneração última do "vínculo de humanidade", no próprio "lugar" de uma separação aparentemente definitiva entre os vivos e os mortos[48]. Referir-se enfim, neste lugar, para além mesmo da perspectiva messiânica de uma reconciliação universal, à "paternidade" de Deus não significa, para elas, abandonar o "vínculo de humanidade" ou de fraternidade, mas escrutar a profundidade insondável, vê-lo portanto confiado como dom a cultivar[49].

No âmbito da sociedade e da história, a Igreja em seu "vir-a-ser" oferece portanto à experiência de Revelação certa visibilidade. Esta última pode sempre deformar em espetáculo o *mistério* da santidade messiânica, cuja discrição é a fonte verdadeira de sua paradoxal irradiação. Mais ainda, essa discrição cerca a oração co-

---

47. Cf. a Constituição Dogmática sobre a Igreja *Lumen gentium*, n° 8, e o Decreto sobre o Ecumenismo *Unitatis redingratio*, n° 6.
48. Cf. capítulo 5, p. 147 s.
49. Cf. capítulo 5, p. 149 s.

munitária dirigida ao Pai cuja in-vidência essencial apela à consciência de cada um.

Esse "segredo messiânico", muitas vezes recordado nestas páginas, não pode entretanto anular a própria experiência de Jesus, que diz aos seus que "nada há de encoberto que não venha a ser descoberto, nada de secreto que não venha a ser conhecido" (Mt 10,26-33). Os três fins da história em questão conduzem sem dúvida a um desaparecimento da figura "política" da Igreja, mas a fazem ao mesmo tempo entrar numa *forma* inteiramente nova, adaptada ao *tempo do fim*. O rumor da felicidade para todos como "fim" da história não pode com efeito ser um princípio de governo das massas humanas; dizer o mistério da história dessa maneira seria instrumentalizá-lo de modo perigoso. Mas a Igreja não pode deixar de significar historicamente o que aprendeu de sua leitura do Apocalipse: o Cordeiro é o "pastor" de toda a humanidade (Ap 7,17).

Os "apóstolos do Cordeiro" (Ap 21,14) tentaram, pois, reunir os seres humanos, seja em *casas* segundo a imagem fornecida pelos evangelhos e pelos Atos (At 2,42-47 e 28, 16, 23 e 30), seja *sobre a relva ou a céu aberto*, numa lembrança da multiplicação dos pães (Jo 6,1-15). Mas, quanto mais a multidão é numerosa, tanto maior é o risco de reproduzir modelos idólatras (Jo 6,15). A parábola do "bom pastor" que se desprende de sua vida (Jo 10,1-21) apresenta-se então à nossa lembrança para recordar-nos as condições de santidade, permitindo o acesso justo à praça pública da história. A arte e mais particularmente o canto participam da expressão comum do rumor de felicidade, proveniente de Deus e restituído pelo Messias no Espírito Santo ao Pai. Mas isso será o objeto da meditação do último capítulo.

CAPÍTULO 7

O acesso à fonte

Os dois capítulos anteriores tiveram como meta considerar seriamente a convicção cristã de que Deus, ao desvelar-se a si mesmo, se revela como o último destino do homem. Por conseguinte, estamos primordialmente interessados em nossos encontros em ouvir, neste ou naquele acontecimento "revelador", o murmúrio de uma felicidade que nos convida a adotar em nossos itinerários a própria perspectiva de Deus. Tentamos em seguida localizar os efeitos históricos dessas experiências de revelação ao ler, nos limites transpostos pela humanidade nestes últimos séculos, "a realização do mistério de Deus" e o desemaranhamento definitivo da intriga humana.

O terceiro "terreno" que visitamos agora nos porá em contato com a totalidade do real, por certo sempre velado, mas explorado, na época moderna, por caminhos tão diferentes quanto os das ciências e das artes. Passando por esses dois registros de nossa experiência elementar de "revelação", abordados desde o primeiro capítulo, nós nos deixaremos conduzir à descoberta do mundo como criação. Gostaríamos de compreender a partir do interior o que já percebemos ao falar de nossos encontros e da história: adotar a perspectiva de Deus sobre o universo é perceber, graças à sua auto-revelação, que ele nos deu tudo, a tal ponto que pudéssemos ter acesso por nós mesmos àquilo que ele é em si mesmo.

A IMENSIDÃO DO UNIVERSO

Voltaremos a partir, para esta última exposição, de nossa breve releitura da história européia dos capítulos 2 e 6. Já evocamos nesse âmbito o nascimento das ciências físico-matemáticas[1]. No século XVII, elas produziram uma verdadeira *revolução da imagem do mundo*. Sem dúvida, elas constituem antes de tudo um sistema de investigação e de ação em interação constante com o "real"; mas elas não cessam de modificar ao mesmo tempo a representação que dele fazemos espontaneamente, sem poder contudo retirar o "véu" posto sobre ele.

A expressão "revolução copernicana" se tornou corrente para designar a passagem do universo fechado da Idade Média ao mundo infinito dos tempos modernos. Nietzsche recorda, em seus *Fragmentos póstumos* de 1885/87, o lugar cada vez mais incerto do homem neste universo: "Desde Copérnico, o homem rola do centro para o x"[2]. Pascal (1623-1662) parece ainda mantê-lo no meio do universo (cf. quadro a seguir); mas se segue de perto sua experiência de contemplação, retraçada em seus *Pensamentos*, não se pode deixar de experimentar, com ele, medo e perturbação no momento em que ele transpõe os limites do imaginável, mesmo que Pascal se considere finalmente "sustentado na massa que a Natureza lhe deu, entre os dois abismos do infinito e do nada".

O homem: um meio entre dois infinitos

"Que o homem contemple portanto toda a Natureza em sua elevada e plena majestade; que desvie os olhos diante dos objetos baixos que o cercam; que olhe essa resplandecente luz, posta como uma lâmpada eterna para iluminar o universo; que a terra lhe pareça um pequeno ponto diante do vasto giro que esse astro descreve e que se espante que esse mesmo giro é um ponto muito delicado em comparação com os que os astros que giram no firmamento que rodeiam. Mas se nossa vista se detém aí, que *a*

---

1. Cf. capítulo 2, p. 51. No capítulo 1, p. 17-21, já falamos resumidamente das "descobertas científicas" e de sua recepção pela comunidade científica.
2. NIETZSCHE, Fr., *Fragments posthumes*, em *Oeuvres philosophiques complètes* XII, Paris, Gallimard, 1978, p. 130; em matemática, o x é o símbolo do desconhecido.

imaginação vá além; ela se deixará mais conceber do que a Natureza fornecer. Todo este mundo visível não passa de um traço imperceptível no amplo seio da Natureza [...]

Que o homem, tendo voltado a si, considere o que é ao preço do que é; que ele se veja como desorientado nesse cantão apartado da Natureza; e que com essa pequena cela em que se acha alojado, ou seja, o universo, ele aprenda a avaliar a terra, os reinos, as cidades e a si mesmo em seu justo preço. O que é um homem no infinito? Mas, para apresentar-lhe outro prodígio igualmente surpreendente, que ele procure no que conhece as coisas mais delicadas. Que um cupim lhe ofereça, na pequenez de seu corpo, partes incomparavelmente menores, pernas com juntas, veias nessas pernas, sangue nessas veias, humores nesse sangue, gotas nesses humores, vapores nessas gotas; que, dividindo ainda estas últimas coisas, ele esgote suas forças nessas *concepções* [...]. Desejo pintar-lhe não apenas o universo visível, mas a imensidão que se pode conceber da Natureza, no recinto desse minúsculo átomo. Que ele veja uma infinidade de universo, cada um com seu firmamento, seus planetas, sua terra, na mesma proporção do mundo visível [...]; pois quem deixará de admirar que nosso corpo, que há pouco não era perceptível no universo, ele próprio imperceptível no seio do Todo, seja hoje um colosso, um mundo, ou sobretudo um Todo, com relação ao nada a que se pode chegar?

Quem se considerar assim se espantará consigo mesmo e, considerando-se sustentado na massa que a Natureza lhe deu, entre esses dois abismos do infinito e do nada, tremerá à vista dessas maravilhas; e creio que, transformando-se sua curiosidade em admiração, estará mais disposto a contemplar em silêncio do que a analisar com presunção.

Pois, enfim, o que é o homem na Natureza? Um nada diante do infinito, um Todo com relação ao nada, um meio entre nada e Tudo."

PASCAL, Blaise, Les Pensées, *Éd. F. Kaplan*,
Paris, Le Cerf, 1982, n° 132, pp. 152-154.

As ciências evoluíram muito desde essa época: a imagem de um cosmos totalmente determinado que assediava ainda o século XIX teve de ceder lugar à experiência da indeterminação, do caos e do imprevisível, possibilitando a idéia de uma história do universo.

A Revelação

Além disso, as dimensões de nosso mundo nada mais têm em comum com as que se concebiam no Grande Século. O aparecimento de nossos ancestrais, os hominídeos, remonta a 6 ou 8 milhões de anos, o da vida na terra a 3,5 bilhões de anos, aproximadamente, e a idade do universo em expansão é avaliada hoje com uma cifra astronômica situada entre 15 e 20 bilhões de anos. Poderíamos fazer enumerações análogas indo do que vemos ao infinitamente pequeno, constatando então resultados da física das partículas, da química e da biologia molecular. Mas, apesar dessas vertiginosas mudanças de escala, a experiência comum da imensidão do universo pode sem dificuldades ser reconhecida no itinerário de Pascal.

Os limites da imaginação e do senso comum são com efeito desbaratados pelas ciências, desvelando e velando *ao mesmo tempo* um "real" finalmente inatingível. Conscientes desse processo de conhecimento num mundo radicalmente "aberto"[3], talvez estejamos mais inclinados a reconhecer o que o antropomorfismo* de nossas abordagens do universo tem de inevitável.

Recordemos que no século XX assumiu-se o hábito de agrupar as ciências em duas classes diferentes: a das ciências denominadas "empírico-formais" porque *sobretudo* voltadas para o mundo inanimado ou animado que observamos a nosso redor e que, em certa medida, somos também nós mesmos; e a das ciências designadas por "humanas", porque *sobretudo* interessadas na realidade coletiva e individual da humanidade. Embora real, a diferença entre esses dois grupos se mostra hoje relativa. Com efeito, é impossível, mesmo para as ciências mais "duras", deixar a interação entre o pesquisador e seu "objeto"[4]. Portanto, é impossível expulsar a parte de interpretação em benefício de um ponto de vista absoluto ou de uma realidade que poderia ser definitivamente desvelada; a menos que se volte, como no positivismo, à razão absolutista que, por seu turno, assedia sempre nossas sociedades.

Num primeiro momento, desejaríamos deter-nos um pouco nesse trabalho de interpretação, já usado em nossa releitura da história. Refletiremos portanto no vínculo entre o procedimento científico e o que o

---

3. Cf. capítulo 1, p. 29 s.e capítulo 3, p. 58-60.
4. Cf. aquilo que foi dito, várias vezes, do "ideal da objetividade" na cultura contemporânea (capítulo 3, 60 s.).

cientista assume do *sentido da vida humana no universo* quando interpreta os resultados de sua busca; mas nosso interesse se voltará sobretudo para a diversidade dessas interpretações presentes na opinião pública. Reconhecer livremente e compreender, graças à Revelação, que o universo é criado é uma descoberta inaudita que se faz agora em nossa condição pós-moderna, isto é, numa pluralidade de visões do mundo[5].

A autonomia das ciências

Mas recordemos em primeiro lugar que, para possuir um estatuto científico, a física primeiramente e as ciências da vida em seguida tiveram de lutar contra o antropomorfismo e o antropocentrismo* — luta que, no interior dessas ciências, reproduz a emancipação progressiva das sociedades européias com relação à sua tutela religiosa[6].

Comecemos pelas ciências da vida; como, com efeito, não se servir da finalidade, que caracteriza tantas atividades humanas, como modelo universal para explicar tudo o que na natureza parece orientado para um objetivo e concluir assim pela evidente utilidade de todos os órgãos de um ser vivo segundo a intenção de um Criador? Ora, Darwin mostra como a combinação de três condições simples explica a simulação de um desígnio preestabelecido; basta que as estruturas fundamentais da vida variem, que sejam hereditárias e que a reprodução de certas variantes seja favorecida pelo meio. Logo, é a noção de *seleção natural* que se torna principal. Ela dá, por assim dizer, uma direção à mudança e orienta o jogo das variações que se produzem por acaso, harmonizando conjuntos cada vez mais complexos, ajustados durante milhões de anos em resposta aos desafios do ambiente. O próprio Darwin tinha de defender-se do ressurgimento do antropomorfismo que consistia em fazer sub-repticiamente da seleção um poder natural[7].

---

5. Cf. o que foi dito, no capítulo 3, p. 58 s. e 65 s., sobre esses diferentes aspectos do sentido da vida em nosso mundo pós-moderno.
6. Cf. capítulo 2, p. 49 s.
7. Mais recentemente, pesquisadores como Stephen J. Gould posicionaram-se contra as interpretações da teoria da evolução que dão à seleção natural um poder quase divino, negligenciando outras restrições.

A cosmologia científica teve de travar uma luta desse tipo contra o antropomorfismo e o antropocentrismo. Bem antes do nascimento da biologia moderna, na física clássica, e *a fortiori* na cosmologia einsteiniana regida pela relatividade geral, reina o princípio cosmológico que enuncia que o universo tem a mesma aparência (não nos detalhes, mas na globalidade), *qualquer que seja o lugar a partir do qual é ele observado*. Desse postulado que funda toda física científica resulta que a terra ou mesmo nossa galáxia ocupam tão-somente um lugar sem características particulares no universo[8].

Por trás dessa lenta aproximação entre a biologia e a cosmologia, perfila-se uma verdadeira *revolução mental* que tem como elemento essencial a crítica e a transformação do conceito de "finalidade" ou de "projeto preestabelecido". Ora, esse conceito é aparentemente central na visão bíblica e em outras concepções religiosas ou meta-físicas do mundo, todas qualificadas de místicas pelas ciências. A máquina auto-regulada[9] — o autômato dotado de circuito de retroação, que tira partido dos resultados de uma ação para governar o prosseguimento ulterior desta última — fornece o modelo mais simples de um dispositivo regulador que *parece* animado pela intenção de uma finalidade e que *na realidade* procede por adaptação progressiva e registro sucessivo das tentativas, produzidas ao acaso e bem-sucedidas.

Torna-se então impossível reconstruir por inteiro um estado inicial a partir da situação presente da evolução e do mundo porque, num universo em que o acaso desempenha um papel preponderante, nem o princípio de causalidade nem *a fortiori* o emprego do cálculo de probabilidades permitem atingir os acontecimentos do passado que desapareceram definitivamente. E se podemos, por exemplo, reconstruir os parâmetros necessários à eclosão da vida, nem por isso eles se tornaram suficientes. Não temos, com efeito, o direito de confundir o

---

8. Os "modelos relativistas" de Friedmann-Lemaître dos anos 1930 foram construídos com base no princípio cosmológico: eles pressupõem que a curvatura do espaço é *a mesma em todos os lugares* e que a *taxa* de expansão cósmica e de sua diminuição é, por seu turno, *idêntica*. Os modelos do *big bang*, denominados "modelos-padrão" (1965), constituem ademais uma subclasse daqueles, formada ao preço de hipóteses suplementares cujas consequências foram verificadas mais tarde com uma grande precisão.

9. Pode-se pensar no funcionamento do termostato.

que permanece do passado — por exemplo, o carbono como condição da existência da vida — e o que está sempre ausente porque comporta encontros, acontecimentos imprevisíveis, em suma, o que chamamos de contingência[10].

Compreende-se então a dificuldade que representa toda tentativa científica de reconstruir uma história da vida e do cosmos? Que se faz exatamente quando se tenta restituir as "condições iniciais" do universo? Para ficar apenas na atual pesquisa cosmológica, observam-se já *várias atitudes* intelectuais a respeito dessas questões-limite.

Algumas pessoas acusam o fato de que os primeiros instantes da duração do modelo *big bang* constituiriam "condições *interditas*" cuja densidade e cuja energia são tão elevadas que a física conhecida não aplica mais a si; elas adotam portanto uma posição agnóstica que — em nome mesmo do princípio cosmológico — se proíbe a transposição do limite absoluto formulado pela física atual.

Outros extrapolam aqui o que aprenderam em biologia sobre o acaso; eles introduzem portanto o conceito de "conjunto de universos possíveis", submetidos a uma seleção ao acaso. Dessa maneira, pensam poder tornar inteligível — mais tarde — o caráter mais ou menos provável das restrições que nossa presença *efetiva*, a do observador humano, impõe às condições iniciais do universo. Os defensores dessa posição formalizaram seu raciocínio num princípio que denominam "princípio antrópico" *fraco* (termo forjado a partir da palavra grega *anthropos*, para designar o lugar essencial do observador)[11].

Outros ainda se apóiam nessas condições iniciais muito especiais e altamente improváveis para reintroduzir na cosmologia um argumento finalista (um "princípio antrópico" *forte*[12]), que consiste en-

---

10. Cournot já o observara no século XIX: "por mais bizarra que a asserção possa parecer à primeira vista, a razão está mais apta a conhecer cientificamente o futuro do que o passado".

11. Eis uma formulação simples desse princípio: O que podemos esperar para observar deve ser *compatível* com as condições necessárias à nossa presença enquanto observadores.

12. Eis a formulação desse princípio forte: o universo *deve* possuir as propriedades particulares que permitem à vida desenvolver-se em seu interior, num certo estágio de sua evolução.

fim em dar ao observador uma posição privilegiada no universo, *relativizando* assim o princípio cosmológico que opta pela indiferença da posição do observador no universo.

Ciência e mito

A fronteira clássica entre ciência e mito[13], que reaparece no leque dessas posições, voltou a tornar-se portanto móvel. Embora lutando sem cessar com o antropomorfismo e o antropocentrismo, a cosmologia e a biologia devem reconhecer hoje (com a microfísica, ademais) que não podem se posicionar fora da relação entre o observado e o observador. Já seus conceitos elementares, como, por exemplo, o de "programa genético", são *metáforas*[14]. Estas têm sem dúvida um valor analítico considerável; mas o perdem quando é esquecido que se trata precisamente de metáforas que designam com freqüência mecanismos que não conhecemos.

Por outro lado, desde que se queira reunir a enorme quantidade de dados numa "história natural" ou numa "história do universo", há a obrigação de recorrer ao conceito cinematográfico de *cenário:* "Não é seguro" — escreve F. Jacob — "que se possa um dia saber como de um universo inerte emergiram seres vivos. Nem que seja possível um dia compreender a evolução do cérebro e o aparecimento do conjunto de propriedades que nos foi difícil definir, mas que denominamos pensamento. Toda tentativa de escrever a evolução do cérebro e do espírito não pode passar, por conseguinte, de uma simples história, um *cenário*"[15].

A *teoria da evolução*, que ninguém mais contesta em seu conjunto, tem de fato um estatuto particular; menos porque ela cubra mecanismos que não conhecemos ainda ou porque suscite interpretações diversas (como foi sugerido antes), mas sobretudo porque seu

---

13. Para o que diz respeito a essa distinção, cf. capítulo 1, p. 30-33.
14. Ao aplicar a linguagem informática às estruturas elementares da vida, o biólogo utiliza uma "imagem" ou faz sobretudo uma "transposição" (= metáfora).
15. JACOB, F., *Le jeu des possibles*. Essai sur la diversité du vivant. Paris, Fayard, 1981, p. 116.

estatuto global a aparente com o mito. Acaso ela não serviu e não serve ainda com freqüência — por exemplo, no quadro da sociobiologia — para explicar o conjunto das transformações cosmológicas, biológicas, culturais e até morais de nosso mundo? Mesmo que se recusem essas extensões, não se pode negar que a teoria da evolução faz intervir o observador, sua necessidade de coerência e seu desejo de dar sentido à sua própria existência no universo.

O modelo cosmológico do *big bang* depende enfim, mais ainda, de um tipo de teoria muito particular: "Ela é uma espécie de teoria globalizante da física. Algo que não desperta espanto visto que o objetivo da cosmologia é estudar a estrutura de conjunto, espacial e temporal, do universo, ou do cosmos, considerado um objeto *sui generis*[16], suscetível de uma análise conduzida segundo os métodos aprovados da física. Mas se trata de um objeto sem exterior, e que contém todos os outros. [...] Isso mostra bem seu caráter singular e leva a esperar da teoria que pretende ocupar-se disso que seja ao mesmo tempo homogênea com relação às teorias clássicas, na medida em que se alicerça como elas num objeto determinado, e profundamente diferente das teorias clássicas, na medida em se funda numa condição universal, necessariamente reflexiva"[17].

Perceber a dificuldade do conceito de "universo"

Esse raciocínio permite compreender a legitimidade da diversidade das posições com relação ao conceito de universo apresentada anteriormente. Diante de um procedimento de totalização, apresentado seja pela cosmologia ou pela biologia, pode-se com efeito dar mostras de um agnosticismo radical que pode, contudo, revestir-se de formas bastante diversas, providas de múltiplos matizes: materialista ("só tem existência o que se pode submeter a uma experiência científica"), cética ("é absurdo falar de *mundo* uma vez que a

---

16. Característica de uma espécie ou de uma coisa que só pertence a ela.
17. LADRIÈRE, J., Le principe anthropique. L'homme comme être cosmique, em *Cahiers de l'École des Sciences Philosophiques et Religieuses* 2, Bruxelas, FUSL, (1987), p. 12.

última palavra equivale ao caos"; "nossas belas construções intelectuais são insignificantes") etc.

Pode-se também enfatizar o aspecto pragmático do procedimento científico, pertinente no âmbito — e somente nele — em que esse procedimento funciona *efetivamente;* logo, fala-se de uma coerência "local" ou "regional", excluindo todo processo de totalização (ou todo conceito de universo que signifique que se tende a uma síntese empírica de todos os fenômenos). Aí ainda, essa posição pode ser encontrada sob diversas atitudes: certa reserva metodológica ("faz-se apenas ciência; não é possível, portanto, pronunciar-se sobre essas questões que escapam a seu domínio"), uma forma de cinismo ("não formulamos questões; na medida em que isso caminha, desenvolvemos o conhecimento científico") etc.

No entanto, é preciso perguntar-se se a cosmologia (os modelos-padrão) e a biologia (a teoria da evolução) não implicam já um procedimento de totalização. É então que aparece a dificuldade do conceito de universo que funciona a um só tempo como englobante e como objeto marcado, como todo objeto, pelo limite da finitude. O caráter indecidível desse problema "filosófico" poderia favorecer as duas soluções precedentes; mas também se poderia afirmar que a dificuldade surge do lado de nosso imaginário, de sua estrutura espacial e temporal (cf. o texto de Pascal no quadro, p. 196).

Pressuposto em todo procedimento de conhecimento, o imaginário conduz-nos espontaneamente a *coisificar* o mundo e a situarnos a nós mesmos fora ou diante desse universo. Ora, a idéia do universo ou da totalidade nunca pode tornar-se *objeto* de conhecimento *diante* de um sujeito. Assim, a dificuldade só se manifesta quando se transpõem os *limites* do conhecimento: como se poderia conhecer o que engloba o espaço e o tempo sem situar-se de novo, por meio de nossa imaginação, num espaço-tempo? O caráter indecidível do problema se mostra porém útil na medida em que o reconhecimento do *limite* próprio de todo conhecimento nos conduz a *pensar* a idéia do universo — como a da "abertura" ou do "real velado"[18] — não como uma constatação banal, mas como pressuposto do procedimento

---

18. Cf. acima capítulo 3, p. 58 s.

cosmológico, até biológico, desprovido de toda função que não a de manter um processo de conhecimento nunca acabado.

Ora, esse pressuposto intervém explicitamente quando a biologia e a cosmologia discutem o conceito de "finalidade" ou de "desígnio" herdado do mundo religioso ou meta-físico. Quer seja ele utilizado — como no "princípio antrópico" forte[19] — ou seja orientado mais segundo um modelo de universos múltiplos —, ninguém pode escapar à dificuldade do imaginário a partir do momento em que ele faz intervir a idéia de totalidade ou de universo. A menos que adote uma das duas primeiras posições, o cientista não se contenta de fato senão raramente em registrar os resultados de sua pesquisa; implicitamente, ele se posiciona então com relação aos limites do conhecimento e se compromete com relação ao *sentido* da vida no próprio âmbito do universo. Veremos que tudo depende de ele — sim ou não — deixar-se interrogar pela "contingência" radical que afeta não apenas o universo e a manifestação da vida, em todos os seus graus e a todo momento, mas também a ele mesmo e à sua própria perspectiva.

O discurso científico entre mito e questão de sentido

Desse pressuposto, percebido ou não, resulta o estatuto extremamente complexo do discurso científico sobre o universo e a vida, que costuma ligar enunciados altamente formalizados e outros que se vinculam mais com o registro narrativo[20].

A posição mista da noção de *traço* a destina a desempenhar um papel de passagem entre estes dois níveis: ela depende da marcação ou do efeito de um acontecimento irremediavelmente ausente; ela é ao mesmo tempo da ordem do signo a ser interpretado pelo homem. Recordemos, por exemplo, alguns acontecimentos cósmicos (meteoritos) e seus efeitos sobre a evolução dos mamíferos. Não tardamos a compreender que a história não se faz tão-somente entre seres humanos, mas que foi e permanece afetada por acontecimentos naturais,

---

19. Cf. acima, p. 201 (nota 12).
20. Cf., por exemplo, *La plus belle histoire du monde*, já citado no capítulo 1, p. 19, nota 2.

eventos que, no que diz respeito aos mais decisivos, remontam à noite dos tempos. O traço é portanto o "lugar" dessa afetação da vida humana, prestando-se a análises matemático-científicas, ainda que suscitando nossa questão de sentido. Essa é a razão pela qual não se podem separar por completo as ciências ditas "duras" das ciências "humanas", motivo também pelo qual a forma do relato não pode ser limitada à história humana, mas permanece a rigor na descrição da evolução do universo e da vida.

O gênero do relato mítico é aqui tocado, mas, ao mesmo tempo, evitado. Se é de fato impossível separar totalmente as duas dimensões formais e narrativas do discurso científico, não se tem por isso o direito de confundi-las como no mito. Não é possível portanto apoiar-se em determinado resultado científico para dele extrair um argumento *restritivo* em benefício de *uma única* posição de sentido. Ainda que não seja arbitrária, a passagem de um nível a outro nunca é da ordem da necessidade. Ninguém é obrigado, por exemplo, a interpretar a singularidade de nosso universo (com suas condições iniciais tão precisas) como fruto do acaso, ou, ao contrário, como "desígnio" de um ser desejoso de um mundo que possa fazer emergir uma consciência humana. Ninguém é obrigado a ler a emergência, ao acaso, da vida humana como uma astúcia dos genes e primeira manifestação do aspecto trágico da vida, ou, ao contrário, como promessa. É precisamente nesses lugares que intervém a liberdade do pesquisador de dar sentido à sua própria existência no universo.

"... DESEJOS MAIORES QUE O UNIVERSO"

Ciência e fé

Se o desejo das ciências do século XIX era simplesmente substituir por suas teorias a interpretação criacionista do real, tachada de mítica, compreende-se facilmente que essa pretensão provocasse do lado cristão quer uma reação de recusa (*modelo de conflito*), quer uma insistência renovada na diferença de perspectiva entre ciência e fé, como no Concílio Vaticano I[21], ou, mais radicalmente ainda no meio protestante, a afirmação de sua total independência (*modelo de independência*).

Deplorando "algumas atitudes entre cristãos, insuficientemente alertados da legítima autonomia das ciências", o Concílio Vaticano II reitera e elucida o que já fora afirmado na assembléia de 1870. Segundo a tradição bíblica, a relação entre criatura e Criador se acha isenta de toda oposição e de toda rivalidade. É com base nesse princípio que a constituição *Gaudium et spes* funda a legitimidade da "exigência de autonomia" das sociedades modernas, sua diferenciação interna[22] e a autonomia das leis específicas de cada um dos setores e dos métodos particulares a cada uma das ciências e das técnicas; mas ela esclarece essa exigência por meio de uma reflexão nova sobre a atividade humana no universo, fundada na "missão" que o homem recebe de Deus (cf. GS 34, § 1, no quadro a seguir). A antiga doutrina da dupla finalidade da criação — Deus revela nela sua glória *pelos* bens que concede à sua criatura — é assim completada: a vocação do homem "de submeter a terra e tudo o que ela contém, de *governar o cosmos em santidade e justiça*", *é* a manifestação última desses bens que o colocam na própria altura do Criador.

Por que a criação?

"§ 1. Para os fiéis é pacífico que a atividade humana individual e coletiva, ou aquele empenho gigantesco no qual os homens se esforçam no decorrer dos séculos para melhorar suas condições de vida, considerado em si mesmo, corresponde ao *plano de Deus*. Com efeito, o homem, criado à imagem de Deus, recebeu a missão de submeter a terra com tudo o que nela existe, de governar o mundo em justiça e santidade (Gn 1,26-27 e Sb 9,2-3) e, reconhecendo a Deus como Criador de tudo, orientar para Ele o seu ser e tudo o mais, de maneira que, com a submissão de todas as coisas ao homem, o nome de Deus seja glorificado em toda a terra (Sl 8, 7 e 10).

---

21. Cf. sobre o que foi dito no capítulo 2, p. 48 s. e 53, sobre o "modelo de instrução" da Revelação no Vaticano I e a concorrência nefasta que ele pode provocar entre esta e o saber humano.

22. Cf. capítulo 2, p. 49 s.

§ 2. E isto diz respeito também aos trabalhos inteiramente cotidianos. Pois os homens e as mulheres que, quando lutam para a sustentação de sua vida e a da família, exercem suas atividades de tal modo que sirvam bem à sociedade podem legitimamente julgar que desenvolvem com o seu trabalho a obra do Criador, ocupam-se dos interesses de seus irmãos e contribuem com sua ação pessoal para a *execução do plano divino na história*.

§ Portanto, longe de julgar que as obras produzidas pelo talento e pela energia dos homens se opõem ao poder de Deus e de considerar a criatura racional em competição com o Criador, os cristãos estão antes convencidos de que as vitórias do gênero humano são um sinal da magnitude de Deus e fruto de *seu inefável desígnio*. Quanto mais porém cresce o poder dos homens, tanto mais se estende a sua responsabilidade, seja pessoal, seja comunitária. Donde aparece que a mensagem cristã não desvia os homens da construção do mundo nem os leva a negligenciar o bem de seus semelhantes, mas antes os obriga mais estritamente por dever a realizar tais coisas."

VATICANO II, Constituição pastoral sobre a Igreja no mundo de hoje *Gaudium et spes*, nº 34 (*Compêndio do Vaticano II*, pp. 177 s).

É possível todavia perguntar-se hoje se essa abordagem quase exclusiva das ciências pelo ângulo da ação e da técnica corresponde ainda a suas evoluções recentes. Sua sensibilidade nova com relação ao estatuto particular — quase-mítico — da cosmologia e da teoria da evolução suscita, dos dois lados, numerosas tentativas de síntese entre a abordagem científica e a interpretação "espiritual" da história da natureza e da vida (*modelo de convergência*).

Nesse clima, a obra de um Teilhard de Chardin e a *Process Theology*[23] inspirada em Whitehead parecem mostrar certa atualidade. Do lado científico, observa-se na Gnose de Princeton (1969) e nos vulgarizadores como F. Capra e outros defensores da *New Age* um crescente interesse por espiritualidades asiáticas com suas concep-

---

23. A *Process Theology*, elaborada durante a segunda metade do século XX nos Estados Unidos, inspira-se na filosofia do matemático A. N. Whitehead (1861-1947). A noção de "processo" significa que o real não é feito de peças dotadas de uma substância própria, mas de acontecimentos e movimentos. O mundo considerado como um todo (= *holos*, grego; 'holístico' e cada ser constituem um fluxo ou uma marcha que sempre tem continuidade e se modifica sem nunca deter-se.

ções globais, "holísticas" do universo, pouco sensíveis às lutas entre fé e ciência. A que título seria recusado aos asiáticos integrar-se às ciências, nascidas sobretudo no solo greco-judeu-cristão, em seu próprio campo cultural? E como não ver que a mundialização de todas as trocas favorece um pluralismo radical? Ele se integra perfeitamente a uma consciência global que conta com um divino, origem e fim das variações infinitas da vida.

Interpretar resultados científicos e ler as Escrituras

Esse pluralismo pós-moderno formula de modo bastante evidente, em termos novos, *a questão de nossa descoberta do universo como criação*. A Constituição *Gaudium et spes* não podia ainda considerar a diversidade cultural das interpretações do dado científico, nem a liberdade de interpretação que aí se manifesta; daí uma utilização um pouco direta dos termos "desígnio de Deus" e "plano providencial" (cf. o quadro, p. 207-208). É possível mesmo perguntar-se se o atual interesse pelo registro narrativo no próprio interior do discurso científico[24] não necessita que se reflita também e ao mesmo tempo na forma narrativa da Revelação bíblica da criação.

Para isso, deve-se em primeiro lugar observar que *todo* discurso de sentido desenvolve uma totalidade significante, um "mundo", e que ele o faz *de um ponto de partida contingente:* a posição daquele que nisso se compromete. Dar sentido é portanto assumir o risco de antecipar um "fim" que não está à disposição de ninguém; é ao mesmo tempo, sempre nos limites traçados pelo ponto de partida, remontar a um "começo", em si mesmo inapreensível.

Que o leitor se lembre dos diferentes exemplos encontrados em todo o decorrer desse percurso: os "acontecimentos reveladores" que têm a virtude de abrir subitamente nosso olhar para a totalidade de nossa existência, por definição inacabada (capítulo 5)[25;] os "acontecimentos de referência" ou "sinais dos tempos do fim" que permitem

---

24. Cf. acima, p. 205 s.
25. Cf. acima, p. 133 s.

reler a história das sociedades e da Igreja (capítulo 6), o próprio fim da história estando por princípio fora de todo controle[26]; a escolha, ao menos implícita, de levar ou não em consideração a posição do observador para reconstruir as "condições iniciais" ou "interditas" do universo e da vida (capítulo 7)[27].

Ora, a leitura das Escrituras, no capítulo 4, nos ensinou que judeus e cristãos abordam a criação sempre num tempo segundo e a partir de seu "hoje" situado na história; desejando representar o vínculo entre o fim e o começo do "livro da vida", entre o fim dos tempos e a criação, utilizamos a imagem do pêndulo cujo movimento para a frente é tanto mais amplo na medida em que recebe sua energia de um retorno do pêndulo não menos ampliado[28]. Há por conseguinte uma *analogia* entre o que acaba de ser dito de todo discurso de sentido e a estrutura da Bíblia cristã, formada na matriz da literatura apocalíptica. Aos três modelos apresentados acima — modelo de recusa, de independência e de convergência —, prefere-se hoje, pois, um quarto que se pode denominar *modelo de articulação crítica*, que leva em conta *simultaneamente* a diferença e a articulação das abordagens científicas, por um lado, e o compromisso humano com um "sentido" da vida no universo, por outro.

O ato de fé e suas representações

Esse modelo de articulação crítica nos reconduz ao que a fé tem de característico: crer ou dar sentido à vida não é construir esta ou aquela imagem do "real"; mas é preciso sem tardar acrescentar que não há ato de fé sem representação antropomórfica do mundo. Por esse motivo, é necessário distinguir com clareza fé de ciência sem abandonar com isso sua articulação: uma consideração detida nos leva a ver que é nos dois domínios que atua a própria relação entre as imagens que fazemos do "real" e o compromisso do sentido de nossa existência.

---

26. Cf. acima, p. 177.
27. Cf. acima, p. 203-206.
28. Cf. acima, p. 117.

Mas tomemos primordialmente como exemplo a passagem do segundo Livro dos Macabeus que, pela primeira vez, vincula a fé na criação *do nada* (*ex nihilo*) e a expectativa de uma outra vida "no tempo da misericórdia". Recordam-se do episódio da perseguição de Antíoco IV Epífanes aos judeus por volta de 165 a.C.? Uma mulher é levada com os sete filhos diante do perseguidor decidido a fazê-los abjurar a fé de seus pais e abandonar a prática da lei. Os seis mais velhos morrem um após o outro sob os olhos da mãe; resta o último, a quem ela se dirige na língua de seus pais: "Meu filho, tem pena de mim que te trouxe em meu seio durante nove meses, que te amamentei durante três anos, que te nutri e eduquei até a idade em que estás — e que provi ao teu sustento. Eu te suplico, meu filho, olha o céu, olha a terra, contempla todas as coisas que neles existem, e reconhece que Deus as criou *do nada* e que a humana geração é feita da mesma maneira. Não temas este algoz, mas, mostrando-te digno de teus irmãos, aceita a morte, a fim de que eu te encontre com teus irmãos no tempo da misericórdia" (2Mc 7,27-29). Esse texto une com clareza os dois testamentos do relato bíblico, visto que, recordemo-lo, o apóstolo Paulo a ele se refere implicitamente quando vincula — em sentido inverso — a ressurreição e a criação, designando Deus como "o-Deus-que-faz-viver-os-mortos-e-chama-à-existência-o-que-não-existe" (Rm 4,17)[29].

O ato de fé não é da ordem do saber ou da representação, dizíamos; quando se dirige aos filhos que se apressam a sofrer o martírio, ela admite de fato a ignorância quanto à origem da vida: "Não sei como aparecestes em minhas entranhas; não fui eu quem vos deu o espírito e a vida, e não fui eu quem organizou os elementos de que cada um de vós se compõe. E, por conseguinte, o Criador do mundo, que formou o homem desde o nascimento e que está na origem de todas as coisas, vos restituirá, na sua misericórdia, o espírito e a vida..." (2Mc 7,22 ss.). Porém, como logo acrescentamos, *não há ato de fé sem representações antropomórficas do mundo*, representações móveis e plurais segundo as tradições e culturas. São ainda as palavras dessa mãe que o mostram, visto que ela se serve da analogia entre a criação

---

29. Cf. capítulo 4, p. 87 s.

e o parto do homem pela mulher, analogia que reencontramos no capítulo 8 da Epístola aos Romanos[30].

Pode-se mostrar sem esforço — para retornar de novo às relações entre ciência e fé — que as ciências da vida conduziram a exegese e a teologia cristãs, na modernidade, à dupla tomada de consciência teologal do caráter inapreensível da *origem* da vida e do estatuto necessariamente antropomórfico de todos os nossos "relatos de origem"[31]. Inversamente, a presença da fé cristã, tanto quanto a de outras tradições e de outras proposições de sentido em nossas sociedades, remetem o cientista às suas próprias convicções, incitando-o a não apagar de seu modelo cosmológico e de seu relato da evolução suas tomadas de posição sempre singulares e enraizadas em sua liberdade de dar sentido. Essa interrogação mútua dos cientistas e dos teólogos, que pressupõe a capacidade de autocrítica de cada um dos interlocutores, é a verdadeira força do modelo de articulação *crítico*.

Isso exige portanto, em última instância, que teólogos *e* pesquisadores pensem, cada um segundo sua perspectiva, o *estatuto antropomórfico dos conceitos de universo e de vida:* estamos *inevitavelmente* situados *no* universo e *na* vida humana. É esse "limite" que nos constitui; mas reconhecê-lo como limite é um ato de pensamento que já o "transpôs"; nessa "transposição" são pensados ao mesmo tempo nossa relação irrepresentável na origem ("Não sei como...") e — em outra ordem — a tentativa das ciências de atingir, aquém de nosso imaginário, os próprios mecanismos da vida.

O desejo em ação

Fazer pesquisa científica pode, pois, tornar-se uma verdadeira experiência "espiritual" e conduzir alguém — eventualmente — à des-

---

30. Cf. capítulo 5, p. 145.
31. Manter juntos o inevitável antropomorfismo de nossas visões de mundo e de sua superação — desde que entra em cena a inimaginável criação de nada —, isso se torna na tradição cristã uma "regra" que permite elaborar, em nossa cultura e em função de nossas experiências, outros relatos de criação, outros cenários.

coberta do mundo como criação. Lembremo-nos da meditação de um Pascal, progressivamente confrontada com os limites da imaginação, vivenciando então espanto e perturbação embora considerando-se sustentado entre os dois abismos do infinito e do nada. Como viver a partir disso conhecendo o tamanho de nosso universo e — acrescentemo-lo — a violência que o habita? Pode-se sem dúvida existir sem se colocar esse tipo de questão. Mas a pesquisa pode suscitá-la quando o *trabalho* sobre as imagens e as representações do "real" faz bruscamente oscilar o pesquisador — "situação de revelação"! — na experiência pascaliana do infinito...

Vivemos hoje em sociedades multiculturais e, por conseguinte, com uma pluralidade de imagens e de visões do mundo e da vida; nós o observamos desde o início deste capítulo. Isso não significa em absoluto que todas essas representações se equivalham, que todas sejam compatíveis com um ato de fé autêntico. Acaso tornam elas possíveis o *trabalho* do desejo e a experiência de *abertura do "real"* que acabam de ser traçados? É com esse critério eminentemente humano que relemos nossos itinerários e nossos encontros, nossos relatos históricos e o grande relato bíblico, sem poder esquecer o que aprendemos no capítulo 3 sobre o ideal de objetividade na cultura européia e sobre a "conversão" como único traço da Revelação de Deus, fruto pelo qual é possível reconhecer a árvore.

Considerando, nessa perspectiva pós-moderna, as "cristalizações" do sentido da vida[32] que são as grandes tradições ocidentais e orientais, não se pode deixar de localizar ao menos duas formas totalmente diferentes do trabalho realizado pelo desejo sobre nossas imagens e nossas representações do "real". Para o budista, o sofrimento está intimamente ligado às ilusões, engendradas pelo desejo que fixa os objetos e o sujeito. Por conseguinte, o universo é tão-somente uma cena em que se desempenha o drama espiritual de nossa libertação; precisaremos de fato tomar consciência de nossas ilusões e sair destas mediante uma meditação que desconstrói o desejo. Confrontados com a inimaginável imensidão do universo, alguns cientistas contemporâneos concebem seu trabalho científico, nessa linha espiritual, como

---

32. Cf. capítulo 3, p. 78 s.

uma ascese que os leva a abandonar as ilusões do desejo, chamado a mergulhar finalmente no grande todo[33].

A tradição bíblica reconhece sem dúvida que o desejo deve atravessar poderosas ilusões, como inveja, violência e sobretudo a mentira[34]. Esta última consiste em insinuar uma secreta conivência entre os limites inerentes à vida — a morte — uma inveja fundamental do mundo vivo, como se a "vida" que nos ultrapassa por completo fosse astuciosa e "utilizasse" indivíduos inexoravelmente limitados para sua própria propagação sem fim. Dada essa confusão persistente, compreende-se que, segundo as Escrituras, basta narrar a gênese do universo e da vida. Ainda é necessário entrar num discernimento ou numa avaliação que desemboca no ato de fé. Só o próprio "Vivo" pode dar término a uma mentira tão profundamente ancorada na humanidade e deixar enraizar-se *no* homem a confiança Nele, *superabundância gratuita* de "vida". É então que o desejo se descobre liberto da escravidão. "O bom Deus não pode inspirar desejos irrealizáveis", confessa Teresa de Lisieux; desejos que ela reconhece como "os maiores do universo"[35].

Compreende-se que esse tipo de experiência pode *articular-se* com certa maneira de reconstruir a história do universo e da vida; maneira mais sensível à sua emergência contingente, até altamente improvável, assim como ao caráter necessariamente antropomórfico de nossas representações do "real", sempre a ser atravessado, sempre a ser transposto.

A diferença essencial com relação aos pensamentos orientais consiste enfim na capacidade humana, reconhecida como tal, de dar livremente sentido à vida; é para nós, ocidentais, a expressão mais elevada do desejo em atuação. *Essa liberdade inaudita é sem garantia.* Nunca antes ela se mostrou assim; hoje, nós a descobrimos porque começamos a avaliar o tamanho do universo e porque aprendemos a viver no interior de uma pluralidade de tradições humanas.

---

33. Cf. o que foi dito acima, p. 208, do "modelo de convergência".
34. Cf. capítulo 5, p. 138 s.
35. TERESA DO MENINO JESUS, *Manuscrit adresse à Mère Marie de Gonzague (Manuscrit "C")*, em *Oeuvres complètes*, Le Cerf-DDB, Paris, 1992, p. 237, e *Manuscrit adresse à Soeur Marie du Sacré Coeur (Manuscrit "B")*, em *Oeuvres*, p. 225.

É por isso que se torna preciso reinterpretar a afirmação dos dois concílios do Vaticano acerca da manifestação da glória de Deus *pelos* bens que concede à sua criatura: a liberdade de dar sentido à existência no universo *é a própria realização dessa manifestação* que supõe o silêncio, o apagamento mesmo do Criador em benefício de sua criação.

O MUNDO REVELADO COMO CRIAÇÃO

Uma fonte de vida insuspeitada

Esta última observação indica que já ultrapassamos o limiar da fé cristã. Pouco importa se é por ocasião de um encontro (capítulo 5), de um acontecimento histórico (capítulo 6) ou, como neste capítulo, enfatizando o imenso desafio da pesquisa científica. Pode-se formular essa experiência de Revelação nos termos de um Pascal que se vivencia *sustentado* no abismo, ou ainda com Teresa de Lisieux, que se considera *habitada* por um desejo que supera o universo; e muitas outras formulações são possíveis.

É de todo modo no momento em que se toca a *totalidade* do "real" que se ilumina subitamente *a significação última da Revelação cristã*. Tudo ocorre como se a experiência de uma liberdade completamente interiorizada e entretanto radicalmente comprometida no universo se visse remetida, em seu próprio interior e com todo o seu acompanhamento, ao que Deus revela de Si-mesmo: *adotar a perspectiva de Deus sobre o universo é dar-se conta, graças à sua autorevelação, de que tudo nos é verdadeiramente dado.*

Para compreender esse objetivo último, convém partir da criação *do nada* (2Mc 7,28), tal como elucidada pelos autores do Novo Testamento no contato com Jesus de Nazaré. A expressão paradoxal "*do* nada" honra o antropomorfismo espontâneo — produz-se sempre algo a partir de um material já existente — *e* ela o transcende de maneira muito radical pela negação inimaginável de todo preexistente — "do *nada*" —, para "dizer" então que *tudo vem de Deus*.

Entende-se a ênfase quase imperceptível e contudo decisiva que o contato com um "barqueiro" como Jesus permite dar a essa afirmação? Sendo criado *a partir do nada* e gratuitamente ou *"para nada"* — porque não convém a Deus criar a partir de uma falta —, tudo pode ser recebido e compreendido como *dom gratuito*. Ora, o característico do dom é o fato de ele ocultar o doador, sob pena de obrigar o receptor a um retorno e de destruir assim o que caracteriza o dom: sua gratuidade absoluta. De um ponto de vista teológico, o inevitável *antropo*morfismo de todas as nossas reconstituições das origens significa, portanto, que é impossível falar do todo da vida de modo "objetivo", abstraindo do homem que dá livremente sentido à origem da vida e que costuma fazê-lo depois de ter "pesado" longamente as coisas da vida[36]. Como, com efeito, se poderia reconhecer a criação do universo e da vida sem fazê-lo segundo a própria forma de todo dom, que é a liberdade?

Mas tentemos entender e compreender, mais além ainda desse fundamento de nossa liberdade de dar sentido à vida, até onde nos conduz a descoberta do mundo como criação. Se o dom oculta seu doador, ele o faz para deixar o receptor livre *com o que lhe foi deixado nas mãos*, com o que é *tão verdadeiramente dado* que oculta em si uma fonte de vida insuspeitável. Não é a Revelação que oferece essa "fonte"; ela se relaciona aí como a uma misteriosa alteridade para sempre intransponível, como nos levou a compreendê-lo a literatura sapiencial da Bíblia e a teologia joanina (cf. Jo 4,14 e Ap 21,6)[37]. Quando Deus se revela em sua gratuidade absoluta, o homem não descobre somente *que* o mundo é criado; ele percebe *ao mesmo tempo* a auto-revelação de Deus *e* as potencialidades de realização insuspeitáveis de que o universo é portador.

Não seria preciso atravessar os três "fins" da história até a atual *mundialização* (capítulo 6)[38] e a história das ciências até suas tentativas de entrar em diálogo crítico com uma pluralidade de visões do *mundo* (capítulo 7)[39], para chegar finalmente à significação *última* da Revelação cristã? Teria Deus oferecido tudo em sua auto-revelação, inclusive a Si próprio, sua própria santidade, para que pudéssemos — graças a seu silêncio — ter acesso *em nós e por nós mesmos* à "fonte" de sua beatitude oculta no que ele nos pôs nas mãos: sua criação? Que

---

36. Cf. capítulo 5, p. 143-145.
37. Cf. capítulo 4, p. 101, 113 s. e 124-125.
38. Cf. acima, p. 178-187.
39. Cf. acima, p. 209 s.

o leitor tente perceber o sentido dessa fórmula antes de dar prosseguimento à meditação! Ela o levará a olhar agora a criação a partir da Revelação: ele será convidado a explorar os "recursos" de que o universo é portador, recursos de uma misteriosa realização significada pelo símbolo bíblico do sétimo dia, recursos que podemos aplicar à maneira de Jesus, o Messias e Santo de Deus.

Uma fonte que jorrará para a vida eterna

"... chegou a uma cidade da Samaria chamada Sicar, não longe da terra dada por Jacó a seu filho José, lá mesmo onde se acha a fonte de Jacó. Cansado da viagem, Jesus estava assim sentado junto à fonte. Era mais ou menos a sexta hora.

Chega uma mulher da Samaria para tirar água; Jesus lhe disse: 'Dá-me de beber'. Os seus discípulos, com efeito, tinham ido à cidade para comprar o que comer. Mas esta mulher, esta samaritana, lhe disse: 'Como? Tu, um judeu, tu me pedes de beber a mim, uma samaritana?' Os judeus, com efeito, não querem ter nada em comum com os samaritanos.

Jesus lhe respondeu: 'Se conhecesses o dom de Deus, e quem é aquele que te diz: — Dá de beber, tu é que lhe pedirias e ele te daria água da vida'. A mulher lhe disse: 'Senhor, tu não tens sequer um balde, e o poço é profundo; de onde tiras, então, essa água viva? Serias maior do que o nosso pai Jacó, que nos deu o poço do qual ele mesmo bebeu, como também seus filhos e seus animais?' Jesus lhe respondeu: 'Todo aquele que bebe desta água ainda terá sede; mas aquele que beber da água que eu lhe darei nunca mais terá sede; pelo contrário, a água que eu lhe darei se tornará nele uma fonte que jorrará para a vida eterna'.

A mulher lhe disse: 'Senhor, dá-me dessa água, para que eu não tenha mais sede e não precise mais vir aqui tirar água'."

João 4,5-15

A criação, uma casa a habitar

Localizemos portanto as possibilidades inéditas, ocultas na criação, detendo-nos, com o relato bíblico no espírito, diante de alguns episódios do cenário elaborado pela cosmologia contemporânea e sobretudo pelas ciências da vida[40].

A vida supõe uma separação, uma estruturação, a implantação de programas, o estabelecimento de regras do jogo ou a instituição de uma lei. Esta última protege o homem do caos da confusão e da violência; ela tem portanto a forma de uma "casa" (*oikos*), ao mesmo tempo cósmica e histórica, que cerca a vida humana, fornecendo-lhe pontos de referência.

Os pesquisadores habituaram-se a analisar a estrutura do genoma humano por meio do conceito de informação ou de programa. Ora, uma coisa é considerar o "programa genético" a "chave" última da vida; outra é perceber que a noção de "informação" é uma metáfora[41] que nos obriga a distinguir com maior clareza o DNA como *programa* dos *dados* que ele pressupõe e que permite tratar[42]. Recupera-se, num nível totalmente diferente, uma mesma distinção, ou seja, a diferença entre a lei* e o ato absolutamente singular de viver, entre o respeito a uma estrutura comum e o acesso histórico do homem à sua unicidade; acesso que diz respeito ao itinerário de cada um em relação com outrem e com o conjunto de seu meio.

Trata-se de fato de uma analogia que deixa subsistir as diferenças de escala e de perspectiva e, em particular, a emergência da liberdade humana. O programa e, de todo modo, a lei são sempre sinais de um inacabado, de um possível que só o indivíduo pode realizar. Nesse sentido, eles funcionam como fator de permanência (no nível do programa de reduplicação ou de reprodução) ou como proteção (no nível histórico) quando a inveja e a violência se manifestam como sinais do medo de ser; mas veiculam também e simultaneamente a promessa de uma profusão sempre maior de vidas e de existências singulares.

---

40. O leitor poderia ler aqui em paralelo *La plus belle histoire du monde* (cf. acima, nota 20).

41. Cf. acima, p. 202.

42. Cf., por exemplo, ATLAN, Henri, Le génétique n'est pas dans le gène, *Études* 3906 (1999), 768ss. A aplicação da linguagem informática às estruturas elementares da vida supõe com efeito que se distinga entre esse "logicial" e os "dados" introduzidos e tratados por ele.

Percebe-se aqui uma bifurcação decisiva que se encontra precisamente no conjunto das Escrituras: todo programa, toda estrutura ou lei, como também seus defensores, podem identificar-se com a "vida" e anular assim a promessa inscrita na profusão das variações e abolir, finalmente, a de um acesso livre, autônomo e sem garantia dos sujeitos ao que eles têm de único. A lei e seus defensores podem também contribuir para dissipar essa mentira e designar a "fonte" da vida que se encontra ao mesmo tempo aquém e além do programa, da regra e da estrutura do ser vivo.

Sem negar continuidades profundas entre os três níveis do que é inanimado, do que é animado (a vida animal em particular) e da vida humana — a teoria da evolução contribui poderosamente para acentuar essas continuidades —, pode-se portanto, com a tradição bíblica, assinalar nesse âmbito *limiares* e indicar suas características. A idéia de estrutura, de programa ou de regra deve ser atribuída ao mundo inanimado. Com a vida, em particular o mundo animal, emerge a sexualidade como modo de reprodução, mas também como variação ou diferenciação e, por isso, como jogo de relação — o mundo animal remete ao homem da Bíblia uma imagem da (e de sua) violência, mas também a utopia "política" de uma pacificação última (Is 11,6-9 e 65,25) sob a condução de um "pastor" pacificado e pacífico[43]. Com o mundo humano, enfim — homem e mulher —, surge a possibilidade de uma relação entre seres singulares ou únicos, lugar de desejo, de surpresa e de um amadurecimento sempre inesperado[44].

Uma casa "aberta"

"Avaliar" com as Escrituras (cf. Rm 3,28 e 8,18) que essa relação de seres únicos em interação não é somente um "avatar" transmissor da informação genética, pretender, em outras palavras, que a história do genoma humano não se reduza ao destino do "DNA como *programa*" é já comprometer-se com relação ao sentido da vida e formular as condições para

---

43. Cf. o que o *Apocalipse* diz da relação do homem com sua animalidade, acima p. 109 e 115.
44. Cf. capítulo 5, p. 133-145.

compreendê-la eventualmente como "traço" de um dom. Em seus relatos da criação, a tradição bíblica fala aqui em termos de "abertura" ou de orientação voltada para uma "realização". Interpretar, por meio desse esquema bíblico, a formação das espécies e os processos de emergência e de amadurecimento de múltiplas formas de relações entre seres singulares ou únicos — isso nada retira de sua autonomia, sendo o característico do dom gratuito precisamente o retrato do doador.

Aquele que postula a gratuidade do dom da vida para todos e para cada um de maneira única deve contudo enfrentar a desconsideração cotidiana infligida a essa perspectiva propriamente "utópica" e situar-se com relação aos "sofrimentos do tempo presente" (Rm 8,18) — o que tentamos fazer no capítulo 5[45]. É aí que se elucida a significação da abertura ou da orientação "messiânica" da evolução do ser vivo. Ela não se vincula em absoluto ao conceito de "finalidade" ou de "desígnio preestabelecido", criticado com acerto desde o século XIX pelos teóricos da evolução[46]; mas ela se manifesta no momento em que a experiência de gratuidade da vida torna o homem subitamente capaz de tomar a si inveja, violência e mentira, e suscitar em si a aptidão misteriosa de transformar a vida recebida em dom de sua própria vida. Nós já o enfatizáramos: a história da humanidade está permeada de inúmeros exemplos dessa maneira de situar-se na vida que a tradição bíblica designa pelo termo "santidade" ou "santificação", maneira que é, em suma, a característica do "messias".

Essa santificação da vida tem sua fonte em si mesma — uma afirmação que se impõe àquele que leva verdadeiramente a sério a idéia de criação como dom. Seria preciso até mostrar que a fonte dessa possível santificação remonta aquém da vida humana e se enraíza na evolução do ser vivo, que não se reduz a estruturas de reciprocidade, mas manifesta de imediato uma generosa profusão. Mas a tradição bíblica atribui também a santidade, em primeiro lugar e antes de tudo, ao "Doador da vida"[47], que se apaga em benefício de seu dom, embora carregando-o e suportando-o com paciência. É assim que convém

---

45. Cf. capítulo 5, p. 138-141 e 143-145
46. Cf. acima, p. 199 s.
47. Cf. a formulação do terceiro artigo do Símbolo de Nicéia-Constantinopla: "Creio no Espírito, o Santo, que é Senhor e Doador da vida; ele falou pelos profetas".

compreender, com a Epístola aos Romanos, a relação misteriosa entre os "gemidos" do Espírito no seio de uma criação em parto messiânico de santidade e o próprio Deus santo.

Só uma concepção trinitária da Revelação — tal como sugerida pelo Símbolo de Nicéia-Constantinopla — permite pois respeitar até o fim a autonomia da abordagem biológica da evolução e perceber ao mesmo tempo seus "traços" de uma abertura messiânica. Esta última é postulada pelo fiel que, sem negar os mecanismos elementares de reprodução, não vê aí unicamente os efeitos de uma necessidade de sobrevivência, mas também e sobretudo a emergência, à mercê da morte, de uma capacidade de pôr em jogo a própria vida em benefício da de outrem. Não pode tratar-se aqui senão de um compromisso *sem garantia* — repetimo-lo —, toda outra *forma* de interpretação estando em contradição formal com *isto* que aqui é postulado: um sentido da vida, que se realiza por um arriscado dom de si.

Assim "a vida do mundo que há de vir", a última afirmação do Símbolo de 381, é proposta, de modo muito justo, à nossa "expectativa"[48]. Seria entretanto contraditório com a perspectiva do dom querer introduzir aqui, no último momento, uma exterioridade entre a vida "terrestre" e a vida "eterna". *Dado de uma vez por todas, o dom da vida é, com efeito, — enquanto dom — sem mudança de decisão:* é portanto *num único e mesmo ato* que o fiel recebe sua vida no seio do mundo vivo como dom de unicidade (criação), que dele se despoja em benefício da unicidade do outro (santidade), e que aí descobre a obra do Doador em si, que é desse modo seu próprio futuro (destino). Somente essa imanência, sempre a vir, sempre iminente[49], do Doador da vida no próprio interior do ser vivo — "fonte transbordante em vida eterna" — pode efetivamente convencer o fiel da legitimidade de sua avaliação do peso da vida (Rm 8,18).

Uma casa a ser habitada por todos

Acabamos de suspender, temporariamente, o chamado da *Gaudium et spes* à ação e ao "mandato", confiado ao homem no sexto

---

48. "… e espero a vida do mundo a vir. Amém."
49. Cf. capítulo 6, p. 185 s.

dia, de "submeter a terra e tudo o que ela contém" (cf. quadro, p. 207-208). Convém de fato ceder lugar a um outro "trabalho", o de dar livremente sentido à vida no âmbito de uma pluralidade de tradições. Como se fosse preciso de alguma maneira antecipar o desenlace do sétimo dia da criação para poder "governar o cosmos em santidade e justiça". Um certo modo de situar-se na "casa" do mundo se impõe de toda forma àquele que deseja torná-la habitável por todos.

Nossas observações sobre o saber humano e algumas de nossas reflexões sobre os conceitos de "universo" e de "vida" mostraram com efeito que a reconstituição da evolução (qualquer que seja a forma que tome) nunca pode negligenciar por completo o próprio pesquisador nem a comunidade científica. Todo conhecimento e toda "representação" remetem portanto àqueles que os produziram e àqueles que neles se reconhecem. Cabe a eles articular, sem confundi-los, os dois registros de nossa experiência elementar de revelação — conhecimento e despojamento —, que permaneceram desde o primeiro capítulo distanciados um do outro[50]. Aqueles que descobrem o universo como criação, a ponto de perceber sua "abertura messiânica", não podem deixar de pôr todo outro "desvelamento", mesmo a mais espetacular e a mais inacreditável das descobertas científicas e técnicas[51], a serviço de um universo a ser partilhado com justiça entre todos.

Atingimos aqui, uma vez mais, a perigosa passagem que abre os bastidores ao cenário público, a confidencialidade que rodeia toda descoberta à sua recepção pela opinião dos cientistas e pela sociedade interessada nos resultados da pesquisa. É nesse âmbito que uma "espiritualidade" da criação deve dar prova de seus recursos interiores e de sua capacidade. Mas o ponto de partida de uma "espiritualidade" desse tipo não deve ser buscado do lado de nossas "representações" ou conhecimentos, mas na comunicação entre o ser vivo que é "messias" e "santo de Deus" e aqueles e aquelas que ele engendra numa mesma existência. Gostaríamos, pois, de retomar aqui os três aspectos fundamentais desse trabalho de engendramento da vida, que caracterizam ao mesmo tempo Jesus *e* aqueles e aquelas que se inspiram em sua ação[52].

---

50. Cf. capítulo 1, p. 34-35.
51. Cf. capítulo 1, p. 17-21.
52. Cf. as indicações dadas no capítulo 4, p. 89 s., 92-93 e 98.

A primeiríssima atividade de Jesus é a de *cura* ou de *restauração da vida*. Por conseguinte, ele se mostra primordialmente, e antes de tudo, sensível ao que pode barrar o acesso à fonte de vida: "toda doença e enfermidade entre o povo..." (Mt 4,23). Ele faz gestos e diz palavras que suscitam naqueles e naquelas em que encontra forças de autocura, poderíamos dizer, uma energia de vida (*dynamis*), que ele chama de "fé". É porque Jesus vive em intimidade com a fonte de vida *em si* e porque está convencido de que o ato de fé que abre essa fonte é um *dom* concedido a todos que ele se aproxima primeiramente daqueles e daquelas que têm dificuldades de ter acesso a isso: os desfavorecidos, os doentes, os excluídos e os pobres.

Quantos procedimentos, e até tantas profissões, se formaram em torno da cura da vida! Pouco importa se eles se referem explicitamente à tradição evangélica ou não. Com todos os que trabalham a serviço da saúde do outro, aqueles que se inspiram na prática de Jesus conservaram a esse respeito regras próprias dessa experiência "secularizada" — o *dom* da vida exige o máximo de competência; mas eles descobrem também a força secreta de sua própria vulnerabilidade: se, nessa experiência, se deixam tocar pelo paciente, eles lhe permitem ter acesso a suas próprias energias de cura.

Se só alguns se beneficiam das curas de Jesus, suas parábolas são dirigidas a todos, como gestos de palavra destinados a abrir fontes de vida ocultas no universo. A exegese contemporânea nos tornou sensíveis à força específica desses pequenos relatos metafóricos, capazes de indicar, no seio da vida, *possíveis inauditos* que, nessas palavras, permaneceram despercebidos. Pouco importa, além disso, seu arraigamento cultural, ou ainda sua maneira de situar-se com relação à vida; todos esses relatos parabólicos propõem a seus destinatários uma "travessia" (Mc 4,35): perdidos e atormentados pelos limites da vida, seus sentidos (o ver, o ouvir etc.) devem se deixar converter para poderem perceber seu futuro.

O gênio de Jesus não consiste apenas no fato de ter encontrado as palavras que abrem o segredo da vida; consiste em ter falado de tal maneira que outros pudessem, depois dele, arriscar sua própria palavra e inventar outras parábolas; o Novo Testamento é o traço dessa criatividade parabólica; ele convida o leitor a comprometer-se num trabalho poético e artístico, suscetível de exercer a função de abertura das parábolas de Jesus em outras culturas.

Depois de ter proposto a algumas pessoas uma cura e a todos a descoberta das coisas escondidas desde a fundação do mundo, Jesus inicia uns e outros *na experiência de santidade da vida*, no amor ao inimigo que caracteriza o santo e faz dele uma figura universalmente reconhecível da vida. Assim, o Evangelho de Mateus se apóia na gratuidade da vida dada a todos, sem exceção — "o Pai que está nos céus, pois ele faz nascer o seu sol sobre os maus e os bons, e faz cair a chuva sobre os justos e os injustos" (Mt 5,45) — para revelar simultaneamente o mistério de um Deus Pai e fundar a atitude ética que consiste em se tornar "como ele", amando de modo gratuito.

A descoberta da gratuidade da vida e o convite a dar gratuitamente, mesmo ao inimigo, não são em absoluto reservados aos discípulos de Jesus; eles são acessíveis a todo ser humano. Mateus enfatiza isso à sua maneira, mostrando o Pai "retirado" no "segredo" (Mt 6,4.6 e 18) para assim deixar atuar até o fim a gratuidade dos gestos humanos em benefício do outro. Só aquele que efetivamente os faz (Mt 25,31-46) pode então perceber secretamente não a retirada de Deus, mas a presença Daquele que garante sua liberdade de homem, o Pai que lhe *concede* ser como ele.

Uma "espiritualidade" da criação deve deixar-se informar hoje por essa tríplice atividade de Jesus de Nazaré. Inspirar-se em sua prática é aceitar ao mesmo tempo o desafio de nossa própria criatividade; somente com essa condição o "messias" pode ser reconhecido como "*doador*" da vida". Postular que a vida tem um sentido exige portanto do cristão que adote um estilo de vida, uma maneira de situar-se cotidianamente num mundo globalizado e pluralizado, a fim de poder pensar corretamente as representações da vida e, em particular, situar-se com relação à teoria da evolução.

De que maneira as tradições religiosas ou outras da humanidade podem se deixar atingir pela questão do *futuro da vida* num planeta do qual elas, em conjunto, devem doravante encarregar-se? No âmbito do cristianismo, as teologias das religiões, da libertação, da salvaguarda ecológica da vida etc. tentam responder a essa pergunta. Elas não podem passar ao largo da associação entre vida e santidade: de acordo com a tradição cristã, são os santos que asseguram um futuro à vida, confiada gratuitamente a todos e a cada um de um modo único. A tradição cristã é portadora desse futuro, com a condição, porém, de que ceda lugar às manifestações tão variadas — a cada vez únicas — de uma santidade que atua em todas as tradições e nos múltiplos sentidos dados à emergência e ao futuro da vida em nosso planeta.

A BELEZA DO MUNDO

Por conseguinte, vivemos — e todo o universo o vive conosco — o tempo de um "parto" (Rm 8,22 ss.). Com efeito, não deixamos de acentuar o *trabalho* aí realizado: em nossas imagens antropomórficas do "real", postas à dura prova quando acedemos à liberdade, e também na pesquisa científica e na técnica em interação constante com o universo. O próprio Jesus desloca o imaginário do *sabbat* — "O meu Pai até agora está trabalhando, e eu também estou trabalhando" (Jo 5,17) — e enfrenta o mal-entendido da samaritana que lhe pede a água prometida, a fim de que ela não tenha mais sede e não vá mais ao poço pegar água.

No entanto, poder beber e até descobrir a "fonte" em si e na criação são, sem sombra de dúvida, uma experiência de *repouso sabático* — aquém e além, e talvez mesmo no trabalho. Além disso, o tempo do parto é limitado e manifesta, em gemidos inefáveis, a beleza de toda fecundidade. Em suas parábolas, Jesus emprega muitas outras metáforas a fim de despertar nossos sentidos para essa graça de um universo em gestação; e a arte — música, poesia e pintura — pode por vezes tornar-se importante para nos iniciar no repouso sabático do mundo.

A beleza não está ausente da coerência de alguns discursos científicos, ainda que diga respeito a um registro completamente diverso, visto que suscita a livre atuação de nossos sentidos e de nossas faculdades de conhecimento para tornar possível a experiência do gosto. Mas ela partilha com as ciências modernas o mesmo destino de uma emancipação com relação ao mundo religioso. É isso o que deve ser recordado em primeiro lugar, antes que se possa mostrar como ela participa da Revelação do mundo como criação.

A autonomia das belas-artes

Habitar o universo não é apenas dar sentido à vida, mas também tornar a vida viável e *invejável* inscrevendo esse sentido num jogo de relações, nas pedras nas obras artísticas..., tal como dissemos no capítulo 3[53]. Integradas ao tempo da cristandade numa bela totalidade, as artes precisaram conquistar sua autonomia. Essa constituição progressiva de uma esfera autônoma do belo e das "belas-artes"[54] conduz a estética a forjar suas próprias categorias de análise e de compreensão — longa aventura que desemboca no emprego da noção de *style* como "maneira de habitar o mundo".

Mas a estética moderna continua permeada por uma surda inquietude a respeito do sagrado. Ela deve substituir as religiões e conceber suas obras como lugares últimos de uma "revelação da verdade"?[55] A cultura pós-moderna que sacrifica tudo à "beleza" dos corpos e de nossas decorações nos arrebataria até a inspirar-nos na perspectiva nietzschiana: a pluralidade das "formas de vida" ou das modas que se compõem e se decompõem cruelmente no rio da vida torna impossível toda evasão a um além do mundo que ultrapasse as meras aparências; ao contrário, as obras de arte, a tragédia em particular, permitem-nos dizer "sim" à ronda das imagens e das ficções, bem como participar de maneira criativa no jogo criador da vida. Mas outros pensadores de orientação judaica vêm alertar-nos contra toda confusão entre o belo e o sagrado. Eles enfatizam a dimensão messiânica da obra de arte que, em razão da interdição bíblica de toda imagem, é reduzida a esperar uma realização impossível.

Que dizer então do cristianismo? Está condenado pela autonomização do campo estético a um nostálgico retorno à "bela totalidade" da Idade Média tal como se exprime nos estilos "neo" — o neo-romantismo, o neogótico — do século XIX e do século XX? Ou, na celebração pós-moderna do pluralismo religioso, está ele obrigado a

---

53. Cf. acima, p. 58-59.
54. Foi Hegel que soube pensar o fim da confusão arte-religião (cuja estatuária grega permanece o exemplo intransponível) e o início de uma interrogação sobre a estética (cf. capítulo 2, p. 49, e capítulo 6, p. 177, [nota 29]).
55. É o pensamento de um filósofo como M. Heidegger (1880-1976).

estetizar extremamente sua proposição de sentido para torná-la crível no mercado competitivo dos bens religiosos? Qual é verdadeiramente sua posição no âmbito da diversidade dos estilos? Pode ele considerá-los "traço espiritual", deixar-se mesmo fecundar por eles?

Ver a gênese do mundo

"O pintor, seja qual for, *enquanto pinta*, pratica uma teoria mágica da visão. Ele precisa de fato admitir que as coisas acontecem nele ou que [...] o espírito sai pelos olhos para ir passear nas coisas, visto que não cessa de ajustar sobre elas sua visão. [...] É necessário efetivamente reconhecer que, como diz um filósofo, a visão é espelho ou concentração do universo [...], que a mesma coisa lá está, no coração do mundo, e aqui, no coração da visão, a mesma ou, se se prefere, uma coisa *semelhante*, mas de acordo com uma similitude eficaz, que é parente, gênese, metamorfose do ser em sua visão. É a própria montanha que, lá embaixo, se deixa ver pelo pintor, é a ela que ele interroga com o olhar.

O que lhe pergunta realmente o pintor? Que desvele os meios, visíveis, pelos quais ela se faz montanha aos nossos olhos? Luz, iluminação, sombras, reflexos, cor, todos esses objetos da busca não são totalmente seres reais; eles só têm, como os fantasmas, existência visual. Eles não existem senão no umbral da visão profana, não são comumente vistos. O olhar do pintor lhes pergunta como eles agem para fazer que de súbito haja aí alguma coisa, e essa coisa, para compor esse talismã de mundo, para fazer-nos ver o visível. A mão que aponta para nós na *Ronde de Nuit*[56] se acha verdadeiramente lá quando sua sombra sobre o corpo do capitão no-la apresenta simultaneamente de perfil. No cruzamento das duas visões incompossíveis[57], e que contudo estão juntas, se mantém a espacialidade do capitão. Desse jogo de sombras ou de outros semelhantes, todos os homens que têm olhos foram certos dias testemunhas. Era ele que os fazia ver coisas e um espaço. Mas operava neles sem eles, dissimulava-se para mostrar a coisa. Para vê-la, à coisa, ele não precisava vê-lo, a ele. O visível no sentido profano esquece suas premissas, repousa numa

---

56. Célebre quadro de Rembrandt (1642).
57. Palavra cunhada pelo autor do texto para dizer que o pintor faz ver seu "objeto" simultaneamente segundo duas perspectivas diferentes — de frente e de perfil —, duas "visões" em princípio "impossíveis" de introduzir numa mesma "composição".

visibilidade total que deve ser recriada, e que solta os fantasmas nele cativos. Os modernos, como se sabe, libertaram muitos outros, eles acrescentaram muitas notas surdas à gama oficial de nossos meios de ver. Mas a interrogação da pintura visa, de todo modo, essa gênese secreta e febril das coisas em nosso corpo."

MERLEAU-PONTY, Maurice, L'Oeil et l'Esprit,
Paris, Gallimard, 1964, pp. 27-30.

A beleza dos santos

A tradição cristã mantém uma relação original com a beleza, que se enraíza na experiência de Revelação — o encontro do "Santo de Deus" e dos santos. Com efeito, meditamos longamente, no capítulo 5, sobre a "irradiação" dessas pessoas, luminosidade paradoxal porque emana ao mesmo tempo de sua concordância consigo mesmas e de seu apagamento. A aparente desmedida do que eles vivem lhes está encravado no corpo, dando-lhes uma leveza que os mantém a distância de todo heroísmo voluntarista. Essa irradiação pode assumir múltiplas formas, mal esboçadas ou distintamente inscritas nos corpos ou rostos que mostram ao mesmo tempo marcas de sofrimento.

A definição moderna de "estilo" permite que se ofereçam algumas precisões nesse contexto. Há em todo estilo uma invariante: o romântico se distingue plenamente do gótico. Essa invariante permite abordar progressivamente a singularidade de uma obra desse tipo: o romântico da igreja de Saint-Nectaire ou da basílica de Paray-le-Monial, o gótico da catedral de Bourges ou da catedral de Amiens. Ora, o característico da santidade é ser a expressão da desmedida divina à medida de tantas e tantas medidas humanas, tornadas todas, por essa razão, incomparáveis. Ela conduz portanto o aspecto repetitivo do estilo a seu limite fazendo da "desmedida à medida de cada um"[58] a invariante que produz um vínculo ou um ar de família entre seres singulares ou únicos, tanto no nível das formas de vida* como no plano de sua expressão literária nos relatos.

---

58. Cf. o que foi dito no capítulo 5, p. 141-145, sobre a definição da santidade.

A outra precisão a oferecer refere-se efetivamente à forma dos relatos evangélicos e sua maneira de gerir o ritmo espaço-tempo. A arte moderna nos torna aqui sensíveis a um aspecto fundamental da beleza dos santos, que às vezes nos desorienta. Determinada obra musical do século XX, por exemplo, parece reinventar, a cada instante de maneira nova, sua "forma" ou o sistema de referência que permite aos nossos ouvidos dela se lembrar. Com isso, ela nos faz compreender algo da incrível mobilidade do "Santo" ou dos "santos". Sua "forma de vida" não é adquirida de uma vez por todas. Ela se compõe de múltiplos episódios, entre os quais um "sem tardar" (Mc 1,12; 1,18 etc.) ou um "no próprio instante" (Mc 1, 10, 1, 42 etc.) leva o leitor ao âmbito de um novo surgimento, à altura da situação, à altura sobretudo do outro que se apresenta de improviso. Trata-se do instante de uma abertura messiânica, seria possível dizer, que emerge de decisões tomadas, decisões que separam o "antes" do "depois" e abrem a cada vez novas possibilidades imprevisíveis.

O aspecto *estético* não elimina em absoluto a questão *ética* da justiça e da bondade. O que precede mostrou suficientemente como uma mesma santidade bíblica liga o bem, a profusão generosa de formas de vida que conjugam ao mesmo tempo desmedida e medida, assim como a percepção de seu brilho. Em contrapartida, é a *relação verdadeira* entre essa beleza e a Revelação que apresenta um questionamento.

Somos aqui reconduzidos à diferenciação moderna das esferas do belo, do bom e do verdadeiro, lugar em que encontramos a inquietude do estético contemporâneo a respeito do sagrado. Será preciso insistir na crítica a nossas imagens, todas ameaçadas pela idolatria, e situar a verdade na destruição de toda imagem pela cruz? Uma posição desse tipo, às vezes denominada "iconoclasta", poderia de todo modo se prevalecer de conivências significativas com todos aqueles que se interrogam sobre as possibilidades de uma estética pós-Auschwitz. Mas nesse caso não se corre mais o risco de deportar a santidade bíblica para o que ela *pode* comportar de trágico? Ocultar-se-iam a suavidade e a leveza (Mt 11,30) com as quais ela se manifesta — de modo inteiramente simples — no jogo confuso dos estilos de vida reunidos, um dia, em torno de uma mesma mesa da Galiléia. A beleza da santidade bíblica não se deixa encerrar na alternativa, evocada no começo, do iconoclasmo, que deseja destruir toda imagem, ou da sacralização do mundo.

A beleza das obras

Se o contato com a pintura, a música e a literatura pode ajudar o fiel a perceber e a discernir a beleza própria da vida dos santos, é ele conduzido com isso até a compreensão da autonomia das belas-artes e a ver nisso um modo de abrir as "fontes de vida" ocultas no mundo? Sem dúvida, os monumentos artísticos devem permanecer, enquanto *obras*, distanciados da manifestação multiforme do belo na santidade cotidiana[59]. Mas esse distanciamento com relação ao mundo religioso garante sua gratuidade absoluta e lhes permite participar, com seus próprios meios, da experiência bíblica de santidade. Seria possível situá-los acima e abaixo de sua manifestação. Acima, em primeiro lugar, porque essas obras de arte trabalham nossos sentidos, confundindo-os às vezes ao deslocar seus pontos de referência, convertendo-os talvez ao conduzi-los à sua unificação — trabalho que desemboca, por conseguinte, numa percepção global, apta a ver e a ouvir de modo diferente os outros e o mundo. Abaixo, em seguida, porque descobrir um dia a beleza da santidade bíblica pode criar e estimular uma sensibilidade espiritual tornada capaz de perceber — com as artes e para além delas — a sóbria beleza da criação na abertura de um mundo sem templo (Ap 21,22).

Essa jubilosa sobriedade é também o critério que permite aos cristãos situar-se de maneira verdadeira e justa no âmbito das linguagens e dos estilos do mundo e na forma sacramental[60] da Revelação, formada de gestos significativos. Evocando, nos capítulos anteriores, o vir-a-ser da Igreja, insistimos — seguindo Jesus de Nazaré — na ambiguidade de todo sinal e no seu desaparecimento em benefício do

---

59. Nem por isso esta distinção justifica que se ponham as obras de arte na posição inferior da "aparência". Era o que ocorria com freqüência numa visão "neoplatônica" da Revelação cristã.

60. Cf. capítulo 5, p. 155, capítulo 4, p. 99-103 e capítulo 2, quadro, p. 39.

único verdadeiro "sinal" que é o encontro gratuito. Ora, tal como foram concebidos no segundo milênio, os sacramentos cristãos não apenas participaram do poder revelador das obras de arte; eles o fundaram, criando com essas obras um belo universo de significação, ao mesmo tempo religioso e cultural. A autonomização da esfera do belo na época moderna está portanto, de alguma maneira, na perda de sua capacidade "reveladora" nos itinerários humanos e na perda de sua relação com a "Revelação" de Deus.

Não é todavia renunciando aos sacramentos nem cristalizando-os que se chega a fazer-lhes justiça. Eles encontram sua significação no vir-a-ser da Igreja quando, *graças à sua beleza*, revelam subitamente o vínculo — sabático — entre a irradiação dos santos e a beleza do mundo; e isso sem que sua consistência própria possa ser adicionada à autonomia das obras de arte. Lembremo-nos aqui do que dizia Santo Agostinho: "Depois de brilhar, graças à Ressurreição de Nosso Senhor, o sinal sumamente manifesto de nossa liberdade [...], seu grande número foi substituído por um pequeno número, muito fáceis de fazer, muito augustos de compreender, muito santos de observar que o próprio Senhor e o ensinamento dos apóstolos nos transmitiram"[61]. Fazer valer esse princípio de economia e dar ao mesmo tempo às artes o lugar *espiritual* que lhes cabe na Revelação do mundo como criação — não será esse o melhor remédio contra a anestesia de nossos sentidos ou contra a inflação do "estético" em nossas sociedades pós-modernas?

LOUVAR

A oração de Jesus

A Revelação do mundo como criação culmina finalmente no repouso sabático para todos, celebrado pelos cristãos no primeiro dia da semana. A descoberta — sempre nova — da beleza do mundo e da abertura artística, em si, de fontes insuspeitadas de regeneração nos aproximam dessa realização. É com efeito um rumor de felicidade

---

61. Cf. quadro, p. 76.

que ressoa do fundo da criação; nós o evocamos várias vezes. Receber o universo como criação é compreender a partir do interior que a auto-revelação de Deus consiste em deixar-nos chegar por nós mesmos à beatitude que é a sua.

Ela se exprime da maneira mais pura (Mt 5,8) no louvor, o ato humano por excelência que identifica nosso olhar com o de Deus na noite do sexto dia: "Para louvar, é preciso ser como Deus: esquecer-se totalmente de si e ser verdadeiramente livre, disponível e todo admiração" (cf. o quadro a seguir). Isso não é apenas o âmago da oração de Jesus (Mt 11,25ss //), mas também a atitude que anima a multidão anônima dos santos, cantando o "cântico novo" (Ap 5,8-14).

Todo o conjunto dos cantores e dos instrumentos de todos os tipos participa disso, emprestando sua voz ao murmúrio da criação. Tudo ocorre então como se o risco de idolatria não existisse mais. O próprio Martinho Lutero escreveu: "a música é a única coisa que deve ser honrada depois da Palavra de Deus [...]. O Espírito Santo em pessoa a honra como o instrumento de seu próprio ministério, atestando em suas Santas Escrituras que suas benfeitorias penetraram os profetas por seu intermédio"[62]. Ela é a arte de uma presentificação, um evento no presente sempre inacessível àquele que deseje fixá-lo e, portanto, o último remédio contra a idolatria.

O homem é criado para louvar, reverenciar e servir a Deus...

"A idéia de criação só apareceu em segundo lugar, a favor de uma reflexão de Israel sobre sua história. A criação foi concebida como fonte de onde jorra, na origem, a água viva do dom de Deus, que faz verdejar os vales e florescer os desertos. Que os homens sejam criados — isso quer dizer, para Israel, que eles estão seguros da generosidade de Deus, que dela saíram e que a fidelidade de outrora garante a do futuro. A relação com o Criador não envolve uma dependência que confisque o homem de si mesmo, como o imaginam tantos modernos; ela é, muito ao contrário, geradora de vida e de liberdade para todo homem que permanece na vida e na liberdade.

---

62. LUTERO, M., *Aux admirateurs de la musique* (1538), em *Weimarer Ausgabe* 50, p. 348-274.

Se é isso o que acontece, estou contente com Deus e posso entender sob esta fórmula sucinta o documento de minha existência e de minha liberdade: 'O homem é criado para louvar, reverenciar e servir a Deus Nosso Senhor e, mediante isso, salvar sua alma' (Santo Inácio de Loyola, *Exercícios espirituais*, n° 23).

Louvar. Para louvar, é preciso ser como Deus: completamente esquecido de si e verdadeiramente livre, disponível e todo admiração diante da imprevisível eclosão de um botão de rosa, de um sorriso de criança, da ternura de Deus. De coração aberto.

Reverenciar. 'Na medida em que é homem, o homem é respeito. Respeito à presença do sentido, a nossos olhos sem dúvida mal perceptível [...] Ele não é para o homem senão uma possibilidade *humana*: o desejo do sentido pelo sentido, o olhar para o sentido pelo sentido [...]. Aquele que busca Deus por Deus...' (G. Morel)

Servir. Pelo serviço, restituo o que acolhi àquele para quem se dirige meu respeito."

POUSSET, E., *La vie dans la foi e la liberté*. Essai sur les Exercices spirituels de St. Ignace de Loyola, Paris, CERP, 1971, p. 20.

Eucaristia

No centro de toda a criação e de seu destino messiânico, a refeição do Senhor — tudo junto, Ceia, almoço com "coletores de impostos e pecadores", multiplicação dos pães e fração do pão em Emaús — essa refeição se inscreve, por conseguinte, no movimento da oração cristã. Ela é precedida por aquilo que não pode ainda ser articulado — lamentação e gemido — e sobretudo nutrida pelo trabalho sob todas as suas formas; é seguida por doxologia, adoração e louvor desinteressados Daquele que se revela como tendo dado tudo, inclusive sua própria santidade.

Celebrar a ação de graças "eucarística" é portanto descobrir esse vínculo misterioso entre criação e santidade, e entrar de fato nesse âmbito. A tradição designa esse vínculo pelo termo "consagração". Pão e vinho — sinais elementares que significam que, desde sempre, tudo é dado a todos e a cada um de maneira única — tornam-se presença do Santo. Eles presentificam aquele que se dá em compartilhamento à multidão e que, pelo Espírito, transfigura aqueles e aquelas que se nutrem de sua vida como homens e mulheres que vivem de santidade; seres humanos que, por sua existência cotidiana, dão um futuro à criação, trazendo já em si o futuro da Ressurreição. É a abertura desse "sem tardar" que não cessa de suscitar neles o desejo de uma simples presença de Deus que transcenderá enfim a troca de dons, o pedido e a ação de graças. Mas Aquele que recebe o louvor gratuito — oferecido *por nada* — envia-os, de maneira nova, à casa da criação, a fim de torná-la habitável para todos por sua própria criatividade.

Conclusão

Reler

Tendo seguido, passo a passo, o caminho traçado por este livro, o leitor pôde coletar certo número de informações e unificá-las progressivamente numa imagem global da Revelação, vista pela tradição cristã como seu centro. Terá ele também feito a experiência dos temas abordados nestas páginas? O convite a relê-las lhe é dirigido, nesta conclusão, para que possa localizar as passagens do texto ou os momentos de sua leitura em que sua humanidade e, eventualmente, sua fé foram reunidas ou suscitadas. Os excertos citados nos quadros ou no próprio percurso, os exemplos dados ou as imagens utilizadas, os acontecimentos de outrora recordados, as situações de vida e de morte sugeridas... todas essas evocações e essas citações são como portas abertas do texto dirigidas ao além do leitor. Se, por essas aberturas, pôde sair do livro para se sentir um pouco melhor em sua casa, ele já formulou as condições de uma compreensão interior do mistério que estes sete capítulos desejavam apresentar-lhe. Que o leitor faça uso, por conseguinte, de um tempo para reformular, à sua maneira, o que só agora pode compreender melhor. Um dos desejos deste livro é também ser de ajuda nessa ocasião.

A Revelação

Como chegar a uma compreensão interior da Revelação?

É preciso, com efeito, observar em primeiro lugar que o termo "Revelação" é um *conceito* entre outros cuja ambição é "apreender" o essencial ou o todo da tradição cristã; ele nunca pode ser separado de um outro termo, "mistério", para evitar o mal-entendido de um desvelamento total ou de uma transparência das coisas e dos seres que se mostrará inevitavelmente desumanizadora... "Deus se revela como mistério" — essa frase formada a partir do conceito de Revelação pode entretanto permanecer abstrata e até impedir toda compreensão interior. Para chegar a isso, deve-se pois encontrar, em si *e* nos outros o que o conceito de Revelação ou o enunciado que o contém designa com precisão. Em si e nos outros... Às vezes, é melhor de resto começar pelos outros porque pode ocorrer de eles me levarem a descobrir algo que ainda não compreendi por mim, até em mim mesmo. No que diz respeito ao desvelamento de Deus como mistério, ele se produziu *na história* e pode ainda nela produzir-se; de todo modo, ele chegou a nós por meio daqueles e daquelas que nos precederam: aqueles que se denominam "profetas", Jesus de Nazaré e uma inumerável multidão de fiéis.

Mas — será uma pergunta comum — *esses outros*, sejam profetas ou o próprio Cristo, o que podem de fato me fazer entender que eu não veja por mim mesmo? A história não nos afastou definitivamente uns dos outros? Acaso ela não nos transformou em estranhos que, depois de tantos anos, até mesmo séculos, não se reconhecem mais? Com essas perguntas ou outras do mesmo tipo, o leitor começa a perceber que sua inteligência deseja ser convencida, a partir do interior de si mesma, da verdade do que lhe é proposto a partir do exterior. Para concretizar esse desejo que se manifesta nele, o leitor deve portanto ver como esses outros conseguiram chegar à convicção íntima da verdade do que — eles também — receberam; ele deve ainda comparar o caminho dos outros com o seu, sem minimizar de forma alguma a distância, até a estranheza que os separa de si.

Conclusão

Ontem e hoje, caminhos de experiência

Foi dessa perspectiva que relemos as *Escrituras* cristãs, que não nos propõem um ensinamento conceptualizado, mas caminhos de experiência. Elas nos acompanharam ao longo de todo o percurso; mas na metade do livro nós as abrimos de maneira muito ampla. Sem dúvida, foram o substantivo "revelação" e o verbo "revelar" que nos conduziram (palavras que o leitor encontra facilmente se abre uma Concordância da Bíblia).

Nossa ambição foi ler *toda* a Escritura. Enfim, que nos entendam bem! Tomamos por guia os *gêneros literários* do Novo Testamento — a atenção aos caminhos de experiência o obriga —, visitamo-los uns depois dos outros, obedecendo sobretudo a uma ordem histórica. As *cartas* — as do apóstolo Paulo —, fruto de suas relações com as comunidades fundadas por ele graças ao anúncio de seu Evangelho — eis ainda outro termo, talvez o primeiro no qual Paulo enxerta os termos "revelação" e "mistério"! Em seguida, os *evangelhos*, relatos que narram o itinerário do "evangelista" Jesus e aquilo em que se transforma naqueles e para aqueles que cruzam seu caminho, alguns dos quais sabendo identificá-lo, a ele, como Evangelho de Deus e o que acontece com ele como Revelação. Enfim, o gênero *Revelação*, o do último livro do Novo Testamento, mas aquele também de toda uma literatura judaica da época de Jesus. Através desse livro e dessa literatura, fomos levados a reler — com o próprio Jesus — as Escrituras de seu povo: lei, profetas e outros escritos.

Recordemos com clareza o que descobrimos nesse capítulo central: não foram Jesus nem os primeiros cristãos que inventaram uma expressão tão importante quanto "Revelação de Deus"; eles a tomaram de seu ambiente cultural e a transformaram; sua questão dizia respeito sobretudo ao seguinte: que sinais mostram que essa Revelação ocorreu na história ou, mais precisamente, em quem discernir sua presença? Com efeito, isso nos convida a buscar, em nossa própria cultura, "lugares" de experiência a partir dos quais se torna hoje possível identificar o portador ou os portadores da Revelação. Foi o que fizemos, no primeiro capítulo, ao exortar o leitor a entender algumas expressões correntes utilizadas por nossos contemporâneos, analisá-las e delas extrair a estrutura de uma experiência humana de revelação, interior a toda interpretação religiosa.

Fazer esse tipo de exercício que permite escrutar a cultura atual, embora assumindo uma leitura pessoal das Escrituras a partir da interpretação bíblica dessa experiência — eis o que permite avançar na compreensão interior da Revelação de Deus. Com efeito, a Bíblia é um texto que oferece ao leitor inumeráveis traçados. Por conseguinte, que cada um tome de empréstimo o seu; ele encontrará nesse âmbito, por certo, uma escola de humanidade; eventualmente, ele se unirá à escola de Jesus de Nazaré porque deseja conhecer interiormente o mestre; talvez até o identifique como "Cristo" e "Santo de Deus", ocupando, com ele, esse lugar misterioso que as Escrituras proféticas lhe propõem.

Vivenciar a distância histórica entre as primeiras testemunhas e nós mesmos

Entrar nas Escrituras é sem dúvida identificar-se com esta ou aquela figura do texto. Mas não se pode deixar de provar, nesse momento, a distância histórica, já assinalada, que nos separa dele. O Antigo Testamento sente de fato o problema da releitura de um episódio num contexto novo; o Novo, por sua vez, parece ignorá-lo: acaso seus autores não estão convencidos de que em Jesus — reconhecido pelos seus como Messias, Filho e Santo de Deus — chegou o *"fim" da história*? Mostramos, no capítulo 6, a hesitação de toda a tradição cristã com relação a essa questão e apresentamos diferentes modelos de solução.

Para o leitor, há uma maneira de sair dessa hesitação: ele pode adotar a concepção paulina da "tradição", compreendida — literalmente — como "existência entregue", a de Cristo e a do apóstolo que dá a seus interlocutores não apenas o Evangelho, mas também sua própria vida. O mistério de Deus é então desvelado — entregue — nesse misterioso processo de transmissão e de recepção. O "fim" da história sem dúvida chega quando alguém realiza o dom de sua própria vida por outrem e compreende esse ato de desapego de si como mistério último do destino humano. Mas o "fim" permanece ainda suspenso à recepção desse mistério por *todo* ser humano, sendo cada um chamado a nele entrar de modo único.

A compreensão que se enraíza nessas profundezas de existência é então levada a anular de alguma maneira a distância histórica; ela experimenta efetivamente um sentimento de conivência, até de fraternidade entre todos os fiéis, para além do tempo e da morte que os separam. Mas a história, seus acontecimentos felizes e cruéis, suas inumeráveis violências e seus avanços em termos de humanidade não menos reais, a instransponível pluralidade das línguas e das culturas... logo surgem diante de nossa recordação. O acesso ao mistério da existência deve enfrentar enormes obstáculos de desumanidade embora se beneficie ao mesmo tempo de poderosos auxílios; cada ser e cada geração são chamados a reinventar, nesse mesclado conjunto, seu próprio caminho.

Nossa situação atual — o limiar da modernidade e da pós-modernidade — foi abordada no capítulo 6. Tudo parece ter se passado como se tivéssemos aproximado coletivamente três "limites" durante o século XX: o silêncio de Deus, a experiência do mal radical e de uma fraternidade conservada, o fechamento de um espaço que parecia ilimitado e a consciência de que o único mundo e a unicidade de cada um, povo e indivíduo, nos são confiados. Cabe ao leitor, por conseguinte, fazer seu próprio diagnóstico do momento presente! Só a esse preço ele chegará verdadeiramente a avaliar a distância histórica que o separa dos fiéis de outras épocas ou de outras culturas e a aprender com eles uma maneira de ler os sinais dos tempos, sem privar-se de seu próprio julgamento.

Uma bifurcação

A insistência no caráter histórico da Revelação, um dos eixos principais desta obra, nos leva portanto a compreender por que, em cada época e em cada cultura, é preciso recomeçar a ler as Escrituras e a traçar caminhos de acesso ao mistério de Deus. As hesitações acentuadas quanto ao lugar da história na Revelação necessitam de uma *regra* de interpretação, já presente nas próprias Escrituras e enriquecida progressivamente pela experiência das gerações de cristãos. Quando se vivencia pessoalmente a dificuldade de ler as Escrituras numa situação inédita e de abrir — enquanto apóstolo — itinerários de fé, deixa-se de receber essa regra como simples lei exterior e se passa a recebê-la como uma valiosa ajuda; obtém-se assim uma compreensão interior dela, sabendo-se dali em diante beneficiar-se do discernimento dos antigos aí consignado. Nesse espírito, nós lemos, no capítulo 2 e nos três últimos capítulos, não apenas alguns excertos de obras teológicas e espirituais, mas também os textos normativos da Igreja dos séculos XIX e XX, fazendo do conceito de Revelação o centro da Tradição cristã.

Ora, a análise histórica dos textos dos Concílios Vaticano I e II nos confrontou com dois tipos de compreensão da Revelação: um "modelo de instrução" que insiste nas *verdades* reveladas por Deus e propostas pelo ensinamento da Igreja à fé dos fiéis; um "modelo de comunicação" que explicita mais o *processo de transmissão*, tal como encontrado pela primeira vez no apóstolo Paulo. Deus não tem senão um único "mistério" a revelar ao fiel, e é Ele próprio, e Ele próprio como nosso destino. Eu só tenho acesso a isso atravessando integralmente minha própria humanidade.

Apresenta-se aqui uma *bifurcação* que não deixa de ter impacto sobre a situação atual da Igreja, várias vezes evocada neste livro. Tomar consciência da diferença dos dois modelos é algo que permite com efeito questionar-se sobre o subentendido eclesial do conceito de Revelação, assinalado desde o início desta conclusão: é legítimo esperar que todo cristão chegue a uma compreensão interior, experimental e indutiva, do que é visado por esse termo?

Para responder positivamente a essa questão, é preciso ir ao fundo da explicitação conciliar da Revelação e levar em conta outros textos, como a *Declaração sobre a liberdade religiosa* e algumas passagens-chave da Constituição *Gaudium et spes* sobre a consciência, a história e a criação; eles permitem pensar o destino humano no universo, em seus aspectos individuais e coletivos, à luz da Revelação de Deus. A partir disso, compreende-se que Deus vai ao ponto de deixar o homem e a humanidade ter acesso por si próprios ao que Ele é em si mesmo; percebe-se que a compreensão interior do mistério, por seu turno, funda-se na auto-revelação de Deus.

Conclusão

A escolha de textos teológicos apresentados neste livro é esclarecida também à luz da exigência de uma compreensão que deseja ser convencida, a partir de seu interior, da verdade do que lhe é proposto. O leitor é aqui novamente exortado a ir mais longe, traçando seu próprio caminho na obra do Concílio Vaticano II; alguns aspectos, como as relações da Revelação com as culturas e com as religiões, com a política e com a economia etc., mal foram tocados. O leitor pode ainda trabalhar pessoalmente os textos dos quadros e completar eventualmente este ou aquele excerto com outras passagens que já conheça.

Vivenciar a experiência de Revelação

Enfim, o que as relações com os outros e com a história ensinaram ao leitor acerca da Revelação? Sem dúvida ele teve condições de experimentar uma solidariedade com aqueles e aquelas que, ao longo das eras, dão sua vida de muitas maneiras, descobrindo-se amigos de Deus nesses caminhos de santidade. Mas pode ser que um outro tipo de fraternidade se tenha imposto a seu espírito, a de "compreensões" habitadas, todas elas, pelo próprio desejo espiritual de interioridade que, contudo, ninguém pode honrar no lugar de outro. É o mistério da Igreja que desponta nesse jogo de relações fraternais: uma Igreja incessantemente em gênese, como mostramos; uma Igreja que se torna sujeito de sua história no próprio interior da auto-revelação de Deus — e isso graças àqueles e àquelas que, apóstolos, compreendem e "reproduzem" ativamente, a partir do interior mesmo dessa compreensão espiritual, a gênese eclesial da fé.

O conceito de *"experiência* de Revelação", que nos acompanha desde o início de nosso percurso, designa o conjunto do processo de aprendizagem que acabamos de retraçar nesta conclusão. Porém, no ponto de partida do percurso, o sujeito que encontra o outro — outras culturas e outras épocas, outros fiéis, as Escrituras e a Igreja... — e que descobre Deus nessas múltiplas situações compreende melhor quem já o habita. Mas é também interrogado, deslocado e conduzido para o que é em sua unicidade inalienável, a ponto de perceber-se radicalmente honrado pelo próprio Deus.

A não-transparência constitutiva do "real" é a condição última da experiência de Revelação cuja presença *efetiva* na história levou a razão a tomar consciência de que é posto um véu sobre as coisas e os seres vivos. Essa não-transparência funda a necessidade de *tradições* e, por conseguinte, do percurso que acabamos de fazer. Nós o mostramos nos capítulos 1 e 3 distinguindo, no Ocidente, duas maneiras diferentes de habitar a abertura radical do "real": a tradição grega que insiste no registro do conhecimento; a tradição judaica e cristã que identifica Revelação e despojamento, sem minimizar com isso o valor do conhecimento, ligado ao mistério da criação.

No capítulo 3, apresentou-se a alternativa decisiva — crer ou não crer — que surge inevitavelmente a partir do momento em que se pressupõe a existência de experiências humanas de revelação que, em si, não levam necessariamente à fé em Deus revelando-se no destino de Jesus de Nazaré. Desejamos mostrar, na última parte da obra, que a liberdade — sem garantia — de dar sentido à existência e de crer tem fundamento teológico. Ela corresponde à concepção de Revelação que se impôs, ao menos em parte, no Ocidente graças à prova do silêncio de Deus, do mal e da unicidade de nosso mundo.

Durante a época moderna, os cristãos de fato tomaram consciência, pouco a pouco, de que a Revelação não existe fora de sua *recepção histórica*: a *Paradosis* (tradição) efetivamente vivida, o corpo da fé — aquele que ela é, que ela recebe e em que ela se dá — é o único *traço* de sua origem divina. Por conseguinte, é com base numa concepção da objetividade que insiste nos *efeitos localizáveis* do sentido numa existência individual, e com base no ser conjunto dos seres humanos, que percorremos, nos três últimos capítulos, três domínios: o encontro do outro, a releitura de nossa história e a abordagem científica e estética do universo. Nesses terrenos, podemos viver hoje a "passagem", já traçada pelos relatos bíblicos, de uma experiência de revelação à Revelação de Deus que permite ao fiel ter acesso por si mesmo à Sua perspectiva sobre o "real".

Os domínios que acabamos de evocar são também o "em si" do leitor — ao menos se espera. Cabe a ele, de todo modo, identificá-los a seu modo e traçar com todo o seu ser — inclusive com sua compreensão espiritual — as "passagens" que se apresentam a ele.

Glossário

Agnóstico

Enquanto o ateu nega a existência de Deus, o agnóstico suspende seu julgamento. Na situação atual do pluralismo religioso, essa recusa a pronunciar-se costuma alicerçar-se na Revelação de Deus; segundo o agnóstico, nenhuma manifestação religiosa pode reivindicar o estatuto de uma revelação última e definitiva.

Antropocentrismo

Visão do mundo que põe o homem (= *anthropos*) no centro do universo. É o que ocorre com concepções antigas, grega e bíblica, do mundo. Em contrapartida, as ciências clássicas e modernas contestam essa visão. Essas ciências se fundam no princípio cosmológico segundo o qual o universo tem a mesma aparência, seja qual for o lugar de onde seja observado. Desse postulado resulta que a terra ou mesmo nossa galáxia ocupam tão-somente um lugar sem característica particular no universo. Essa transformação obriga a teologia cristã a perguntar-se em que sentido o homem é o centro das preocupações de Deus.

Antropomorfismo

Maneira de representar a Deus e ao mundo animado e inanimado sob forma (= *morphè*) humana. Para falar de Deus, a Bíblia utiliza de modo muito amplo imagens tomadas de empréstimo ao comportamento humano; a poesia o faz desde sempre para evocar a natureza e o mundo animal. Sem dúvida, a teologia e as ciências pressupõem uma atitude crítica com relação a esses tipos de linguagem, e a experiência espiritual desemboca no encontro do "mistério" do Deus inefável no silêncio. Mas devemos reconhecer ao mesmo tempo que o homem não pode renunciar a falar e que o antropomorfismo de suas representações e maneiras de exprimir-se tem algo de inevitável. A afirmação bíblica da criação do homem "à imagem e à semelhança de Deus" e a fé na Encarnação justificam de algum modo "o antropomorfismo" e nos convidam a uma lenta conversão de nossas imagens de nós mesmos, do outro, do mundo e... de Deus.

Carne

Designando na Bíblia a totalidade do ser humano (o indivíduo e a coletividade), a "carne" é criada por Deus, assumida pelo "Verbo feito carne" (Jo 1,14) e transfigurada pelo Espírito, sendo por isso que o cristão pode confessar: "Creio na ressurreição da carne". A carne designa portanto nossa condição de criatura; mas com Paulo esse sentido deixa de ser o único: a carne pode também designar a condição pecadora do homem, seu fechamento com relação a outrem e com relação a Deus.

Conceito

Maneira de englobar, de fixar ou de apreender uma realidade complexa por meio de uma palavra abstrata ou geral. Exemplos: cristianismo, revelação, humanidade etc.

Dogma

No uso atual da Igreja e da teologia, o "dogma" designa os conteúdos da Revelação, propostos enquanto tais pelo magistério da Igreja como devendo merecer a crença dos fiéis. Se diversos conceitos (doutrina, artigo de fé, mistério, verdade católica) puderam ser utilizados nesse sentido no passado, isso se deu porque a noção de dogma progressivamente se impôs a partir do século XVIII no catolicismo, e isso num contexto de defesa e de debate com o protestantismo e o mundo moderno. O termo é empregado hoje num sentido mais amplo, para designar verdades de fé ou mistérios que, como a confissão trinitária, nunca foram formalmente erigidos como dogmas.

Economia

Eis a definição dada pelo *Dicionário Houaiss*: "ciência que estuda os fenômenos relacionados com a obtenção e a utilização dos recursos materiais necessários ao bem-estar; conjunto de disciplinas constituintes do curso de nível superior que forma economistas; aproveitamento racional e eficiente de recursos materiais". Esse termo que leva em primeiro lugar a pensar na "troca de bens" no sentido econômico do termo é utilizado em teologia para designar *a história da salvação* entre a criação e a ressurreição final; os Padres da Igreja estabeleceram uma distinção entre "a economia" e a "teologia", designando esta última, de acordo com eles, como o que podemos dizer, na fé, do próprio Deus.

Enigma e mistério

Jogo de adivinhação no qual se procura adivinhar uma coisa descrevendo-a em termos obscuros, com freqüência de duplo sentido. O exemplo mais célebre é o enigma formulado pela Fênix a Édipo: "Qual o ser dotado de voz que anda de quatro pela manhã, de dois ao meio-dia e de três à noite?" Se a resposta — o homem! — não deixa a menor dúvida, há outros enigmas mais difíceis a ser resolvidos. Eis a definição: "problema difícil de resolver" — definição que pode ser ampliada, à existência humana em geral e à de todo o universo. Na tradição bíblica, há uma distinção clara entre "mistério" e "enigma" (cf. Mc 4,11): enquanto o enigma é o sinal de uma *incompreensão*, o mistério se relaciona (a partir do Livro de Daniel), com os *acontecimentos* do fim dos tempos, com o *desígnio* de Deus, até com o próprio *Deus:* em resumo, com tudo o que só Deus pode dar a conhecer por Revelação; e, enquanto o enigma desaparece com sua solução, a Revelação jamais dissolve o mistério, mas permite ao fiel nele entrar. Assim, o apóstolo Paulo vê na cruz de Jesus o mistério de Deus que exorta o homem a deixar converter sua imagem de Deus. Quanto mais descobre que esse mistério o transcende radicalmente, tanto mais o homem entra, com todos os seus sentidos e todas as suas faculdades, com seu amor e sua compreensão, no mistério de sua própria existência em relação com outros, com a história da humanidade e com todo o universo.

Forma de vida

Termo cunhado pelo lógico e filósofo L. Wittgenstein (1889-1951) para esclarecer que a linguagem humana e as ações às quais ela está ligada formam uma unidade. Wittgenstein designa esse vínculo entre a prática de uma língua e nossos gestos cotidianos pela expressão "jogo de linguagem". Ele fala de um "jogo" porque esse conjunto pressupõe regras precisas. Analisar um jogo de linguagem, uma maneira de falar ou a prática de uma língua é, por conseguinte, valorizar a "forma de vida" que ele pressupõe. É o que fazemos neste livro ao estudar o vocabulário da "revelação", ou ainda, em outro nível, interessando-nos pelas maneiras de viver veiculadas pelos "relatos evangélicos". A tradição cristã foi muito engenhosa em matéria de formas de vida ("estados de vida", formas de vida religiosa etc.)

Glória

Enquanto o termo grego *doxa* orienta para a reputação ou para a celebridade, o equivalente hebraico *kavod* expressa o peso, o valor de uma pessoa, de uma cidade ou de Deus. Se a santidade define o próprio Deus, a glória é seu resplendor (Is 6,3). No Novo Testamento, e em particular em Paulo, a "glória" está com freqüência ligada à ação de "glorificar-se" ou de "orgulhar-se" por isto ou aquilo; o homem se vê valorizado, seja em vão, seja em Deus, em Cristo e sua cruz, e, particularmente, na comunidade dos discípulos do Apóstolo.

Imanência

Presença no homem e no universo daquilo que os ultrapassa; por exemplo, sua finalidade, a justiça (justiça *imanente* é aquela que deriva naturalmente dos atos realizados, que golpeia o culpado sem intervenção de um agente exterior), a transcendência (ver "transcendência") e Deus.

Lei

Esse termo é aplicado antes de tudo ao conjunto legislativo que a tradição do Antigo Testamento vincula a Moisés. Fundando-se nesse sentido do termo, clássico no judaísmo, o Novo Testamento denomina "a Lei" toda a economia (ver "economia") da qual essa legislação é a peça mestra. As primeiras comunidades cristãs assumiram posições diversas com relação à lei de Moisés. O apóstolo Paulo, ao qual nos referimos neste livro, enfatiza simultaneamente a impotência e a necessidade da lei: a lei não pode salvar o homem; mas, manifestando-lhe seu pecado, ela desempenha o papel de um "pedagogo". O próprio Cristo é o "fim da lei" (Rm 10,4), visto que inaugura o tempo messiânico do Espírito. Viver segundo a "lei do Espírito", e não sob a "lei da carne", é deixar-se configurar em Cristo (Rm 8,1-17) e cumprir plenamente a lei amando seu próximo (Rm 13,8 ss.). De um modo mais geral, a tradição cristã recorre ao termo "lei" para exprimir ao mesmo tempo a necessidade e o caráter relativo e provisório de toda regra e de toda estrutura institucional quando se trata da "vida espiritual" do ser humano.

Messias/messianismo

Os termos "Messias" (hebraico) e "Cristo" (grego) significam "Ungido". Essa constelação tornou-se, na época apostólica, o nome próprio de Jesus. Ela acentua o profundo vínculo que liga sua pessoa à esperança do povo judeu. No Antigo Testamento, a palavra "Ungido" é aplicada antes de tudo ao rei; mas designa também outras personagens, em especial os sacerdotes. Tentando compreender a identidade de Jesus a partir dessas "figuras", o Novo Testamento a faz passar por uma profunda transformação, necessitada em particular pela crucificação e pela ressurreição do Nazareno. A linguagem contemporânea utiliza o termo "messianismo" para caracterizar a espera, com freqüência nutrida no quadro de movimentos político-religiosos, de uma mudança radical e definitiva no âmbito da história. Ao dar a Jesus de Nazaré o título de "Messias", as comunidades cristãs se mostram solidárias com essa espera; mas elas a deslocam insistindo, com o Novo Testamento, na "santidade" do Messias. Essa "santidade" que Jesus descobre no seio da humanidade e que comunica aos seus tem conseqüências históricas e políticas.

Mistério
Ver Enigma.

Mito/mítico

A opinião comum continua a colocar o mito do lado do irracional. O evolucionismo do século XIX ligou-o efetivamente ao estágio da infância da humanidade, "a idade mítica", primordialmente seguida pela "idade metafísica" e, em seguida, pela" idade positivista", a idade das ciências que representam o ideal da racionalidade. Ora, as pesquisas antropológicas do século XX nos fizeram compreender que, ao narrar uma história sagrada ou um acontecimento que se deu num tempo primordial, o mito fornece uma forma de conhecimento do mundo e um modelo de integração social. Sabemos hoje que nossas sociedades não podem viver sem esse tipo de conhecimento e que podem até erigir como mito as ciências e seu poder sobre os seres. Desde que aborda as questões-"limite" referentes à sua existência, à sua história ou ao universo, o homem põe em uso discursos de tipo "mítico" que deve criticar sem poder abandoná-los de maneira definitiva.

Objetividade

Termo cunhado a partir das palavras "objeto" e "objetivo" para expressar a qualidade do que está em harmonia com a realidade (ver "realidade"). As ciências clássicas e modernas perturbaram contudo o realismo ingênuo subjacente a essa primeira definição. A teoria dos *quanta*, por exemplo, traduz, no âmbito da microfísica, a impossibilidade de medir *simultaneamente* a velocidade e a posição de uma partícula. Desse modo, a definição da "objetividade" deve deslocar-se e implicar aquele que descreve um "objeto". É objetivo o que é descrito com exatidão em função do ponto de vista do observador. Esse relacionamento do objeto e do sujeito, até sua interação, também tem por conseqüência o fato de que nossos processos de conhecimento nunca são definitivamente terminados. Um conhecimento pode ser corrigido, e até refutado, a partir de um ponto de vista mais adaptado.

Realidade/real

O termo "realidade" designa o que existe de fato, por oposição ao que é imaginado, sonhado, fictício, quer considerado num de seus elementos (uma realidade) ou em seu conjunto (a realidade). É certo que as ciências clássicas e modernas perturbaram nosso realismo ingênuo ou primeiro (ver "objetividade"); mas o termo "realidade" impõe-se necessariamente a partir do momento em que tomamos consciência dos "limites" de nosso conhecimento. A filosofia contemporânea fala portanto do "real velado". Ela mantém assim a noção de "realidade" como uma espécie de horizonte que se afasta quando nos aproximamos dele, mas que estimula ao mesmo tempo nosso esforço de conhecimento sem nunca poder detê-lo.

Símbolo

Formado a partir do grego *sym-bolon*, este termo designa um sinal de reconhecimento, formado pelas duas metades de um objeto quebrado que são aproximadas. A tradição cristã refere-se a essa conotação social do termo e chama de "símbolos" suas grandes confissões de fé, em particular o *Símbolo dos Apóstolos* e o *Símbolo de Nicéia-Constantinopla* (381).

Teologal

Termo aplicado à fé, à esperança e à caridade para expressar que esses atos fundamentais da existência cristã (as três "virtudes teologais") têm sua raiz em Deus. Ao ampliar o sentido desse adjetivo, ele também é utilizado para exprimir que a origem e o fim da experiência espiritual estão no próprio Deus.

Tradição apostólica

Utilizado pelo apóstolo Paulo (1Cor 11,23 e 15,1-3) para expressar ao mesmo tempo o conteúdo transmitido (a instituição da Eucaristia e a Ressurreição) e o ato de transmissão que implica de modo muito radical a própria existência daquele que transmite o que ele próprio recebeu. Desde Ireneu, a teologia dá a esse termo também um sentido normativo: na interpretação da fé católica, nós nos referimos à tradição apostólica (cf. a Constituição Dogmática sobre a Revelação Divina *Dei Verbum*, capítulo II: A transmissão da Revelação divina, em *Compêndio do Vaticano II*, Petrópolis, Vozes, 1991, p. 125-128).

Transcendência

Termo global que designa o que se situa fora do alcance da experiência ou do pensamento do homem e que o transcende e transcende o universo (ver "imanência"). Esse conceito é utilizado em filosofia da religião e em teologia para exprimir a diferença entre Deus e sua criatura.

Unicidade

Termo destinado a expressar a singularidade de um ser, por exemplo, de uma pessoa humana. A unicidade pode significar certa exclusividade, por exemplo, quando o profeta Isaías confessa "a unicidade de Deus": "Meu servo" — diz Yahweh — "a quem escolhi, a fim de que possais compreender, ter fé em mim e discernir que sou: antes de mim não foi formado nenhum deus e depois de mim não existirá nenhum" (Is 43,10 ss.). No Novo Testamento, essa conotação de uma exclusividade parece desaparecer: determinado ser, um homem ou uma mulher encontrados, Cristo ou ainda Deus, são incomparáveis e únicos nesse sentido. O Evangelho de João confessa claramente a unicidade do Filho: "Ninguém nunca viu Deus; Deus Filho *único* [= *monos*], que está no seio do Pai, no-lo desvelou" (Jo 1,18; cf. também Jo 3,16). Mas esse mesmo evangelho mostra também a ambigüidade de uma "unicidade" exclusiva, condenada a uma solidão última: "Em verdade, em verdade vos digo, se o grão de trigo não cair na terra e morrer, ficará *só* [= *monos*]; se, pelo contrário, ele morrer, dará muito fruto" (Jo 12,24).

Bibliografia

A questão da "Revelação" foi abordada, nestes últimos anos, sobretudo em manuais de teologia ou em obras universitárias. Propomos aqui sobretudo alguns livros e artigos para ajudar o leitor a explorar este ou aquele tema abordado neste livro.

Três obras recentes e duas séries de artigos sobre a Trindade tratam ao mesmo tempo da Revelação

BEZANÇON, Jean-Noël. *Dieu n'est pas solitaire.* La Trinité dans la vie des chrétiens. Paris, DDB, 1999.

BOUSQUET, François. *La trinité.* Paris, Éditions de l'Atelier, 2000.

MOINGT, Joseph. *Les Trois Visiteurs.* Entretiens sur la Trinité. Propostas coletadas por Marc Leboucher. Paris. DDB, 1999.

DOMERGUE, Marcel. La paternité de Dieu, *Croire aujourd'hui*, n. 59, 61 e 63 (1998/1999).

DOMERGUE, Marcel, La Trinité, *Croire aujourd'hui*, n. 80, 81 e 82 (1999); sobretudo Le mystère révélé, *Croire aujourd'hui*, n. 81.

Para trabalhar o aspecto doutrinal da Revelação (cf. capítulo 2)

SESBOÜE, Bernard. *L'Évangile dans l'Église.* La tradition vivante de la foi. Paris, Le Centurion, 1975.

THEOBALD, Christoph. "Originalité de Vatican II", edição especial de *Croire aujourd'hui* (fev. 2000).

Para abordar a Revelação da perspectiva do ato de fé e da dúvida (cf. capítulo 3)

JOSSUA, Jean-Pierre. *La foi en questions*. Paris, Flammarion, 1989.

Para abrir as Escrituras (capítulo 4)

BEAUCHAMP, Paul. *Parler d'Écritures Saintes*. Paris, Éditions du Seuil, 1987.

Para ler os relatos de encontros (capítulo 5)

GRIEU, Etienne. *Transmettre la Parole*. Des jeunes au carrefour du "vivre ensemble" et de la foi. Paris, Éditions de l'Atelier, 1998.

Para estudar a história da Revelação (capítulo 6)

GLÉ, Jean-Marie (org.). *La foi a une histoire*. Croyants, héritiers et novateurs. Paris, Université d'été de la Mission étudiante/Le Cerf, 1994.

Para descobrir o mundo, revelado como criação (cf. capítulo 7)

REEVES, Hubert; ROSNY, Joël de; COPPENS, Yves; SIMONNET, Dominique. *La plus belle histoire du monde*. Les secrets de nos origines. Paris, Le Seuil, 1996.

GISEL, Pierre, KAENNEL, Lucie, *La création du monde*. Discours religieux, discours scientifiques, discours de foi. Genève, Labor et Fides, 1999.

TÉZÉ, Jean-Marie. *Théophanies du Christ*. Paris, Desclée, 1988.

DISTRIBUIDORES DE EDIÇÕES LOYOLA

Edições Loyola

Se o(a) senhor(a) não encontrar qualquer um de nossos livros em sua livraria preferida ou em nossos distribuidores, faça o pedido por reembolso postal à:

Rua 1822 nº 347, Ipiranga – CEP 04216-000 – São Paulo, SP
Caixa Postal 42.335 – CEP 04218-970 – São Paulo, SP
Tel.: 11 6914-1922 – **Fax:** 11 6163-4275
vendas@loyola.com.br   www.loyola.com.br

BAHIA

LIVRARIA E DISTRIBUIDORA MULTICAMP LTDA.
Rua Direita da Piedade, 203 – Piedade
Tel.: (71) 2101-8010 / 2101-8009
Telefax: (71) 3329-0109
40070-190 Salvador, BA
multicamp@uol.com.br

MINAS GERAIS

ASTECA DISTRIBUIDORA DE LIVROS LTDA.
Rua Costa Monteiro, 50 e 54
Bairro Sagrada Família
Tel.: (31) 3423-7979 • Fax: (31) 3424-7667
31030-480 Belo Horizonte, MG
distribuidora@astecabooks.com.br

MÃE DA IGREJA LTDA.
Rua São Paulo, 1054/1233 – Centro
Tel.: (31) 3213-4740 / 3213-0031
30170-131 Belo Horizonte, MG
maedaigrejabh@wminas.com

RIO DE JANEIRO

ZÉLIO BICALHO PORTUGAL CIA. LTDA.
Vendas no Atacado e no Varejo
Av. Presidente Vargas, 502 – sala 1701
Telefax: (21) 2233-4295 / 2263-4280
20071-000 Rio de Janeiro, RJ
zeliobicalho@prolink.com.br

EDITORA VOZES LTDA – SEDE
Rua Frei Luis, 100 – Centro
25689-900 Petrópolis, RJ
Tel.: (24) 2233-9017 • Fax: (24) 2246-5552
vozes62@uol.com.br

RIO GRANDE DO SUL

LIVRARIA E EDITORA PADRE REUS
Rua Duque de Caxias, 805
Tel.: (51) 3224-0250 • Fax: (51) 3228-1880
90010-282 Porto Alegre, RS
livrariareus@livraria-padre-reus.com.br

SÃO PAULO

DISTRIBUIDORA LOYOLA DE LIVROS LTDA.
Vendas no Atacado
Rua São Caetano, 959 – Luz
Tel.: (11) 3322-0100 • Fax: (11) 3322-0101
01104-001 São Paulo, SP
vendasatacado@livrarialoyola.com.br

LIVRARIAS PAULINAS
Via Raposo Tavares, km 19,145
Tel.: (11) 3789-1425 / 3789-1423
Fax: (11) 3789-3401
05577-300 São Paulo, SP
expedicao@paulinas.org.br

REVENDEDORES DE EDIÇÕES LOYOLA

AMAZONAS

EDITORA VOZES LTDA.
Rua Costa Azevedo, 105 – Centro
Tel.: (92) 3232-5777 • Fax: (92) 3233-0154
69010-230 Manaus, AM
vozes61@uol.com.br

LIVRARIAS PAULINAS
Av. 7 de Setembro, 665
Tel.: (92) 3633-4251 / 3233-5130
Fax: (92) 3633-4017
69005-141 Manaus, AM
livmanaus@paulinas.org.br

BAHIA

EDITORA VOZES LTDA.
Rua Carlos Gomes, 698A –
Conjunto Bela Center – loja 2
Tel: (71) 3329-5466 • Fax: (71) 3329-4749
40060-410 Salvador, BA
vozes20@uol.com.br

LIVRARIAS PAULINAS
Av. 7 de Setembro, 680 – São Pedro
Tel.: (71) 3329-2477 / 3329-3668
Fax: (71) 3329-2546
40060-001 Salvador, BA
livsalvador@paulinas.org.br

BRASÍLIA

EDITORA VOZES LTDA.
SCLR/Norte – Q. 704 – Bloco A n. 15
Tel.: (61) 3326-2436 • Fax: (61) 3326-2282
70730-516 Brasília, DF
vozes09@uol.com.br

LIVRARIAS PAULINAS
SCS – Q. 05 / Bl. C / Lojas 19/22 – Centro
Tel.: (61) 3225-9595 • Fax: (61) 3225-9219
70300-500 Brasília, DF
livbrasilia@paulinas.org.br

CEARÁ

EDITORA VOZES LTDA.
Rua Major Facundo, 730
Tel.: (85) 3231-9321 • Fax: (85) 3231-4238
60025-100 Fortaleza, CE
vozes23@uol.com.br

LIVRARIAS PAULINAS
Rua Major Facundo, 332
Tel.: (85) 226-7544 / 226-7398
Fax: (85) 226-9930
60025-100 Fortaleza, CE
livfortaleza@paulinas.org.br

ESPÍRITO SANTO

LIVRARIAS PAULINAS
Rua Barão de Itapemirim, 216 – Centro
Tel.: (27) 3223-1318 / 0800-15-712
Fax: (27) 3222-3532
29010-060 Vitória, ES
livvitoria@paulinas.org.br

GOIÁS

EDITORA VOZES LTDA.
Rua 3, nº 291
Tel.: (62) 3225-3077 • Fax: (62) 3225-3994
74023-010 Goiânia, GO
vozes27@uol.com.br

LIVRARIA ALTERNATIVA
Rua 70, nº 124 – Setor Central
Tel.: (62) 3229-0107 / 3224-4292
Fax: (62) 3212-1035
74055-120 Goiânia, GO
distribuidora@livrariaalternativa.com.br

LIVRARIAS PAULINAS
Av. Goiás, 636
Tel.: (62) 224-2585 / 224-2329
Fax: (62) 224-2247
74010-010 Goiânia, GO
livgoiania@paulinas.org.br

MARANHÃO

EDITORA VOZES LTDA.
Rua da Palma, 502 – Centro
Tel.: (98) 3221-0715 • Fax: (98) 3222-9013
65010-440 São Luís, MA
livrariavozes@terra.com.br

LIVRARIAS PAULINAS
Rua de Santana, 499 – Centro
Tel.: (98) 232-3068 / 232-3072
Fax: (98) 232-2692
65015-440 São Luís, MA
fspsaoluis@elo.com.br

MATO GROSSO

EDITORA VOZES LTDA.
Rua Antônio Maria Coelho, 197A
Tel.: (65) 3623-5307 • Fax: (65) 3623-5186
78005-970 Cuiabá, MT
vozes54@uol.com.br

MINAS GERAIS

ASTECA DISTRIBUIDORA DE LIVRO LTDA.
Av. Dr. Cristiano Guimarães, 2127
sala 108 – Planalto
Tel.: (31) 3443-3990
31720-300 Belo Horizonte, MG

EDITORA VOZES LTDA.
Rua Sergipe, 120 – loja 1
Tel.: (31) 3226-9010 • Fax: (31) 3226-7797
30130-170 Belo Horizonte, MG
vozes04@uol.com.br

Rua Tupis, 114
Tel.: (31) 3273-2538 • Fax: (31) 3222-4482
30190-060 Belo Horizonte, MG
vozes32@uol.com.br

Rua Espírito Santo, 963
Tel.: (32) 3215-9050 • Fax: (32) 3215-8061
36010-041 Juiz de Fora, MG
vozes35@uol.com.br

LIVRARIAS PAULINAS
Av. Afonso Pena, 2142
Tel.: (31) 3269-3700 • Fax: (31) 3269-3730
30130-007 Belo Horizonte, MG
livbelohorizonte@paulinas.org.br

Rua Curitiba, 870 – Centro
Tel.: (31) 3224-2832 • Fax: (31) 3224-2208
30170-120 Belo Horizonte, MG
gerencialivbelohorizonte@paulinas.org.br

PARÁ

LIVRARIAS PAULINAS
Rua Santo Antônio, 278 – B. do Comércio
Tel.: (91) 3241-3607 / 3241-4845
Fax: (91) 3224-3482
66010-090 Belém, PA
livbelem@paulinas.org.br

PARANÁ

EDITORA VOZES LTDA.
Rua Pamphilo de Assumpção, 554 – Centro
Tel.: (41) 3333-9812 • Fax: (41) 3332-5115
80220-040 Curitiba, PR
vozes21@uol.com.br

Rua Emiliano Perneta, 332 – loja A
Telefax: (41) 3233-1392
80010-050 Curitiba, PR
vozes64@uol.com.br

Rua Senador Souza Naves, 158-C
Tel.: (43) 3337-3129 • Fax: (43) 3325-7167
86020-160 Londrina, PR
vozes41@uol.com.br

LIVRARIAS PAULINAS
Rua Voluntários da Pátria, 225
Tel.: (41) 3224-8550 • Fax: (41) 3223-1450
80020-000 Curitiba, PR
livcuritiba@paulinas.org.br

Av. Getúlio Vargas, 276 – Centro
Tel.: (44) 226-3536 • Fax: (44) 226-4250
87013-130 Maringá, PR
livmaringa@paulinas.org.br

PERNAMBUCO, PARAÍBA, ALAGOAS, RIO GRANDE DO NORTE E SERGIPE

EDITORA VOZES LTDA.
Rua do Príncipe, 482
Tel.: (81) 3423-4100 • Fax: (81) 3423-7575
50050-410 Recife, PE
vozes10@uol.com.br

LIVRARIAS PAULINAS
Rua Duque de Caxias, 597 – Centro
Tel.: (83) 241-5591 / 241-5636 • Fax: (83) 241-6979
58010-821 João Pessoa, PB
livjpessoa@paulinas.org.br

Rua Joaquim Távora, 71
Tel.: (82) 326-2575 • Fax: (82) 326-6561
57020-320 Maceió, AL
livmaceio@paulinas.org.br

Rua João Pessoa, 224 – Centro
Tel.: (84) 212-2184 • Fax: (84) 212-1846
59025-200 Natal, RN
livnatal@paulinas.org.br

Rua Frei Caneca, 59 – Loja 1
Tel.: (81) 3224-5812 / 3224-6609
Fax: (81) 3224-9028 / 3224-6321
50010-120 Recife, PE
livrecife@paulinas.org.br

RIO DE JANEIRO

EDITORA VOZES LTDA.
Rua México, 174 – Sobreloja – Centro
Telefax: (21) 2215-0110 / 2533-8358
20031-143 Rio de Janeiro, RJ
vozes42@uol.com.br

LIVRARIAS PAULINAS
Rua 7 de Setembro, 81-A
Tel.: (21) 2232-5486 • Fax: (21) 2224-1889
20050-005 Rio de Janeiro, RJ
livjaneiro@paulinas.org.br

Rua Dagmar da Fonseca, 45
Loja A/B – Bairro Madureira
Tel.: (21) 3355-5189 / 3355-5931
Fax: (21) 3355-5929
21351-040 Rio de Janeiro, RJ
livmadureira@paulinas.org.br

Rua Doutor Borman, 33 – Rink
Tel.: (21) 2622-1219 • Fax: (21) 2622-9940
24020-320 Niterói, RJ
livniteroi@paulinas.org.br

ZÉLIO BICALHO PORTUGAL CIA. LTDA.
Rua Marquês de S. Vicente, 225 – PUC
Prédio Cardeal Leme – Pilotis
Telefax: (21) 2511-3900 / 2259-0195
22451-041 Rio de Janeiro, RJ

Centro Tecnologia – Bloco A – UFRJ
Ilha do Fundão – Cidade Universitária
Telefax: (21) 2290-3768 / 3867-6159
21941-590 Rio de Janeiro, RJ
livrarialiança@prolink.com.br

RIO GRANDE DO SUL

EDITORA VOZES LTDA.
Rua Riachuelo, 1280
Tel.: (51) 3226-3911 • Fax: (51) 3226-3710
90010-273 Porto Alegre, RS
vozes05@uol.com.br

LIVRARIAS PAULINAS
Rua dos Andradas, 1212 – Centro
Tel.: (51) 3221-0422 • Fax: (51) 3224-4354
90020-008 Porto Alegre, RS
livpalegre@paulinas.org.br

RONDÔNIA

LIVRARIAS PAULINAS
Rua Dom Pedro II, 864 – Centro
Tel.: (69) 3224-4522 • Fax: (69) 3224-1361
78900-010 Porto Velho, RO
fsp-pvelho@ronet.org.br

SANTA CATARINA

EDITORA VOZES
Rua Jerônimo Coelho, 308
Tel.: (48) 3222-4112 • Fax: (48) 3222-1052
88010-030 Florianópolis, SC
vozes45@uol.com.br

SÃO PAULO

DISTRIB. LOYOLA DE LIVROS LTDA.
Vendas no Varejo
Rua Senador Feijó, 120
Telefax: (11) 3242-0449
01006-000 São Paulo, SP
senador@livrarialoyola.com.br

Rua Barão de Itapetininga, 246
Tel.: (11) 3255-0662 • Fax: (11) 3231-2340
01042-001 São Paulo, SP
loyola_barao@terra.com.br

Rua Quintino Bocaiúva, 234 – Centro
Tel.: (11) 3105-7198 • Fax: (11) 3242-4326
01004-010 São Paulo, SP
atendimento@livrarialoyola.com.br

EDITORA VOZES LTDA.
Rua Senador Feijó, 168
Tel.: (11) 3105-7144 • Fax: (11) 3105-7948
01006-000 São Paulo, SP
vozes03@uol.com.br

Rua Haddock Lobo, 360
Tel.: (11) 3256-0611 • Fax: (11) 3258-2841
01414-000 São Paulo, SP
vozes16@uol.com.br

EDITORA VOZES LTDA.
Rua dos Trilhos, 627 – Mooca
Tel.: (11) 6693-7944 • Fax: (11) 6693-7355
03168-010 São Paulo, SP
vozes37@uol.com.br

Rua Barão de Jaguara, 1097
Tel.: (19) 3231-1323 • Fax: (19) 3234-9316
13015-002 Campinas, SP
vozes40@uol.com.br

CENTRO DE APOIO AOS ROMEIROS
Setor "A", Asa "Oeste"
Rua 02 e 03 – Lojas 111 / 112 e 113 / 114
Tel.: (12) 564-1117 • Fax: (12) 564-1118
12570-000 Aparecida, SP
vozes56@uol.com.br

LIVRARIAS PAULINAS
Rua Domingos de Morais, 660 – V. Mariana
Tel.: (11) 5081-9330
Fax: (11) 5549-7825 / 5081-9366
04010-100 São Paulo, SP
livdomingos@paulinas.org.br

Rua XV de Novembro, 71
Tel.: (11) 3106-4418 / 3106-0602
Fax: (11) 3106-3535
01013-001 São Paulo, SP
liv15@paulinas.org.br

LIVRARIAS PAULINAS
Av. Marechal Tito, 981 – São Miguel Paulista
Tel.: (11) 6297-5756 • Fax: (11) 6956-0162
08010-090 São Paulo, SP
livsmiguel@paulinas.org.br

PORTUGAL

MULTINOVA UNIÃO LIV. CULT.
Av. Santa Joana Princesa, 12 E
Tel.: 00xx351 21 842-1820 / 848-3436
1700-357 Lisboa, Portugal

DISTRIB. DE LIVROS VAMOS LER LTDA.
Rua 4 de infantaria, 18-18A
Tel.: 00xx351 21 388-8371 / 60-6996
1350-006 Lisboa, Portugal

EDITORA VOZES
Av. 5 de outubro, 23
Tel.: 00xx351 21 355-1127
Fax: 00xx351 21 355-1128
1050-047 Lisboa, Portugal
vozes@mail.telepac.pt

Este livro foi composto nas famílias tipográficas
Baker Signet, Gatsby e New Caledonia
e impresso em papel *Offset 75g/m²*

Edições Loyola
Editoração, Impressão e Acabamento
Rua 1822, n. 347 • Ipiranga
04216-000 SÃO PAULO, SP
Tel.: (011) 6914-1922